Cross-Linguistic Perspectives on the Semantics of Grammatical Aspect

Cahiers Chronos

Collection dirigée par

Carl Vetters (*Université du Littoral-Côte d'Opale*)

Directeur adjoint

Patrick Caudal (*CNRS-Université Paris 7*)

Comité de lecture

Anne-Marie Berthonneau (*Université de Lille 3*)
Andrée Borillo (*Université de Toulouse-Le Mirail*)
Anne Carlier (*Université de Valenciennes*)
Renaat Declerck (*KULAK-Courtrai*)
Walter De Mulder (*Université d'Anvers*)
Patrick Dendale (*Université d'Anvers*)
Ilse Depraetere (*KUB-Bruxelles*)
Dulcie Engel (*University of Swansea*)
Laurent Gosselin (*Université de Rouen*)
Florica Hrubara (*Université Ovidius Constanta*)
Emmanuelle Labeau (*Aston University*)
Véronique Lagae (*Université de Valenciennes*)
Sylvie Mellet (*CNRS-Université de Nice*)
Jacques Moeschler (*Université de Genève*)
Arie Molendijk (*Université de Groningue*)
Louis de Saussure (*Université de Neuchâtel*)
Catherine Schnedecker (*Université de Metz*)
Marleen Van Peteghem (*Université de Lille 3*)
Genoveva Puskas (*Université de Genève*)
Co Vet (*Université de Groningue*)
Carl Vetters (*Université du Littoral-Côte d'Opale*)
Svetlana Vogeleer (*Institut Libre Marie Haps-Bruxelles*)
Marcel Vuillaume (*Université de Nice*)

VOLUME 30

The titles published in this series are listed at *brill.com/cchr*

Cross-Linguistic Perspectives on the Semantics of Grammatical Aspect

Edited by

Adeline Patard
Rea Peltola
Emmanuelle Roussel

BRILL
RODOPI

LEIDEN | BOSTON

Library of Congress Cataloging-in-Publication Data

Names: Patard, Adeline, editor. | Peltola, Rea, editor. | Roussel, Emmanuelle, editor.
Title: Cross-linguistic perspectives on the semantics of grammatical aspect /
    edited by Adeline Patard, Rea Peltola, Emmanuelle Roussel.
Description: Leiden ; Boston : Brill | Rodopi, 2019. | Series: Cahiers Chronos ;
    Volume 30 | In English and French.
Identifiers: LCCN 2019014478 (print) | LCCN 2019016420 (ebook) |
    ISBN 9789004401006 (ebook) | ISBN 9789004399334 (paperback : alk. paper)
Subjects: LCSH: Grammar, Comparative and general–Aspect. | Grammar,
    Comparative and general–Tense. | Grammar, Comparative and general–Verb. |
    Modality (Linguistics)
Classification: LCC P281 (ebook) | LCC P281 .C765 2019 (print) | DDC 415/.63–dc23
LC record available at https://lccn.loc.gov/2019014478

Typeface for the Latin, Greek, and Cyrillic scripts: "Brill". See and download: brill.com/brill-typeface.

ISSN 1384-5357
ISBN 978-90-04-39933-4 (paperback)
ISBN 978-90-04-40100-6 (e-book)

Copyright 2019 by Koninklijke Brill NV, Leiden, The Netherlands.
Koninklijke Brill NV incorporates the imprints Brill, Brill Hes & De Graaf, Brill Nijhoff, Brill Rodopi,
Brill Sense, Hotei Publishing, mentis Verlag, Verlag Ferdinand Schöningh and Wilhelm Fink Verlag.
All rights reserved. No part of this publication may be reproduced, translated, stored in a retrieval system,
or transmitted in any form or by any means, electronic, mechanical, photocopying, recording or otherwise,
without prior written permission from the publisher.
Authorization to photocopy items for internal or personal use is granted by Koninklijke Brill NV provided
that the appropriate fees are paid directly to The Copyright Clearance Center, 222 Rosewood Drive,
Suite 910, Danvers, MA 01923, USA. Fees are subject to change.

This book is printed on acid-free paper and produced in a sustainable manner.

Contents

List of Figures and Tables   VII

1   Introduction: Cross-Linguistic Perspectives on the Semantics of
Grammatical Aspect   1
Adeline Patard, Rea Peltola and Emmanuelle Roussel

PART 1
News on Perfects

2   La surcomposition verbale et ses emplois en français   13
Denis Apothéloz

3   The Vietnamese Perfect: A Compositional Analysis   38
Trang Phan and Nigel Duffield

PART 2
Issues on Perfectivity

4   Perfectivity and Reference-Time Building   67
Galia Hatav

5   Perfectivity and Atelicity: The Role of Perfective Aspect in Aspectual
Composition   97
Jens Fleischhauer and Ekaterina Gabrovska

PART 3
Aspect Meets Modality and (Inter)subjectivity

6   Subjectivity, Intersubjectivity, and the Aspect of Imperatives in Slavic
Languages   129
Stephen M. Dickey

7   To the Roots of Fake Tense and 'Counterfactuality'   176
Adeline Patard

8 Le « récit de récit » à l'imparfait en italien : la piste évidentielle   213
   Laura Baranzini

PART 4
Grammatical Aspect Challenged

9 Discourse-Pragmatic Functions of Tense-Aspect Verb Forms in Wakhi   251
   Jaroslava Obrtelova

Figures and Tables

Figures

4.1 Categorizing perfectivity 76
4.2 Narrative progression 82
6.1 Totality—the Meaning of the Western Pf 131
6.2 Temporal Definiteness—the Meaning of the Eastern Pf 131
6.3 Pf Imperatives in Slavic 168
6.4 (Inter)subjective Impf Imperatives in Slavic 168
7.1 Aspectual and temporal interpretation of V (*it be true that* [p]) and E (*Max run fast*) in the utterance 'Max ran fast' 186
7.2 Aspectual and temporal interpretation of V (*it be true that* [p]) and E (*Jan morgen komen*) in the utterance '*Marie zei dat Jan morgen kwam*' 187
7.3 Aspectual and temporal interpretation of V (*it be true that* [p]) and E (*Paolo lavorare fino alle sei del pomerrigio*) in the utterance '*Domani Paolo lavorava fino alle sei del pomeriggio*' 194
7.4 From past and imperfectivity to 'counterfactuality' 196
7.5 Aspectual and temporal of V (*it be true that* [p]) and E (*amare*) in the utterance '*Si amabat, rogas quid faceret?*' 204
7.6 Aspectual and temporal of V (*it be true that* [p]) and E (*iubere*) in the utterance '*Si iubebas, accederemus ad prilium*' 206

Tables

2.1 Pourcentage des formes surcomposées calculé sur un corpus de 5296 occurrences (xve–xxie s.) 22
2.2 Facteurs de composition des formes verbales utilisées pour désigner la situation localisante et la situation localisée 27
6.1 The East-West Division in Slavic Verbal Aspect 130
6.2 The Traditional East–West–South Division of Slavic 131
6.3 The Continuum of (Inter)Subjectivity 150
6.4 Summary of Bennachio's (2010) Data Presented in Section 1.2 in respect of (Inter)subjectivity 161
6.5 Slavic Languages on the Continuum of the (Inter)Subjectivity of Impf Imperatives 166
6.6 The (Inter)Subjectification of Slavic Imperfective Imperatives 170
8.1 Description détaillée des énoncés insérés dans le questionnaire 224

CHAPTER 1

Introduction: Cross-Linguistic Perspectives on the Semantics of Grammatical Aspect

Adeline Patard, Rea Peltola and Emmanuelle Roussel

1 Background

The notion of *grammatical aspect* is traditionally viewed to be a subcategory of verbal aspect together with *lexical aspect* (even though the tradition here does not trace back beyond the 1980–1990's).[1] While lexical aspect is generally assumed to reflect covert categories of situation types denoted by predicates, grammatical aspect—labeled *viewpoint aspect* by Smith (1991/2013)—rather gives a particular temporal perspective on the situation and is typically expressed by overt grammatical morphemes (hence the label *grammatical aspect*).[2] While categories of lexical aspect are rather objective, in that they are motivated by the inherent nature of events, categories of grammatical aspect can be looked at as providing means for conveying subjective information. They arise from the speaker's ability to choose a certain point of view on the situation (Smith 1991/2013: 10–14; cf. Verkuyl 1993: 10–11).

In line with these differences in dynamics, categories of lexical aspect are somewhat stable across languages, whereas categories of grammatical aspect display significant variation from one language to another. Cross-linguistic generalizations are therefore particularly difficult to make (see Dickey 2016). Certain aspectual oppositions, however, have been observed across languages. The most common of these is the distinction between perfective and imperfective aspect, in other words, the opposition between single events viewed as a whole and situations viewed with regard to their internal temporal structure (Comrie 1976; Dahl 1985). Yet, even these oppositions are far from being universal and always alike. For example, markedness relations are unstable, so

---

1 Interestingly, an exploratory search using Google Ngram Viewer shows that the expressions 'lexical aspect' and 'grammatical aspect' have been regularly progressing since the 1950s, but they both show a significant increase in frequency from 1993. One could speculate that this is due to the first edition of Smith's seminal book *The Parameter of Aspect* (Smith 1991/2013).

2 However, a well-known exception is the case of East Slavic languages in which *grammatical aspect* may be morphologically marked by lexical affixes.

© KONINKLIJKE BRILL NV, LEIDEN, 2019 | DOI:10.1163/9789004401006_002

that either perfective or imperfective morphemes can appear as marked (cf. Dahl 1985). Furthermore, grammatical aspect may combine differently with other tense and modal markers depending on the language. For instance, the perfective/imperfective opposition is restricted to the past tenses in Romance languages, whereas it is compatible with all tense markers in Slavic languages.

Languages also differ in the subcategories of verbal aspect they give prominence to. In Germanic languages, lexical aspect is more central, whereas in Romance and Slavic languages, grammatical aspect is more prominent. It follows that literature on these languages has naturally focused on the type of verbal aspect that is dominant in the language concerned (Dickey 2016: 338). In any case, it is clear that the two tend to interact with each other in a more or less complex way. When speakers choose a viewpoint on a situation (i. e. the grammatical expression of aspectual meaning), this choice is based on a perceptual and cognitive idealization of situation types (manifest in lexical aspectual categories) (Smith 1991/2013: 12). Moreover, the interrelationships between lexical aspect and grammatical aspect may significantly fluctuate, even within the same language family (e.g. the differences between Eastern and Western Slavic languages drawn by Dickey 2016).

Cross-linguistic variation may explain why linguists still disagree on relatively basic issues, such as the definition of aspect, the number of basic aspectual categories and their characterization. The very notion of *grammatical aspect*, although commonly used, seems to be undermined by some approaches. On the one hand, it is called into question by a few very influential works that only posit the existence of lexical aspect and thus adopt a one-dimensional conception of aspect (e.g. Langacker 1987: 255–258; Moens & Steedman 1988; De Swart 1998, 2000; Michaelis 2004). On the other hand, certain more recent approaches tend to split the traditional category of grammatical aspect into several categories (phasal aspect, quantificational aspect, perspective aspect etc., e.g. Dik 1997; Bhat 1999; Tournadre 2004), so that *grammatical aspect* is narrowed to the perfective/imperfective distinction. Equally, one may mention the debate around the aspectual nature of perfects that may be viewed to express temporal relations rather than grammatical aspect (see Ritz 2012 for an overview of the discussion). So it is quite legitimate to wonder what exactly is conveyed by the terms *grammatical aspect* and whether the notion is still relevant.

The contributions of the present volume present novel empirical data and propose original semantic analyses on items marking *grammatical aspect* (understood in the broad sense). They deal with structurally divergent languages, setting to the fore some less studied forms coding aspect, revisiting or challenging certain conventionalized views on aspectual categories and shedding light on interactions between aspect and modality, another multifaceted semantic category. In doing so, the volume is intended to emphasize—if need be—the diversity of aspectual systems and the fuzzy semantics of *grammatical aspect* and help the reader to make their own mind on the topic.

2 Overview of the Chapters

The first two chapters investigate the semantics and pragmatics of lesser known perfect forms—the French double compound forms and the Vietnamese Perfect—which exhibit similar interpretations and features but differ in some other respects from well-analyzed perfects (such as the English, the German or the French one).

The paper by Denis Apothéloz, "La surcomposition verbale et ses emplois en français", explores the interpretations of double compound forms in French, which are characterized by a double layer of perfect morphology. The paper starts from the observation that the most studied double compound form, the *passé surcomposé*—which is morphologically a supercompound perfect (e.g. *a eu fait*)—allows for two types of interpretations: (i) a *resultative* type: the *passé surcomposé* refers to the resultative state localized in the past, and (ii) an *existential* type: the *passé surcomposé* asserts that a given situation occurred (at least once) during a certain period of time. The second interpretation, which is also known as the 'experiential' reading of perfects, is restricted to Meridional French (and French-speaking Switzerland) whereas the first interpretation is part of Standard French. The author then expands on the main semantic properties of the *existential passé composé* emphasizing the fact that the final boundary of the referred period of time is not necessarily anterior to the present of speech, but may also coincide with it. Next, Apothéloz investigates the interpretations of the other double compound forms in French, including the supercompound participle and infinitive (*ayant eu fait* and *avoir eu fait*). On the basis of a large number of examples, he argues that the French double compound receives either a resultative or an existential interpretation in texts. Within the resultative interpretation, double compounds mainly express the concomitance of two situations: (i) the situation whose resulting state is referred to (the 'situation localisante') and (ii) a processive situation described by means of a finite form (the 'situation localisée'). As for the existential type, Apothéloz assumes that double compounds are not semantically required to express an experiential meaning relative to simple compound forms, but that they answer the need for a dedicated marking in the Meridional variant of French.

The second study by Trang Phan and Nigel Duffield, "The Vietnamese perfect: a compositional analysis", proposes a unified semantic and syntactic account the Vietnamese perfect marker *đã*. The authors argue that, despite its simple morphology, *đã* involves a complex set of semantic and syntactic interactions that call for a compositional analysis. To do so, the authors adopt Klein's (1994) time-relational definition of tense and aspect and Smith's (1991/2013) distinction between Viewpoint aspect and Situation aspect, and integrate them in a syntactic cartographic approach to the hierarchy of tense and aspect inspired by Cinque (1999) among others. Phan and Duffield then show that the different interpretations of *đã* (completion, inchoativity and termination) are conditioned by the Aktionsart of the predicate (achievement, states, activities or accomplishment). This enables them to characterize *đã* as an *inchoative anterior* carrying two features: (i) an aspectual feature focusing on the initial boundaries of the situation and (ii) a temporal feature which locates the initial boundaries prior to the default utterance time. Eventually, the authors address the issue of the corresponding syntactic representation by examining three types of contexts (declaratives, negatives and interrogatives) in which *đã* is interpreted differently, as a tense (on a par with the future tense marker *sẽ*) and/or as an aspect marker (on a par with durative aspect marker *đang*). Phan and Duffield come to the conclusion that the two semantic features of *đã* are independently projected in different head positions in the phrase structure: *đã* is base-generated in the head of Viewpoint Aspect, and then obligatorily moves to the head of Tense, unless blocked by a negation element.

The following two chapters are devoted to theoretical issues around the notion of perfectivity. Based on empirical observations from various languages (English, Russian, Biblical Hebrew, French, Polish and Bulgarian), they revisit some tenets of traditional approaches on perfective aspect, namely its definition in terms of completion and temporal inclusion in the reference time, or its contribution to telicity.

In her paper "Perfectivity and reference-time building", Galia Hatav develops a new theory of perfectivity wherein the central feature of perfective utterances (as opposed to imperfective utterances) is their ability to introduce new reference times in discourse. Hatav first discusses Reichenbach's (1947) notion of *Reference time* in relation to Klein's (1994) *Topic time* and with respect to the discourse coherence relation of NARRATION, hence questioning the direct connection between *Akstionsarten* and discourse relations advanced in certain theories. She then expands on the two main approaches on perfectivity, namely the completion approach (perfectivity means completeness) and the temporal approach (perfectivity means the inclusion of the Situation time within the Reference time). Hatav maintains that both theories are compatible but provide only parts of the picture. Based on data from English, Russian and Biblical Hebrew, she proposes a new typology of aspect wherein perfective aspect (as expressed by *Wayyiqtol* and *Weqatal* in Biblical Hebrew) is opposed to the super-category of imperfective aspect that includes counter-perfective aspect (as expressed by the English progressive) and non-perfective aspect (as expressed by the Russian imperfective or the English simple form). Next, Hatav makes a case for the idea that a perfective clause always builds its own *Reference time* to include its *Event time*. To do so, the author demonstrates that the behavior of perfective vs. imperfective clauses on or off the time-line of narrations is best explained by their ability to introduce a new Reference time or not. Finally, Hatav considers two potential counterexamples for her theory, namely the English simple form and the French *passé simple* that she sees to be non-perfective.

The following study by Jens Fleischhauer and Ekaterina Gabrovska, "Perfectivity and atelicity—The role of perfective aspect in aspectual composition", explores telicity of incremental theme verbs in Polish and Bulgarian. The telicity of the event (consumption or creation) coded by these verbs depends on the referential properties of the theme argument, namely its quantization, e. g. *Mary ate an apple* vs. *Mary ate soup* (see e. g. Dowty 1991: 567–571). The authors re-examine the idea that in Slavic languages grammatical aspect compensates the lack of articles, more specifically, that the perfective aspect has the same function with respect to aspectual composition of incremental theme verbs as the definite article (cf. *Mary ate **the** soup*). The authors argue that the telic incremental theme predication does not depend on the perfective aspect but on the specific meaning of the prefix, which is used to derive a perfective incremental theme verb. The telic incremental predication occurs only with prefixes that induce a lower bound on the change denoted by the verb, e.g. Polish *na-* used in perfective sentences that entail the consumption or the creation of a large number of entities. The presence of verbal prefixes imposing an upper bound on the change denoted by the verb, on the other hand, gives rise to an atelic meaning, e. g. Polish *nad-* used in perfective sentences that entail the consumption or the creation of a small number of entities. Furthermore, telic incremental theme predications do not only arise with perfective verbs but with the so-called secondary imperfectives, as well, when these denote individuated events. The authors show that the aspectual composition is to a large degree similar in Polish and Bulgarian. The only difference is that Bulgarian possesses a definite article and therefore requires explicit quantization of not inherently quantized incremental themes.

The next three chapters tackle the connections between aspect and another TAM category by investigating modal or (inter)subjective interpretations of imperfective forms: the imperfective imperatives found in Slavic languages and imperfect tenses found in Romance languages with a focus on French and Italian.

The first study by Stephen M. Dickey, "Subjectivity, intersubjectivity, and the aspect of imperatives in Slavic languages", investigates the aspectual opposition in imperative clauses in Slavic languages. The paper shows that the usages of the imperfective imperative can be accounted for in terms of subjectivity and intersubjectivity and that, when it comes to the intersubjective uses, all Slavic languages do not pattern alike. All Slavic languages use the perfective aspect for imperatives referring to a single completable action, such as opening a closed door, and the imperfective for imperatives referring to open-ended processes, such as continuing an ongoing action. The paper focuses on cases that go beyond these basic aspectual semantics. In these cases, the imperfective imperative is employed in a situation where the speaker requests the addressee to carry out a single action to completion but where the prior choice or the decision to carry out the action has already been made by the addressee or by the speaker. This involves, for example, contexts where the speaker grants the addressee the permission to proceed to an action that the latter has decided to carry out or where the speaker signals an emergency which requires immediate action and where there is no time for the addressee to make the decision. These intersubjective uses of the imperfective imperative are common in East Slavic and marginal in West Slavic languages. They are opposed to subjective uses where the imperfective imperative is employed in a situation where the speaker does not orient the addressee in a similar way to a prior choice to carry out the action, as the choice has not yet been made. The subjective uses can be observed in almost all Slavic languages. The paper analyzes the pragmatic effects involved in the intersubjective uses and presents a hypothesis for the development of imperfective imperatives in Slavic languages from non-subjective to subjective and, further, to intersubjective uses.

The following chapter by Adeline Patard, "To the roots of fake tense and 'counterfactuality'", tackles the puzzle of the 'counterfactual' interpretations of past tenses, and what is referred to by some scholars as 'fake tense', i.e. the fact that despite the past morphology, the interpretation is non-past. Patard concentrates on the so-called 'one-past counterfactuals' where an imperfect or a preterite conveys 'counterfactuality'. The author argues for the distinction between two types of 'counterfactuality': (i) the contrary-to-facts interpretation ¬p—considered as the sole genuine counterfactuality—(e.g. *Si je n'étais pas intervenu, ça se finissait au couteau*, 'If I hadn't intervened, it would have ended up with stabbing'), and (ii) the interpretation $\neg \pi p$ according to which p's realization is unlikely (e.g. *And if you left me I would suffer a great deal*). Next, she presents a neo-Reichenbachian description of past tenses and demonstrates that the 'reference point' (R) denoted by past tenses may contextually instantiate an 'epistemic evaluation point' instead of a topic time and an aspectual vantage point, thus giving rise to fake tense and fake aspect. The author then builds on the idea that counterfactuality and unlikelihood are scalar implicatures locally derived from Grice's maxim of quantity ("Do not make your contribution more informative than is required"). In her view, implicature $\neg p$ is triggered in contexts of 'imperfective paradox' by imperfective aspect according to the scale $\langle$ unbounded past, bounded past $\rangle$ while implicature $\neg \pi p$ is obtained in contexts of fake tense and aspect according to the scale $\langle$ non-perfective past, present $\rangle$. Finally, focusing on French and based on Heine's concepts of *bridging contexts* and *switch contexts*, Patard shows that the 'counterfactual' interpretations implicated by the *imparfait* have conventionalized in the so-called 'counterfactual' use and conditional use, and that their roots can be diachronically traced back to Medieval French and Latin.

The third chapter, written by Laura Baranzini, "Le 'récit de récit' à l'imparfait en italien: la piste évidentielle" focuses on the narrative imperfect in Italian. After expounding the various ins and outs of the matter in the Italian literature, as well as the two categories, either modal or aspectual, that sum up the different uses of the form, the author underlines the specific status of the narrative imperfect. Its uses are described as temporal, aspectual, even as an aspectual variant of the temporal imperfect, but not modal. It follows that several criteria are resorted to in order to try and define the narrative uses: a perfective interpretation relying on context and linguistic devices, the opacity of the textual genre it belongs to, the (series of) event(s) it denotes within a narrative structure governed by perfective forms (for instance the simple past). Yet, the possibility of encountering whole narratives in which the imperfect is used to develop the sequence of events has not been accounted for. Neither has the aspectual perfective interpretation that the narrative imperfect has in common with other uses of the imperfect. Baranzini addresses the uses of the imperfect that have a perfective reading, especially those meeting the aspectual narrative criteria, suggesting two levels in the narrative in which the second narrative is built on the first. Whenever the narrative turns into an object witnessed once by the speaker, the imperfect is not imperative. Which gives the imperfect an evidential reading since an unexpectedly marked verbal form is used instead of the base form. To support her hypothesis, the author conducted a survey of 110 Italian speakers focusing on 27 utterances, with the modal, evidential and situational parameters in mind. Even if the survey needs confirmation, spontaneous narrative and the narrative of a partially shared first narrative have been identified as punctual restrictive contexts.

Finally, the last chapter presents data from a less documented Eastern-Iranian language spoken in Tajikistan, Afghanistan, Pakistan and China, the Wakhi language which, analyzed on the discourse level, appears to challenge the existing classification of the TAM verb system. In her study, "Discourse-pragmatic functions of tense-aspect verbal forms in Wakhi", Jaroslava Obrtelova addresses its tense-aspect system. The verb system of this language has been defined as being tense-based, since aspect is conveyed through morphemes attached to the stems (past, non-past, and perfect stems). Focusing on a data corpus collected in Tajikistan, the traditional linear tense-based analysis is redefined as carrying aspectual, modal and evidential values. The interest of the paper is twofold: (i) it lies in the deictic approach of the classification of the verb forms and the interaction existing between them, and (ii) it shows that the usual sentence-based classification does not apply to various texts and discourse units. As a matter of fact, the deictic centre determines the use of the narrative verb form since it is chosen according to the eye-witness character of the story account. When the events referred to are part of the personal experience of the speaker, past tense is used. It is true with future temporal clauses insofar as they state the witnessed condition prior to a second (future) event. Non-past (Present-future) tense is used otherwise. The verb forms in Wakhi appear to be used depending on the speaker's assessment of the situation, with past being directly anchored in the deictic centre whereas non-past, perfect and pluperfect are not.

References

Bhat, D.N. Shankara. 1999. *The Prominence of Tense, Aspect and Mood*. Amsterdam/ Philadelphia: John Benjamins.

Cinque, Guglielmo. 1999. *Adverbs and Functional Heads: A Cross-linguistic Perspective*. New York: Oxford University Press.

Comrie, Bernard. 1976. *Aspect*. Cambridge: Cambridge University Press.

Dahl, Östen. 1985. *Tense and Aspect Systems*. Oxford and New York: Basil Blackwell.

de Swart, Henriette. 1998. Aspect shift and coercion. *Natural Language & Linguistic Theory* 16(2). 347–385.

de Swart, Henriette. 2000. Tense, aspect and coercion in a cross-linguistic perspective. In M. Butt, T.H. King (eds), *Proceedings of the Berkeley Formal Grammar Conference*. Berkeley: University of California.

Dickey, Stephen. 2016. Lexical and grammatical aspect. In Riemer, Nick (ed.), *The Routledge Handbook of Semantics*, 336–353. London: Routledge.

Dik, Simon C. 1997. *The theory of Functional Grammar, part 1: The Structure of the Clause*. Dordrecht: Foris.

Dowty, David. 1991. Thematic proto-roles and argument selection. *Language* 67. 547–619.

Klein, Wolfgang. 1994. *Time in Language*. London: Routledge.

Langacker, Ronald. W. 1987. *Foundations of Cognitive Grammar, Vol. 1: Theoretical Prerequisites*. Stanford, CA: Stanford University Press.

Michaelis, Laura A. 2004. Type shifting in construction grammar: An integrated approach to aspectual coercion. *Cognitive Linguistics* 15. 1–67.

Moens, Marc & Steedman, Mark. 1988. Temporal ontology and temporal reference. *Computational Linguistics* 14. 15–28.

Reichenbach, Hans. 1947. *Elements of Symbolic Logic*. New York: The Macmillan Company.

Ritz, Marie-Eve A. 2012. Perfect tense and aspect. In Robert I. Binnick (ed.), *The Oxford Handbook of Tense and Aspect*, 881–907. Oxford: Oxford University Press.

Smith, Carlotta. 1991/2013. *The Parameter of Aspect*. Dordrecht: Springer.

Tournadre, Nicolas. 2004. Typologie des aspects verbaux et intégration à une théorie du TAM. *Bulletin de la SLP*. 7–68.

Verkuyl, Henk J. 1993. *A Theory of Aspectuality: The Interaction between Temporal and Atemporal Structure*. Cambridge: Cambridge University Press.

PART 1

News on Perfects

∴

CHAPTER 2

La surcomposition verbale et ses emplois en français

Denis Apothéloz

1 Introduction*

Dans le champ des études sémantiques portant sur l'aspect grammatical, il existe à ce jour une somme considérable de travaux consacrés à la sémantique des parfaits. Concernant la langue française, plusieurs études ont été consacrées ces dernières années au passé composé, souvent dans une perspective diachronique et dans le cadre d'une confrontation avec le passé simple (e.g. Caron & Liu 1999; Caudal & Vetters 2007; Vetters 2010; Schøsler 2012; Apothéloz 2017). Dans ce panorama, il apparaît que les formes surcomposées, certes moins fréquentes et souvent ignorées par les grammaires d'usage, ont longtemps fait figure de parent pauvre, en dépit de quelques publications importantes (comme Foulet 1925; Cornu 1953; Stefanini 1954; Carruthers 1994).

Depuis quelques années, on observe cependant un regain d'intérêt pour le phénomène de la surcomposition verbale en français (e.g. Carruthers 1998, 1999; Paesani 2001; Sthioul 2006; Wilmet 2009; Apothéloz 2010, 2012; Melchior 2012; de Saussure & Sthioul 2012; Havu 2013; Borel 2017). Cette tendance paraît d'ailleurs dépasser le domaine des études romanes (e.g. Schaden 2009; Haß 2016). Le présent article s'inscrit dans ce courant. Son objectif est relativement simple: on partira de l'observation suivant laquelle le passé surcomposé français (qui est, de l'avis général, la forme surcomposée la plus fréquente dans cette langue) est apte à produire deux valeurs clairement distinctes, valeurs qui seront décrites en détail. On formulera ensuite l'hypothèse que ces deux valeurs expliquent l'immense majorité des emplois des autres temps surcomposés, et on mettra cette hypothèse à l'épreuve des faits. Cette étude peut donc être regardée comme une contribution à la sémantique des parfaits du français.

---

* Un chaleureux merci à Marine Borel (Université de Fribourg & Université de Lorraine), qui a relu minutieusement une version antérieure de cet article et m'a fait bénéficier de son expertise dans le domaine de la surcomposition verbale. Je remercie également les deux relecteurs anonymes pour la pertinence de leurs remarques, notamment concernant l'interprétation de certains exemples.

2   Les deux emplois du passé surcomposé

En français contemporain, les données indiquent très clairement que les emplois du passé surcomposé peuvent être classés dans l'un des deux types suivants[1]:

(i) Un TYPE RÉSULTATIF, dont la valeur ainsi que les contextes d'occurrence sont relativement aisés à identifier. De façon caractéristique, les énoncés où on rencontre ce passé surcomposé désignent un état résultant localisé dans le passé. On trouve le type résultatif dans les contextes suivants:

– Dans des subordonnées temporelles introduites par des conjonctions ou expressions conjonctives comme: *quand, lorsque, aussitôt que, sitôt que, après que, dès que, une fois que, jusqu'à ce que, depuis que, le/du jour où, au moment où*, etc.:

(1)   Je l'ai aperçue depuis l'autre côté de la rue et, **dès que je l'ai eu aperçue**, j'ai eu envie d'elle à en crier. (L. Malet, 1969)

(2)   [...] quoiqu'il ait eu des qualités vraiment grandes et extraordinaires, il a travaillé à les cacher et à les étouffer autant qu'il a pu **depuis qu'il a eu quitté** la cour, par la manière simple et commune dont il a toujours vécu depuis. (J.-F. Michaud, J.-J.-F. Poujoulat, 1837)

– Dans des subordonnées dites inverses en: *ne... pas... que, ne... pas plutôt* (écrit parfois *plus tôt*)... *que, ne... pas encore... que, à peine... que*, etc.

(3)   [...] pour ce banquet, je **ne l'ai pas eu plutôt engagé**, qu'il s'est rendu tout de suite à mon invitation. (Platon, *Lettres*, Trad. Victor Cousin)

(4)   [...] **à peine a-t-il eu fait** quelques pas que nous l'avons vu tomber auprès de la porte du salon. (G. Sénac de Meilhan, 1797)

Dans ces deux premiers types de contextes, l'état résultant désigné par la forme surcomposée localise temporellement une autre situation, elle-même exprimée par une forme verbale le plus souvent au passé composé, comme c'est le cas dans les exemples (1)–(4).

– Le type résultatif se rencontre également sous l'incidence d'un adverbial quantifiant l'intervalle temporel entre une situation précédemment

---

1   Pour des observations analogues dans le domaine roman, voir par exemple Squartini (1998).

évoquée et la situation désignée par la forme surcomposée. Cet adverbial (*bientôt, en cinq minutes, rapidement, vite*, etc.) indique la plupart du temps que cet intervalle a été bref ou plus court que prévu (cf. ex. 5 et 6). Dans sa forme minimale, l'adverbial peut prendre la forme d'une simple expression de consécution temporelle, comme *et puis* dans l'exemple (7):

(5) Il filait, filait sans bouger. **En cinq minutes, il a eu disparu.** (Corresp. Alain-Fournier – J. Rivière, 1910)

(6) Et pourtant, **on a eu fait très rapidement**, là encore, le tour de la question. (B. Bayon, 1987)

(7) **Et puis, il a eu fini** de bâfrer. Pas trop tôt. Il était minimum sept heures. (B. Bayon, 1987)

– Exceptionnellement cet élément de liaison peut être absent, comme dans (8). Mais la désignation de l'état résultant par la forme surcomposée n'en marque pas moins une progression temporelle:

(8) Je m'y suis remise avec ardeur, il fallait avoir fini le 15. **J'ai eu fini**, et sans trop manquer ma sauce, à ce que j'espère. (G. Sand, 1846)

Les cas illustrés par (7) et (8), dans lesquels le surcomposé est introduit par un simple marqueur de consécution, ou n'est pas introduit du tout, sont rares et ne se rencontrent pratiquement qu'avec le verbe *finir* (Borel, comm. pers.). Il semble y avoir une affinité particulière entre ce verbe et le passé surcomposé en emploi résultatif, comme le notait Olsson (1971) dans sa thèse sur les subordonnées temporelles.

Cet emploi du passé surcomposé est généralement considéré par les grammairiens comme standard, par quoi il faut comprendre qu'il n'est pas limité à une aire géographique particulière. Du point de vue de sa signification aspectuelle, c'est un passé accompli au sens traditionnel du terme (e.g. Imbs 1960), à l'image du passé antérieur. Son emploi intervient systématiquement dans des séquences narratives.

(ii) Un TYPE EXISTENTIEL, dont la signification est celle d'un parfait d'expérience (Apothéloz 2010). La signification de parfait d'expérience a été mise en évidence par Zandvoort (1932) à propos du *Present perfect* et du *Past perfect* de l'anglais. Elle est aussi désignée par l'expression de *parfait existentiel* (McCawley 1971, 1981), ou encore de *passé indéfini* (Leech 1971), et est régulièrement évoquée pour rendre compte de l'un des emplois du *Present perfect* (Comrie 1976; Fenn 1987; Michaelis 1998; Mittwoch 2008). On peut décrire la valeur sémantique du passé surcomposé de type existentiel comme suit: l'énoncé où figure cette forme indique que la situation désignée est advenue une fois au moins dans un intervalle temporel localisé dans le passé. En voici deux exemples:

(9) Oui, **j'ai eu écrit** des lettres d'amour à mon chéri et il aimait bien les recevoir. Maintenant je lui écrit [sic] des petits mots doux ou je lui envoie des mails lorsqu'il est au boulot. (Forum internet, 2005)[2]

(10) Mais **avez-vous eu été confrontés** aux flics une fois dans votre vie? Moi oui et pourtant je ne suis ni voleur ni délinquant. (Site du journal *Libération*, 2009, message d'un lecteur)

J'ai eu écrit des lettres d'amour à mon chéri, et *avez-vous eu été confrontés aux flics* peuvent être paraphrasés respectivement de la façon suivante:
- 'il m'est arrivé (une ou plusieurs fois) d'écrire des lettres d'amour à mon chéri',
- 'vous est-il arrivé (une ou plusieurs fois) d'être confrontés aux flics?'.
Dans l'exemple (10), l'expression *dans votre vie* est une spécification de l'intervalle temporel mentionné ci-dessus.

Le type existentiel se distingue du type résultatif par le fait qu'il n'est pas associé à des environnements syntaxiques particuliers. Il est vrai qu'il apparaît le plus souvent dans des propositions principales ou indépendantes. Mais, contrairement à ce qui a parfois été écrit, il n'est pas incompatible avec les subordonnées, y compris les subordonnées temporelles. C'est ce que montrent les exemples ci-dessous:

(11) Effectivement, ça m'a échappé, parce que je ne renomme jamais les fichiers dans un albums ou **si je l'ai eu fait**, toute [sic] les photos provenaient probablement d'un même dossier. (Blog, 2012)

(12) **quand on a eu fait des sorties en catamaran** on a vu beaucoup de marsouins (Oral, Suisse romande, 2015, in Borel, à par.)

---

2 Les exemples sont reproduits avec leur orthographe d'origine.

Si je l'ai eu fait signifie ici 's' il m' est arrivé de le faire', et *quand on a eu fait des sorties en catamaran*, 'quand il est arrivé qu' on fasse des sorties en catamaran'.

On ne rencontre en principe le type existentiel que dans les territoires à substrat occitan et franco-provençal, c' est-à-dire dans la partie méridionale de la France ainsi que dans la Suisse francophone (Suisse Romande). Pour cette raison, il est parfois qualifié de *régional*, le type résultatif étant alors qualifié de *général* (Jolivet 1986). Il est par ailleurs régulièrement stigmatisé par les instances normatives. À la différence du type résultatif, le type existentiel appartient clairement au registre argumentatif.

Morphologiquement, les formes du passé surcomposé sont construites comme suit : les verbes à auxiliaire *avoir* ont une forme du type *a eu fait*, qui admet les deux interprétations (résultative et existentielle). Les verbes pronominaux ont une forme du type *s' est eu levé*, forme qui admet également les deux interprétations. Quant aux verbes à auxiliaire *être* non-pronominaux, ils ont la propriété remarquable de présenter deux formes : l' une de type *a été arrivé*, toujours résultative ; l' autre de type *est eu arrivé*, toujours existentielle. Cette particularité avait déjà été notée par Foulet (1925), qui proposait d' appeler *parfaits surcomposés* les formes surcomposées existentielles. Cette spécialisation, ainsi que d' autres propriétés formelles qu' il n' est pas possible de développer ici, pourraient être un argument pour considérer que les types résultatif et existentiel constituent deux temps verbaux distincts (sur cette hypothèse, voir Borel à par.)[3].

Du point de vue diachronique, l' histoire des formes surcomposées et de leurs emplois est assez confuse. Ces formes semblent attestées dès le XIIe s. (Wagner 1954). Mais la distinction des deux types décrits ci-dessus est probablement plus tardive. Les recherches menées par Borel (2017) aboutissent à la conclusion que cette dissociation s' est vraisemblablement produite entre le XVe et le XVIe s.

En français standard, où seul existe le type résultatif, la signification de parfait d' expérience des exemples (9) à (12) serait exprimée au moyen d' un passé composé, en éventuelle association avec l' adverbe *déjà*, avec un adverbe quantifieur de fréquence (*rarement, parfois, souvent, jamais*) ou quantifieur d' occurrence (*plus d' une fois, plusieurs fois*, etc.)[4]. Elle peut également être exprimée par le passé composé dans les territoires où on rencontre le type existentiel du passé surcomposé. La différence entre les deux temps est alors que le

---

3 Sur cette question, par ailleurs controversée, voir également Jolivet (1986) et de Saussure & Sthioul (2012).

4 Ces adverbes permettent alors d' assurer l' interprétation de parfait d' expérience, interprétation qui serait, sinon, en concurrence avec une interprétation de prétérit.

passé composé ne grammaticalise pas cette signification. Elle ne lui advient qu'en présence de certains indices contextuels (par exemple, la présence d'un adverbe quantifieur de fréquence ou d'occurrence). En revanche, pour les sujets parlants dont la grammaire inclut le passé surcomposé existentiel, celui-ci fonctionne comme une forme spécifiquement dédiée à l'expression du parfait d'expérience. Ce temps verbal a donc, pour ces sujets parlants, un statut d'*overt category* au sens de Whorf (1956). Il permet d'assurer une telle interprétation, dans des contextes où un passé composé pourrait être ambigu. En un mot, il la *grammaticalise*. Pour le montrer, examinons l'extrait suivant:

(13) on adore rire ensemble/ on fait des soirées ensemble/ **on est eu parti** en vacances ensemble/ (Oral, locutrice neuchâteloise, 2009. '/' indique une intonation montante)

Pour un locuteur dont la grammaire inclut le passé surcomposé existentiel, cet énoncé signifie 'il nous est arrivé (une fois au moins) de partir en vacances ensemble', et ne peut signifier que cela. Or, pour tout locuteur francophone, un passé composé pourrait ici être ambigu:

(14) on **est parti** en vacances ensemble

Certes, le contexte de (13) favorise vraisemblablement une interprétation existentielle du passé composé de (14); mais il n'en demeure pas moins que (14), dans le contexte de (13), est à même de désigner:
– soit une occurrence singulière, définie et localisée dans le temps, de la situation consistant à «être parti en vacances ensemble», comme ce serait le cas dans (14'):

(14') l'été dernier on **est parti** en vacances ensemble

– soit un nombre indéterminé d'occurrences de ce type de situation, tout en signifiant qu'elle est advenue une fois au moins (interprétation de parfait d'expérience, donc existentielle).

On notera que cette lecture existentielle serait la seule possible si le passé composé était sous l'incidence de l'adverbe *déjà* ou d'un adverbial quantifieur de fréquence ou d'occurrence:

(15) on est {déjà / souvent / parfois / rarement / plusieurs fois /...} parti en vacances ensemble

Il est intéressant de noter que dans ces formulations, l'adverbial porte sur le composant existentiel de l'énoncé, comme le montrent les paraphrases : 'il est {déjà / souvent / parfois /...} arrivé qu'on parte en vacances ensemble'[5].

3   Principales propriétés du passé surcomposé de type existentiel

Le type existentiel se caractérise par les propriétés principales suivantes :

(i) La proposition qui comporte ce type de surcomposé a une signification qui est dominée par une ASSERTION D'ADVENUE (ou d'existence). Cette signification correspond, dans les paraphrases données ci-dessus, à l'expression *il est arrivé (une ou plusieurs fois) que...*[6]

(ii) Cette assertion d'advenue est associée à un INTERVALLE DE VALIDATION, expression que j'emprunte à Desclés (1997). Pour qu'elle puisse être validée, en effet, il faut que cette assertion soit associée à un domaine, autrement dit à un intervalle temporel. Cet intervalle peut être implicite (cas le plus fréquent) ou explicite. Dans l'exemple (9) – répété ci-dessous – il demeure implicite ; la seule information qu'on ait à son sujet est qu'il est antérieur au moment de l'énonciation. Dans l'exemple (10), en revanche, il est indiqué au moyen de l'expression *dans votre vie*, comme nous l'avons vu plus haut.

(9)   Oui, **j'ai eu écrit** des lettres d'amour à mon chéri et il aimait bien les recevoir. Maintenant je lui écrit [sic] des petits mots doux ou je lui envoie des mails lorsqu'il est au boulot. (Forum internet, 2005)

(10)   Mais **avez-vous eu été confrontés** aux flics une fois **dans votre vie** ? Moi oui et pourtant je ne suis ni voleur ni délinquant. (Site du journal *Libération*, 2009, message d'un lecteur)

---

5   Concernant le *Present perfect*, Leech (1971 : § 56) indiquait que, quand la signification de parfait d'expérience n'est pas accompagnée d'un adverbial, l'auxiliaire tend, en langue parlée, à être produit avec une certaine emphase prosodique. Intuitivement, il me paraît que cette observation vaut également pour le français ; mais il n'existe, à ma connaissance, aucune étude empirique sur la prosodie des parfaits d'expérience du français. A noter quand même que Foulet (1925 : 232) observait, à propos d'un exemple de surcomposé existentiel, que le *eu* était prononcé « avec un fort accent » !

6   Croft (2012 : 163) propose une glose un peu différente, mais en tous points équivalente : 'there exists at least one past situation of...' [suit la désignation de la situation concernée]. Foulet (1925) déjà avait noté que le tour impersonnel *il est arrivé que* fournit une bonne paraphrase de certains emplois du passé surcomposé.

Quand le type existentiel est exprimé au moyen d'un passé composé, la borne terminale de l'intervalle de validation coïncide par défaut[7] avec le moment de l'énonciation (désigné ci-après par T_0). A cet égard, le passé composé français fonctionne comme le *Present perfect* anglais (cf. Comrie 1976). Théoriquement, cette borne terminale devrait donc, dans le cas du passé surcomposé, être localisée avant T_0, donc dans le passé. Or, les données montrent que ce n'est pas toujours le cas (Apothéloz 2012). On observe en effet une certaine variation dans la façon dont cet intervalle est traité. Cette variation concerne la borne terminale de l'intervalle. Ainsi, dans (9), où la locutrice met explicitement en contraste ce qu'elle faisait *avant* et ce qu'elle fait *maintenant*, la borne terminale de l'intervalle de validation paraît localisée dans le passé. Il en résulte que, dans ce contexte, on ne peut pas inférer de l'énoncé *J'ai eu écrit des lettres d'amour…* que les situations qu'il désigne sont susceptibles de se reproduire à T_0. Il en va différemment dans (10), où rien ne paraît empêcher que la borne terminale de l'intervalle de validation coïncide avec T_0. Pour cette raison, la question *Avez-vous eu été confrontés aux flics une fois dans votre vie* n'exclut pas qu'on en infère la possibilité d'autres confrontations de ce type. (Pour une discussion de ce problème, voir de Saussure & Sthioul 2012 ainsi que Borel à par.)

On notera que, quand la borne terminale de son intervalle de validation coïncide avec T_0, le passé surcomposé de type existentiel ne se distingue pas du passé composé du même type.

(iii) La troisième propriété du passé surcomposé existentiel, et des parfaits d'expérience en général, est que la localisation temporelle de la (ou des) situation(s) dont l'énoncé dit qu'elles ont existé est indéfinie, hormis bien entendu le fait qu'elles sont situées à l'intérieur de l'intervalle de validation. Cela explique l'appellation que Leech (1971) a donné au *Present perfect* existentiel (*indefinite past*).

(iv) Enfin, le passé surcomposé existentiel est associé à un type particulier de résultativité, donc d'état résultant, qui est propre aux parfaits d'expérience. Il s'agit d'une résultativité indirecte, très différente de la traditionnelle valeur d'accompli, et que Desclés (2017) appelle ÉTAT D'EXPÉRIENCE. Dans le cas du passé surcomposé, cet état d'expérience est validé à (et depuis) T_0. Dans les formes de type *avait eu fait*, son moment de validation est localisé dans le passé. Pour rendre compte de la complexité du fonctionnement référentiel des parfaits d'expérience, Gosselin (2017) considère qu'ils réfèrent aussi bien au(x) moment(s) où la situation est advenue qu'à l'état d'expérience.

---

7 C'est-à-dire à défaut d'informations spécifiant l'une et/ou l'autre de ses bornes, comme le ferait par exemple l'expression *depuis notre dernière rencontre*.

4 Qu'en est-il des autres temps surcomposés?

Le passé surcomposé n'est bien sûr pas la seule forme surcomposée qu'on rencontre en français. La question se pose donc de savoir si les deux types qui viennent d'être décrits sont valables également pour ces autres temps surcomposés.

4.1 Quelques données quantitatives

De façon générale, l'existence d'autres temps surcomposés est reconnue depuis longtemps. Ainsi, l'une des premières grammaires du français, le *Traité* de Louis Meigret (1550), fait état de formes comme *ai eu fait, ai été arrivé*, mais aussi *avais eu fait* (p. 124), *aurai eu fait* (p. 133) ou encore *aurais eu fait* et *eusse eu aimé* (p. 95). A l'époque classique, les temps surcomposés, du moins certains, sont souvent mentionnés par les grammairiens, même si ces derniers paraissent parfois davantage motivés par le souci de présenter un système complet et méthodique (comme Beauzée 1765), que par le souci de rendre compte de formes réellement attestées.

Cependant, il est extrêmement difficile d'établir des informations fiables concernant la fréquence des emplois des temps surcomposés. Les variantes existentielles, en particulier, probablement parce qu'elles sont souvent stigmatisées par le discours normatif, peuvent être d'un usage tout à fait courant chez certains locuteurs, et totalement absentes quand ces mêmes locuteurs s'expriment par écrit, en particulier dans des documents destinés à être imprimés. A cet égard, il ne fait pas de doute que la prolifération des écrits électroniques à laquelle on assiste depuis une vingtaine d'années a considérablement changé les données du problème, et permet d'accéder à des faits qui, auparavant, auraient passé complètement inaperçus.

En dépit de ces difficultés, il peut être utile de présenter ici quelques données quantitatives. Celles que j'ai réunies dans le Tableau 2.1 m'ont été transmises par M. Borel et constituent l'essentiel du corpus de sa thèse (Borel à par.). Ce corpus comporte à l'heure actuelle[8] 5296 exemples attestés, allant du XVᵉ au XXIᵉ s. Pour éviter les problèmes de dénomination que posent ces temps verbaux, j'adopte ici la méthode utilisée par cette auteure, consistant à identifier les temps surcomposés au moyen d'un exemple canonique utilisant le verbe *faire*. Ils sont ordonnés de gauche à droite selon une fréquence décroissante.

---

8 C'est-à-dire au moment où ces lignes sont rédigées (juillet 2018).

TABLEAU 2.1	Pourcentage des formes surcomposées calculé sur un corpus de 5296 occurrences (XVᵉ-XXIᵉ s.). Les 1.4% résiduels (autres formes) sont des formes appartenant aux types: *eut eu fait, eût eu fait*. Données fournies par Borel (à par.)

a eu fait	avait eu fait	aurait eu fait	ayant eu fait	aura eu fait	avoir eu fait	ait eu fait	autres formes	
77.4%	6.1%	4.4%	3.3%	2.9%	2.7%	1.8%	1.4%	100%

Il apparaît immédiatement que les formes en *a eu fait* (passé surcomposé) sont de très loin les plus fréquemment utilisées, puisqu'elles représentent plus des trois quarts des formes surcomposées répertoriées.

4.2 *Exemples*

L'examen des données indique que la réponse à la question posée plus haut est positive: les formes surcomposées du français sont toutes susceptibles de réaliser le type résultatif et le type existentiel, à l'exception de *eut eu fait* et de *eût eu fait*, formes rarissimes et toujours résultatives (Borel à par.)[9]. Je donne ci-dessous 2 exemples de chacun des deux types, pour les formes suivantes: *avait eu fait, aurait eu fait, aura eu fait, ait eu fait, ayant eu fait, avoir eu fait*. Les formes verbales surcomposées sont en gras. Les autres expressions en gras concernent des commentaires qui seront faits plus loin.

4.2.1 Avait eu fait
4.2.1.1 *Type résultatif*

(16) [...] nos soupçons ont acquis un nouveau degré de certitude, lorsqu'il nous a été dit par les assistans, et confirmé par le malade lui-même, que ces accidens s'étaient manifestés peu de temps après qu'il **avait eu mangé** d'une soupe dont la saveur lui avait paru âcre et austère. (J. Briand, J.-X. Brosson, 1828)

(17) Étant parfaitement renseigné sur l'état des lieux, il **avait eu vite fait** de voir comment il lui faudrait s'y prendre pour passer sans être aperçu par ceux du poste, ce qui n'était pas très difficile; et, une nuit donc, il était parti [...]. (C.-F. Ramuz, 1925)

---

9 On trouve dans Holtus (1995) plusieurs exemples de formes surcomposées appartenant au type existentiel, mais elles ne sont pas diagnostiquées comme telles par l'auteur.

LA SURCOMPOSITION VERBALE ET SES EMPLOIS EN FRANÇAIS

4.2.1.2   *Type existentiel*

(18) faut aussi se remettre dans le contexte que j'étais un un vieux de de de je sais plus [...] quarante-six ans qui qui **avait eu fait** du cheval mais qui n'avait plus du tout la musculature d'un cavalier donc hein [...] et pis plus les réflexes (OFROM, Corpus oral de français de Suisse romande, 2012)

(19) [Il est question d'un chien mort]
Je l'avais enveloppé dans un drap tout blanc, son linceul, et nous avions pris rendez-vous au centre d'incinération pour animaux, je voulais ses cendres pour les disperser dans la nature. Au milieu du lac, avais-je d'abord imaginé, mais Billy n'aimait pas se baigner. Il m'**était eu arrivé** de le doucher, **très rarement**, événement très pénible pour tous deux. (Blog, 2011)

4.2.2   Aurait eu fait
4.2.2.1   *Type résultatif*

(20) Et quand celui-ci **aurait eu fini** de répondre, il lui aurait annoncé qu'à compter de cet instant le contact était rompu entre eux. (H. Mankell, 2012)

(21) [...] elle serait tombée d'elle-même, dès qu'on lui **aurait eu coupé** ses communications avec Constantinople. (F. de Beaujour, 1829)

4.2.2.2   *Type existentiel*

(22) [Une femme décrit les effets des médicaments neuroleptiques]
Je me levais au milieu de la nuit car je voulais aller dehors me promener bref des choses que **jamais j'aurais eu fait** dans mon état normal. (Blog, 2014)

(23) Aussi, monsieur – reprit M. Pipelet – j'**aurais eu commis** des crimes affreux, que je n'aurais pas eu un sommeil plus bourrelé. (E. Süe, 1843)

4.2.3   Aura eu fait
4.2.3.1   *Type résultatif*

(24) Prenez une demi-feuille de papier uni, que vous oindrez d'huile douce. Après que cette onction **aura eu fait** son effet, pendant une ou deux

minutes, laissez l'huile suinter à travers le papier; (*Manuel d'économie rurale et domestique*, 1820, trad. de l'anglais)

(25) Nil se dit que c'était un geste typique d'adolescente amoureuse. «Quand elle aura vingt-cinq ans, et qu'un régiment de cavalerie lui **aura eu défilé** sur le corps, elle ne baisera plus la main de son amant du jour, ou si elle le fait, ce ne sera pas élan, mais calcul.» (G. Matzneff, 1981)

4.2.3.2   *Type existentiel*

(26) tu imagines pas **le nombre de fois dans ma vie** où j'**aurai eu entendu** des conversations téléphoniques qui parlaient de moi (Oral, Suisse romande. In: Borel, à par.)

(27) [Il est question de personnes qui se suicident]
Elles tentent d'abord de résister, comme elles l'**auront eu fait souvent tout au long de leurs vies**, elles ont justement l'expérience des difficultés et savent se battre, elles sont, à ce sujet, bien plus aguerries que la moyenne des gens. (Presse internet, 2013)

4.2.4   Ait eu fait
4.2.4.1   *Type résultatif*

(28) Alors pendant que j'étais dans le bois, la mère s'est mise à voyager à la rivière avec une chaudière dans chaque main [...], jusqu'à ce qu'elle **ait eu fini** de remplir un quart [...]. (L. Hémon, 1913)

(29) Le débat sur ce point a pris fin après que j'**aie eu pris** la parole, et que bon nombre d'honorables sénateurs **avaient posé** des questions [...]. (Parlement du Canada, 2000)

4.2.4.2   *Type existentiel*

(30) [Il est question d'une manière particulière de recharger les armes à feu avec de la poudre]
Que des anciens l'**aient eu fait**, c'est une chose... le recommander c'en est une autre!! Moi j'**ai** aussi **connu** des poudreux qui rechargeaient à la poire avec la clope au bec, est-ce pour autant qu'il faut le faire??? (Forum internet, 2009)

LA SURCOMPOSITION VERBALE ET SES EMPLOIS EN FRANÇAIS 25

(31) Le pire que j'**aie eu vu** c'est un livreur français avec un semi-remorque qui devait aller livrer qqch à Mex [Localité près de Lausanne]. (Forum internet, 2005)

4.2.5 Ayant eu fait
4.2.5.1 *Type résultatif*

(32) **Ayant eu terminé** de mettre des pneus assez tard ce soir, je n'ai eu l'occasion que de faire quelques centaines de mètres avec et c'est une bonne surprise. (Blog, 2011)

(33) [Il est question de la série des films *Massacre à la tronçonneuse*] Ce film avait été censuré sous le règne de Giscard D'Estaing, par un Comité qui avait empêché sa sortie en salle. **Ayant eu vu** le second, un chef d'œuvre d'humour noir, je me faisais une joie de regarder le premier de cette série, l'« original ». (Forum internet, 2004)

4.2.5.2 *Type existentiel*

(34) [...] j'ai une hantise des antidépresseurs **ayant eu fait déjà** plusieurs essais négatifs [...]. (Forum internet, 2006)

(35) [...] j'aurais aimé échanger avec des personnes **ayant eu eu** des traumatismes similaires [...]. (Forum internet, 2007)

4.2.6 Avoir eu fait
4.2.6.1 *Type résultatif*

(36) C'est pourquoi après **avoir eu terminé** la Wirtschaftsmittelschule à Berne, il a suivi une formation pour devenir webmaster. (Presse internet, 2013)

(37) J'ai fréquenté les forums maternité d'Auféminin avant-pendant-et après **avoir eu eu** mes filles (6 et 3.5 ans), mais là ça faisait un moment que je ne postais plus, en tout cas dans les forums bébés! (Forum internet, 2009)

4.2.6.2 *Type existentiel*

(38) *The Daily Mail* vient cependant de lâcher une petite bombe : selon le journal, Nicole Kidman aurait enfin admis **avoir eu fait** des injections de Botox **ces dernières années**. (Presse internet, 2011)

26 APOTHÉLOZ

(39) En hiver, les eaux sont assez hautes, claires et transparentes… En été, c'est nettement plus trouble. Je me souviens **avoir eu vu** flotter des ordures ménagères balancées depuis le restaurant «Fonze» à St Guilhem le Désert… (Blog, 2013)

4.3 *Analyses et commentaires*

4.3.1 Type résultatif

Ces exemples montrent que le type résultatif, qu'il concerne ou non des formes tensées, est massivement utilisé dans les contextes où il exprime la concomitance entre:

- d'une part, l'état résultant d'une situation S1 exprimé par la forme surcomposée (souvent dans une subordonnée),
- d'autre part, une situation S2 exprimée soit au moyen d'un temps simple, soit d'un temps composé à interprétation processive.

La relation établie entre S1 et S2 n'est pas qu'une relation de concomitance. L'état résultant de S1 fonctionne en général aussi comme un localisateur temporel de S2, d'où des enchaînements comme (40):

(40) – ces accidents **s'étaient manifestés** peu de temps après qu'il **avait eu mangé**… (16)
   – quand celui-ci **aurait eu fini** de répondre, il lui **aurait annoncé**… (20)
   – le débat **a pris** fin après que j'**aie eu pris la parole**… (29)[10]
   – **ayant eu vu** le second, je **me faisais** une joie de regarder le premier… (33)
   – après **avoir eu terminé** la Wirtschaftsmittelschule, il **a suivi** une formation… (36)

Cette fonction de localisation temporelle peut être doublée d'une relation causale. Quelques cas toutefois s'écartent un peu de cette logique temporelle. Ainsi, dans l'exemple (28) la situation désignée par la forme surcomposée indique la borne terminale d'une situation itérative (*jusqu'à ce que elle ait eu fini de…*). Et dans l'exemple (17), c'est en réalité l'état résultant qui fait l'objet d'une localisation temporelle, localisation indirecte puisqu'elle est signifiée par l'adverbe *vite*. Dans ce cas, la forme surcomposée fait progresser temporellement la narration, contrairement à ce qu'on observe dans les exemples listés en (40).

---

10 L'exemple (29) présente un phénomène assez curieux: la coordination, dans la subordonnée en *après que*, de deux propositions, la première au passé surcomposé subjonc-

TABLEAU 2.2   Facteurs de composition des formes verbales utilisées pour désigner la situation localisante et la situation localisée

Situation localisante (S1) (Interprétation résultative)		Situation localisée (S2) (Interprétation processive)
a fait	*avoir fait, ayant fait*	*fait*
a eu fait	*avoir eu fait, ayant eu fait*	*a fait* (processif), *faisait*
avait fait, eut fait	*avoir fait, ayant fait*	*fit*
avait eu fait, eut eu fait	*avoir eu fait, ayant eu fait*	*avait fait* (processif)
aura fait	*avoir fait, ayant fait*	*fera*
aura eu fait	*avoir eu fait, ayant eu fait*	*aura fait*
aurait fait	*avoir fait, ayant fait*	*ferait*
aurait eu fait	*avoir eu fait, ayant eu fait*	*aurait fait* (processif)

Appelons S1 *situation localisante* et S2 *situation localisée*. Le principe qui régit ces emplois est bien connu et peut être formulé comme suit[11] : la forme verbale choisie pour désigner la situation localisante (typiquement, dans la subordonnée) a, sur le plan morphologique, un degré de composition de plus que celle choisie pour exprimer la situation localisée. C'est ce qu'on observe dans les exemples listés en (40). D'où les régularités résumées dans le Tableau 2.2.

Cependant, un examen plus attentif des exemples de surcomposition donnés plus haut indique que deux cas au moins doivent être distingués.

– Dans le premier, la surcomposition s'explique par une stricte application du principe ci-dessus. Si une S2 exprimée par un temps non composé est localisée par une S1 exprimée par un temps composé, alors une S2 exprimée par un temps composé doit être localisée par une S1 exprimée par un temps surcomposé. L'utilisation d'une forme surcomposée est donc ici motivée par un principe qui relève de la logique aspectuo-temporelle.

A cet égard, des enchaînements comme (41) apparaissent comme des anomalies aspectuo-temporelles, bien qu'on les rencontre assez souvent, en particulier dans l'oral ordinaire (Carruthers 1993) :

(41)   Et puis, le soir, quand on en **a fini** avec les Allemands, je **suis descendu** vers la Volga. (A. Makine, 1995)

---

tif, la seconde au plus-que-parfait : *après que j'**aie eu pris** la parole, et que bon nombre d'honorables sénateurs **avaient posé** des questions.*

11   Voir par exemple Damourette & Pichon (1911-1936, tome 5, § 1702).

Ce type d'enchaînement oblige en effet à interpréter le passé composé de la subordonnée comme signifiant un état résultant *dans le passé* – ce que ce temps verbal est en principe inapte à exprimer! La forme normale attendue ici (i.e. respectant les propriétés aspectuo-temporelles des formes composées) est *quand on en a eu fini*, comme l'ont noté de nombreux grammairiens et linguistes[12].

– Dans le second cas, la forme surcomposée (décrivant la situation localisante) est mise en correspondance avec une forme non composée (décrivant la situation localisée). Les exemples (24), (25) et (33) illustrent ce cas de figure: dans (24), *aura eu fait* est mis en connexion temporelle avec un impératif présent; dans (25), *aura eu défilé* est mis en connexion avec un futur simple; et dans (33), *ayant eu vu* est mis en connexion avec un imparfait. Il est difficile ici d'évoquer la logique aspectuo-temporelle pour expliquer la présence d'une forme surcomposée. Les futurs surcomposés *aura eu fait* et *aura eu défilé* de (24) et (25) pourraient être remplacés, apparemment sans modification sémantique, par des futurs antérieurs; de même, *ayant eu vu* dans (33) pourrait être remplacé par *ayant vu*. En conséquence, je formulerai l'hypothèse que dans ces exemples, la surcomposition a pour seule fonction de renforcer l'interprétation résultative de la forme verbale.

Les formes du type *aura eu fait* (futur surcomposé) posent par ailleurs un problème spécifique, qui est le suivant. Selon le principe évoqué plus haut, ces formes devraient être utilisées pour désigner une situation S1 qui localise une situation S2 exprimée au moyen d'un futur antérieur, ce futur antérieur ayant une interprétation processive. Or, ce temps verbal en emploi purement processif (aoristique), sans signification additionnelle – comme celle qu'on rencontre dans les emplois *conjecturaux* ou *rétrospectifs* (dits aussi *de bilan*) –, est réputé extrêmement rare[13]. Ainsi, mes corpus ne comportent aucun exemple dans lequel on aurait une subordonnée temporelle avec une forme du type *aura eu fait*, enchaînant sur une principale avec une forme du type *aura fait* interprétée processivement. Les exemples trouvés attestent quatre types d'enchaînements:

---

12 Ce type de conflit aspectuo-temporel est fréquent dans *L'Étranger* de Camus où, comme on sait, l'auteur a délibérément choisi de ne pas utiliser le passé simple, mais le passé composé, pour conduire le récit principal. L'exemple (41) est d'autant plus surprenant que le verbe *finir* est, avec quelques autres verbes phasiques, l'un des plus fréquemment employés au passé surcomposé. Sur ces conflits aspectuo-temporels engendrés par le passé composé dans les subordonnées temporelles, voir Apothéloz (à par.).

13 Certains linguistes (e.g. Sten 1952; Vet 2010) considèrent même que les emplois purement processifs du futur antérieur n'existent pas.

(i) soit une forme de type *aura eu fait* enchaînant avec un futur simple, comme dans l'exemple suivant (voir aussi l'exemple (25) ci-dessus) :

(42) Une fois qu'on **aura eu fini** cette tournée *Quadrophenia*, à Paris et à Amsterdam, les fans allemands, danois, italiens, japonais et australiens nous **réclameront**. (Interview du guitariste Pete Townshend, site du *Figaro*, 2013)

Dans ce cas la forme surcomposée ne paraît pas avoir d'autre raison d'être que de renforcer l'interprétation résultative.

(ii) soit une forme de type *aura eu fait* enchaînant avec un futur antérieur, ce dernier étant interprété résultativement (accompli), comme dans (43) :

(43) La manne, comme toutes les autres substances douces, **aura perdu** son goût doux d'abord qu'on en **aura eu séparé** l'acide & l'huile qu'elle contenoit [...]. (Lamery, *Cours de chymie*, 1730. Corpus M. Borel)[14]

Dans cet extrait, ce sont ainsi deux états résultants qui sont mis en concomitance temporelle : 'ne plus avoir son goût doux' et 'l'acide et l'huile être séparés'. Mais, étant donné que le second état est la cause du premier état, il subsiste une idée d'antériorité du second sur le premier. C'est précisément cette idée d'antériorité qu'exprime ici la forme surcomposée, qui est ainsi temporellement et aspectuellement motivée.

(iii) soit une forme de type *aura eu fait* enchaînant avec un futur antérieur processif, mais dans un contexte où l'énoncé tout entier a une valeur conjecturale, comme dans (44) :

(44) La rentrée de la Chambre en pleine conférence de La Haye oblige le personnel politique à de singuliers tours de force qui sont presque des miracles d'ubiquité. On pense que M. Tardieu en **aura eu fini hier soir** avec les résistances du Dr Schacht, il **aura pris** le train de 20 heures pour être à 6h.30 à Paris, tenir à 10 le conseil des ministres, faire l'ouverture de la Chambre à 2 heures et repartir à la minuit suivante pour le pays des sanctions et des abandons. (Ch. Maurras, 1930, in : Damourette & Pichon 1911-1936, t.5, § 1859)

---

14   En français classique, *d'abord que* signifie 'aussitôt que', 'dès que'.

Dans cet exemple, où la forme surcomposée n'est pas dans une subordonnée temporelle, l'énonciateur attribue à un 'on' impersonnel des hypothèses concernant des faits passés (cf. *on pense que... hier soir*) et donc révolus. Le trait 'futur' fonctionne ici comme un marqueur de conjecture.

(iv) soit une forme de type *aura eu fait* utilisée dans un contexte omnitemporel, c'est-à-dire où la distinction des époques n'est pas pertinente: contexte générique, texte de règlement, séquence de consignes, par exemple:

(45) Après que le mari **aura eu employé** la douceur, puis la coercition, si l'épouse persiste dans sa désobéissance ou que l'incompatibilité d'humeur soit bien établie, on ne doit pas hésiter. (J. Sicard, *Le monde musulman dans les possessions françaises*. 1928, p. 45)

Dans ce cas, à nouveau la forme surcomposée ne paraît pas avoir d'autre raison d'être que de renforcer l'interprétation résultative. L'exemple (24) ci-dessus, extrait d'une séquence de consignes, relève de cette même catégorie.

4.3.2 Type existentiel

Concernant le type existentiel (interprétation de parfait d'expérience), le problème qui sera examiné ici est celui de la concurrence entre les formes surcomposées et les formes composées simples. La principale question qu'on posera est la suivante: est-ce que, dans les exemples de type existentiel ci-dessus, la forme composée simple correspondante serait ambiguë, c'est-à-dire pourrait être interprétée aussi bien comme un parfait d'expérience que comme désignant une situation singulière à localisation définie? Si c'est le cas, alors on considérera que cela suffit à justifier le choix d'une forme surcomposée.

Cet exercice de substitution conduit aux observations suivantes:

– Une forme composée simple serait de toute manière nécessairement interprétée comme un parfait d'expérience chaque fois que le verbe est sous l'incidence d'un adverbial quantifieur de fréquence ou d'occurrence. Ce cas se présente dans de nombreux exemples: *très rarement* dans (19), *jamais* dans (22), *le nombre de fois où* dans (26), *souvent* dans (27). À quoi il faut ajouter *déjà* à valeur existentielle dans (34).

– Une forme composée simple serait également interprétée comme un parfait d'expérience quand l'énoncé comporte une expression pouvant être interprétée comme désignant l'intervalle de validation. Il en va ainsi dans l'exemple (38), avec l'expression *ces dernières années*: la prédication *avoir fait des injections de Botox ces dernières années* n'a pas d'autre interprétation qu'existentielle. Le même constat s'applique à (26) et (27), avec les expressions *dans ma vie* et *tout au long de leurs vies*, tout à fait caractéristiques de la phraséologie des parfaits d'expérience.

– Il en va de même quand la forme composée simple concerne le tour impersonnel *il est arrivé* (ou un tour équivalent), qui est une forme explicite, *analytique* du parfait d'expérience. C'est ce qu'on observe dans l'exemple (19), où le tandem adverbial *très rarement* suffit d'ailleurs à sélectionner cette interprétation.

– Parfois, la signification même de l'expression verbale, ou le contexte sémantique dans lequel elle se trouve, paraissent exclure toute interprétation autre que celle de parfait d'expérience. On voit mal, par exemple, comment la formulation *que des anciens l'aient fait* dans l'exemple (30), où il est question de différentes pratiques concernant la façon de recharger une arme à feu, pourrait être interprétée autrement que comme un parfait d'expérience, notamment à cause de l'indéfini pluriel (*des anciens*). On notera que cet extrait comporte un second parfait d'expérience réalisé, lui, au moyen d'un passé composé existentiel (*Moi j'ai aussi connu des poudreux qui rechargeaient...*). C'est donc ici toute la séquence retenue qui est sur le mode du parfait d'expérience. Cette observation conduit inévitablement à s'interroger sur les conditions d'emploi respectives des formes composées et surcomposées pour exprimer le parfait d'expérience.

– Une forme composée simple serait également interprétée comme un parfait d'expérience dans les exemples (34) et (35). Cela est dû au fait que le complément du verbe y est une expression indéfinie. Ainsi, même sans l'adverbe *déjà*, le participe *ayant fait* dans (34) serait nécessairement interprété comme un parfait d'expérience du seul fait de l'indéfini pluriel du complément *plusieurs essais négatifs*. Il en va de même pour (35) (*ayant fait des traumatismes similaires*). Ce lien entre l'indéfini (et plus particulièrement l'indéfini pluriel) et l'interprétation de parfait d'expérience a été mis en évidence par Karolak (2007) et Mittwoch (2008).

Il n'est bien sûr pas possible d'attribuer une quelconque représentativité statistique à ces analyses par substitution. Elles indiquent au mieux que dans un nombre relativement important de cas, la forme surcomposée, comparée à la forme composée simple, ne présente aucune réelle nécessité sémantique, et paraît davantage s'expliquer par le besoin de marquer formellement, c'est-à-dire par une forme spécifique et *dédiée*, la valeur de parfait d'expérience. Cela confirme que, pour les sujets parlants dont la grammaire inclut la surcomposition comme marqueur du type existentiel, les formes surcomposées grammaticalisent cette valeur.

Mais les formes de type *aura eu fait* présentent, ici encore, une particularité : on pourrait, à signification pratiquement équivalente, leur substituer non seulement un futur antérieur, mais aussi un passé composé! Le choix d'une forme du futur, dans ces exemples, produit un effet sémantique qui, s'agissant du futur antérieur, est connu sous le nom de futur antérieur *de bilan*, ou *rétrospectif*. Ce même effet se retrouve avec la forme surcomposée, et il existe donc également un futur surcomposé *de bilan*. L'analyse qu'on donne généralement de ces cas consiste à dire qu'il y a alors projection dans le futur du moment où sera acquise la vérité de ce qui est asserté. Autrement dit, le composant 'futur' du temps verbal ne localise plus la situation proprement dite, mais la validation de celle-ci[15]. Cet effet, cela va de soi, disparaît complètement avec le passé composé.

Pour terminer sur ce point, il est intéressant de signaler que certaines formulations, comme *pour avoir eu* + PARTICIPE PASSÉ, déclenchent quasi mécaniquement une lecture de parfait d'expérience, comme l'a noté Borel (à par.). En voici un exemple:

(46) [Il est question d'un type de phare pour voiture] Pour en avoir eu monté sur celle [= la voiture] d'un ami, je te déconseille fortement de mettre ces niaiseries! (Forum internet, 2018)

5   Conclusion

On sait depuis longtemps que les formes surcomposées du français manifestent une certaine diversité d'emplois, et que cette diversité présente une dimension géographique. D'assez nombreuses publications montrent que, quelles que soient les analyses et les typologies proposées, certains de ces emplois se révèlent difficiles à décrire sur le plan sémantique, tout particulièrement les emplois existentiels, qui ont longtemps été présentés comme *régionaux* et exprimant un passé lointain et révolu, voire une certaine nostalgie.

Le présent article est parti d'une analyse consistant à distinguer deux types majeurs de passés surcomposés: un type résultatif et un type existentiel (ce dernier réalisant une interprétation connue sous l'appellation de parfait d'expérience). Le but était, dès lors, d'évaluer le degré de généralité de ces deux types dans le système de la surcomposition verbale du français.

---

15   Pour une interprétation énonciative de ce phénomène, voir Barceló & Bres (2006) et Azzopardi & Bres (2011).

Les données collectées montrent que ces deux interprétations de la surcomposition présentent un degré très élevé de généralité et de systématicité. Elles permettent de décrire l'immense majorité des emplois des formes surcomposées répertoriées en français.

Dans le cas du type résultatif, les données montrent que la présence d'une forme surcomposée peut obéir à deux motivations, selon l'environnement temporel dans lequel la forme est utilisée. Quand elle est couplée avec un temps composé simple, la forme surcomposée s'explique par une stricte logique aspectuo-temporelle, de sorte que sa motivation est en quelque sorte systémique. En revanche, quand elle est couplée avec un temps non composé, il n'est plus possible d'expliquer sa présence en évoquant la logique aspectuo-temporelle; la seule explication est qu'elle permet alors de renforcer l'expression de la résultativité.

Dans le cas du type existentiel, les formes surcomposées ont, pour les sujets parlant qui les possèdent, un statut d'*overt category* au sens de Whorf (1956), c'est-à-dire de formes spécifiquement dédiées à l'expression de cette valeur, et qui la grammaticalisent. Elles permettent notamment d'éviter d'éventuelles ambiguïtés du temps composé simple, dont les emplois de parfait d'expérience en français ne sont qu'une *covert category*.

Cependant, les formes surcomposées du français présentent une différence importante avec les formes composées simples. Alors que ces dernières oscillent entre trois interprétations (résultative, processive, existentielle), les formes surcomposées oscillent entre deux interprétations (résultative, existentielle). Elles semblent donc avoir échappé, du moins pour l'instant, au phénomène de dérive aoristique qui a frappé les temps composés simples du français, qui ont depuis longtemps déjà stabilisé des emplois processifs (aoristiques). Cela dit, les emplois existentiels des temps surcomposés marquent peut-être une première phase d'un éventuel processus d'aoristisation, processus décrit par beaucoup de linguistes comme une tendance générale voire universelle affectant les parfaits (cf. Kuryłowicz 1977; Dahl 1985; Bybee et al. 1994).

Références

Apothéloz, Denis. 2010. Le passé surcomposé et la valeur de parfait existentiel. *Journal of French Language Studies* 20(2). 105-126.

Apothéloz, Denis. 2012. La concurrence du passé composé et du passé surcomposé dans l'expression de la valeur de parfait d'expérience. In de Saussure, Louis & Rihs, Alain (éds), *Études de sémantique et pragmatique françaises*, 39-65. Berne: Peter Lang.

Apothéloz, Denis. 2017. Le parfait d'expérience et l'évolution de la relation passé composé – passé simple. In Prévost, Sophie & Fagard, Benjamin (éds), *Le français en diachronie: Dépendances syntaxiques, morphosyntaxe verbale, grammaticalisation*, 157-188. Berne: Peter Lang.

Apothéloz, Denis. À par. À propos d'un conflit aspectuo-temporel engendré par certains usages du passé composé. In Corre, Eric, Do-Hurinville, Danh-Thành & Dao, Huy-Linh (éds), *Autour de* L'Étranger *de Camus et de ses traductions: Approches linguistiques des questions de temps, d'aspect, de modalité et d'évidentialité*. Amsterdam: J. Benjamins.

Azzopardi, Sophie & Bres, Jacques. 2011. Temps verbal et énonciation. Le conditionnel et le futur en français: l'un est dialogique, l'autre pas (souvent). *Cahiers de praxématique* 56. 53-76.

Barceló, Gérard J. & Bres, Jacques. 2006. *Les temps de l'indicatif en français*. Paris: Ophrys.

Beauzée, Nicolas. 1765. Article *Tems*. In *Encyclopédie ou Dictionnaire raisonné des sciences, des arts et des métiers*, Tome 16, 96-117. Neufchastel: Chez Samuel Faulche.

Borel, Marine. 2017. Apparition et évolution du passé surcomposé en français. In Prévost, Sophie & Fagard, Benjamin (éds), *Le français en diachronie: Dépendances syntaxiques, morphosyntaxe verbale, grammaticalisation*, 189-215. Berne: Peter Lang.

Borel, Marine. À par. *Les formes verbales surcomposées en français*. Fribourg: Université de Fribourg & Nancy: Université de Lorraine. (Thèse de doctorat.)

Bybee, Joan, Perkins, Revere & Pagliuca, William. 1994. *The evolution of grammar. Tense, aspect and modality in the languages of the world*. Chicago: The Chicago University Press.

Caron, Philippe & Liu, Yu-Chang. 1999. Nouvelles données sur la concurrence du passé simple et du passé composé dans la littérature épistolaire. *L'Information grammaticale* 82. 38-50.

Carruthers, Janice. 1993. Passé composé, passé surcomposé: marqueurs de l'antériorité en français parlé. In Hilty, Gerold (coord.), *Actes du XXe congrès international de linguistique et de philologie romane*, vol. 1, 109-122. Tübingen: Francke.

Carruthers, Janice. 1994. The *passé composé régional*: towards a definition of its function in contemporary spoken French. *Journal of French Language Studies* 4(2). 171-190.

Carruthers, Janice. 1998. Surcomposé 'général' et surcomposé 'régional': deux formes distinctes? In Ruffino, Giovanni (ed.), *Atti del XXI congresso internazionale di linguistica e filologia romanza*, vol. 2, 143-154. Tübingen: Max Niemeyer.

Carruthers, Janice. 1999. A problem in sociolinguistic methodology: investigating a rare syntactic form. *Journal of French Language Studies* 9(1). 1-24.

Caudal, Patrick & Vetters, Carl. 2007. Passé composé et passé simple: sémantique diachronique et formelle. In Labeau, Emmanuelle, Vetters, Carl & Caudal, Patrick (éds), *Sémantique et diachronie du système verbal français*, 121-151. Amsterdam: Rodopi (*Cahiers Chronos* 16).

Comrie, Bernard. 1976. *Aspect*. Cambridge: Cambridge University Press.

Cornu, Maurice. 1953. *Les formes surcomposées en français*. Berne: Francke.

Croft, William. 2012. *Verb: Aspect and causal structure*. Oxford: Oxford University Press.

Dahl, Östen. 1985. *Tense and aspect systems*. Oxford: Blackwell.

Damourette, Jacques, Pichon, Edouard. 1911-1936. *Des mots à la pensée. Essai de grammaire de la langue française*. Paris: d'Artrey.

De Saussure, Louis & Sthioul, Bertrand. 2012. Formes et interprétations du passé surcomposé: unité sémantique d'une variation diatopique. *Langages* 188. 75-94.

Desclés, Jean-Pierre. 1997. Logique combinatoire, topologie et analyse aspecto-temporelle. *Études cognitives / Studia Kognitywne* 2. 37-69.

Desclés, Jean-Pierre. 2017. Invariants des temps grammaticaux et référentiels temporels. *Verbum* 39(1). 155-189.

Fenn, Peter. 1987. *A semantic and pragmatic examination of the English perfect*. Tübingen: Gunter Narr.

Foulet, Lucien. 1925. Le développement des formes surcomposées. *Romania* 51. 203-252.

Gosselin, Laurent. 2017. Les temps verbaux du français: du système au modèle. *Verbum* 39(1). 31-69.

Haß, Norman. 2016. *Doppelte Zeitformen im Deutschen und Französischen*. Hamburg: Buske Verlag.

Havu, Jukka. 2013. Le passé surcomposé en français classique et moderne. In Sullet-Nylander, Françoise, Engel, Hugues & Engwall, Gunnel (éds), *La linguistique dans tous les sens*, 37-58. Stockholm: Kungl. Vitterhetsakademiens Publications, Konferenser 80.

Holtus, Günter. 1995. Zur Verbreitung der *formes surcomposées* in den romanischen Sprachen. In Dahmen, Wolfgang, Holtus, Günter, Kramer, Johannes, Metzeltin, Michael, Schweickard, Wolfgang & Winkelmann, Otto (éds), *Konvergenz und Divergenz in den romanischen Sprachen*, 85-114. Tübingen: Gunter Narr.

Imbs, Paul. 1960. *L'emploi des temps verbaux en français moderne*. Paris: Klincksieck.

Jolivet, Rémy. 1986. Le passé surcomposé: emploi «général» et emploi «régional». Examen des insertions dans le syntagme verbal surcomposé. In *Mélanges d'onomastique, linguistique et philologie offerts à M. Raymond Sindou*, vol. 2, 109-116. Bâle: Centre du FEW.

Karolak, Stanisław. 2007. *Składnia francuska o podstawach semantycznych* [*Syntaxe française à bases sémantiques*], Tom 1. Kraków: Collegium Columbinum.

Kuryłowicz, Jerzy. 1977. *Problèmes de linguistique indo-européenne*. Wrocław, Warszawa, Kraków: Ossolineum.

Leech, Geoffrey N. 1971. *Meaning and the English verb*. London: Longman.

McCawley, James D. 1971. Tense and time reference in English. In Fillmore, Charles J. & Langendoen, D. Terence (éds), *Studies in Linguistic Semantics*, 96-113. New York: Holt, Rinehart and Winston.

McCawley, James D. 1981. Notes on the English perfect. *Australian Journal of Linguistics* 1. 81-90.

Meigret, Louis. 1550. *Le tretté de la grammere françoeze*. Paris: Chrestien Wechel. Réédité par Wendelin Foerster, Heilbronn Verlag, 1888.

Melchior, Luca. 2012. Tra esperienzialità e iteratività: il 'passé surcomposé à valeur spéciale' in francese (e in altri idiomi romanzi). *Revue de linguistique romane* 76. 65-98.

Michaelis, Laura A. 1998. *Aspectual grammar and past-time reference*. London: Routledge.

Mittwoch, Anita. 2008. The English Resultative perfect and its relationship to the Experiential perfect and the simple past tense. *Linguistics and Philosophy* 31. 323-351.

Olsson, Lars. 1971. *Etude sur l'emploi des temps dans les propositions introduites par* quand *et lorsque et dans les propositions qui les complètent en français contemporain*. Uppsala: Tofters-Wretmans boktryckeri.

Paesani, Katherine A. 2001. *The syntax and semantics of the* passé surcomposé *in modern French*. Bloomington: Indiana University. (Doctoral dissertation.)

Schaden, Gerhard. 2009. *Composés et surcomposés*. Paris: L'Harmattan.

Schøsler, Lene. 2012. Sur l'emploi du passé composé et du passé simple. In Guillot, Céline, Combettes, Bernard, Lavrentiev, Alexei, Oppermann-Marsaux, Evelyne & Prévost, Sophie (éds), *Le changement en français. Études de linguistique diachronique*, 321-339. Berne: Peter Lang.

Squartini, Mario. 1998. *Verbal periphrases in Romance: aspect, actionality, and grammaticalization*. Berlin, New York: Mouton de Gruyter.

Stefanini, Jean. 1954. La tradition grammaticale française et les temps surcomposés. *Annales de la Faculté des lettres d'Aix* 28. 67-108. Réédité dans: *Linguistique et langue française*. Textes de J. Stefanini réunis par P. Bonnefois, 37-74. Paris: Editions du CNRS, 1992.

Sthioul, Bertrand. 2006. Le(s) passé(s) surcomposé(s): temps, aspect, subjectivité. *Travaux neuchâtelois de linguistique (TRANEL)* 45. 115-132.

Sten, Holger. 1952. *Les temps du verbe fini (indicatif) en français moderne*. Kobenhavn: Munksgaard.

Vet, Co. 2010. L'interprétation des formes composées. In Flaux, Nelly, Stosic, Dejan & Vet, Co (éds), *Interpréter les temps verbaux*, 11-31. Berne: Peter Lang.

Vetters, Carl. 2010. Développement et évolution des temps du passé en français: passé simple, passé composé et *venir de* + infinitif. In Moline, Estelle & Vetters, Carl (éds), *Temps, aspect et modalité en français*, 277-298. Amsterdam: Rodopi (*Cahiers Chronos* 21).

Wagner, Robert-Léon. 1954. Compte rendu de *Les formes surcomposées en français* de M. Cornu. *Bulletin de la société de linguistique de Paris* 50. 97-100.

Whorf, Benjamin Lee. 1956. *Language, thought and reality*. Cambridge (Mass.): The M.I.T. Press. Traduction française: *Linguistique et anthropologie*. Paris: Denoël/Gonthier, 1969.

Wilmet, Marc. 2009. Le *passé surcomposé* sous la loupe. *Journal of French Language Studies* 19(3). 381-399.

Zandvoort, Reinard W. 1932. On the Perfect of Experience. *English Studies* 14. 11-20, 76-79.

CHAPTER 3

The Vietnamese Perfect: A Compositional Analysis

Trang Phan and Nigel Duffield

1 Introduction

The examples in (1)–(3) below contrast the means by which grammatical aspect is expressed in English and Vietnamese. Whereas in English *perfect* and *progressive* are both expressed through affixal (or other changes) to the verb stem, in conjunction with distinct auxiliaries—*have vs. be*—Vietnamese expresses these distinctions exclusively through pre-verbal aspectual morphemes; the verb itself is invariant in all contexts.

Example (1) illustrates a prototypical context for perfect marking (see Dahl 1985: 131) here, it seems, Vietnamese encodes the same perfect meaning by means of *đã* that English does through a compound perfect construction:[1]

(1) Context: A wants to give B's brother a book to read, but A doesn't know which to give.
   a. A asks:
   *Có   cuốn nào   trong những cuốn sách này   anh-ấy **đã** đọc*
   exist CLF which in   PL   CLF book DEM 3SG.M DA read
   rồi   không?
   already NEG
   'Are there any of these books that he **has** already **read**?'

   b. B replies:
   *Có, anh-ấy **đã** đọc cuốn này.*
   ASR 3SG.M DA read CLF DEM
   'Yes, he has read this one.'

The examples in (2) show that the progressive marker *đang* functions in a similar way to *đã*; here too, the root predicate is unaffected, meaning that the two aspectual morphemes can be combined in one clause, as in (2c):

---

1   See Croft (1990: 173) for the distinction between simple vs compound expression of the perfect; also Davydova (2011) for discussion of analytic *vs.* synthetic strategies of perfect formation.

© KONINKLIJKE BRILL NV, LEIDEN, 2019 | DOI:10.1163/9789004401006_004

THE VIETNAMESE PERFECT: A COMPOSITIONAL ANALYSIS 39

(2) a. *Chúng-tôi **dang** đọc cuốn sách này.*
1.PL   DUR read CLF book DEM
'We are reading this book.'

b. *Tôi **dang** viết thư.*
I   DUR write letter
'I am/was writing letters.'

c. *Lúc tôi đến, nó **dã dang** ngủ rồi.*
When I come, 3SG DA DUR sleep already
'When I came, he had been sleeping.'

A point to observe about these morphemes is that in principle both are free of any tense specification (in affirmative clauses); as a result they can appear in both past and future time contexts. This is demonstrated by the examples in (3):

(3) a. *Lúc đó, họ **dang** chơi quần-vợt.*   (*cf.* 1b)
time that 3PL DUR play tennis
'At that time, they were playing tennis.'

b. *Sang năm, vào ngày này, chắc tôi **dang** làm ở Pháp.*
enter year, enter day this, sure I   DUR work in France
'By this time next year, I will be working in France.'

c. *Đến cuối năm nay, tôi **dã** ra trường.*
arrive end year this I   DA out school
'I shall have graduated by the end of the year.'

The examples above involving *dã* demonstrate that the Vietnamese perfect is exclusively analytic—unlike English, which employs a mixed analytic-synthetic strategy to express the perfect (that is to say, English is analytic in the use of an auxiliary, synthetic in the alternations in the form of the participle). The examples also illustrate the strictly isolating nature of the Vietnamese lexicon, which lacks all of the inflectional morphemes that commonly express temporal/aspectual relations in Western European languages.

The morphological simplicity of Vietnamese *dã* might suggest a corresponding syntactic and semantic simplicity. And in fact, most previous analyses have treated *dã* as a simple lexical item, with respect to syntax and sentential semantics (see, amongst others, Thompson 1965; Nguyen 1995; Cao 2003; Duffield

2007; Trinh 2005; Panfilov 2002; Tran 2008). In this paper, however, we argue that a decompositional approach to *đã*—in which the tense (syntactic) component of *đã* is teased apart from its aspectual component—is preferable to simpler accounts on empirical grounds. Our analysis focuses on the fact that in different contexts *đã* may express one or more of three partially incompatible interpretations: (i) FULL COMPLETION, the event has reached its natural endpoint; (ii) INCHOATIVITY, the event has started, and may still be ongoing; and (iii) TERMINATION, where the event has been discontinued, without necessarily reaching any natural endpoint:

(4)   a. *Cuối-cùng anh-ấy **đã** đoạt giải.*   Completion
         finally   3SG.M   DA win   award
         'He (has) finally won the award.'

      b. *Ngoài đường trời **đã** sáng.*   Inchoativity
         out   road   sky DA bright
         'It got bright outside.'

      c. *Nó **đã** viết bài*   (*nhưng vẫn chưa xong*)   Termination
         3sg DA write paper   but   still NEG finish
         ??'He has written the paper (but has not yet finished it.)'

In addition to explaining the interpretive alternatives in (4), we aim to account for the fact that, while đã is ambiguous between a preterite and a perfect reading in affirmative declaratives (as shown in 5), there are contexts in which it is unambiguous: viz., it is interpreted *exclusively as a preterite marker* in negative contexts (7a, 7b); conversely, *exclusively as a perfect marker* in those *interrogative* contexts where it can be inserted available, as illustrated in (8b) (*cf.* 8c):

(5)   *Anh-ấy **đã** đến.*   Preterite or Perfect
      3SG.M   DA come
      Either 'He came.' or 'He has come.'

(6)   a. *Anh-ấy **không** đến.*
         3SG.M   NEG   come
         'He doesn't/didn't/won't come.'

      b. *Anh-ấy **chưa** đến.*
         3SG.M   NEG   come
         'He hasn't come yet.'

THE VIETNAMESE PERFECT: A COMPOSITIONAL ANALYSIS

(7) a. *Anh-ấy **đã không** đến.*   Exclusively preterite
    3SG.M   DA NEG   come
    'He didn't come.'

    b. *Anh-ấy **đã chưa** đến.*   Exclusively preterite (past perfect)
      3SG.M   DA NEG   come
      'He hadn't come yet.'

As can be seen in (6) and (7), Vietnamese disposes of two pre-verbal negative markers: the default negative morpheme *không* ('not'), and the perfect negative marker *chưa* ('not.yet'). Where it appears in negative contexts, *đã* is interpreted purely as a past tense marker. Consider the contrast between (6a) and (7a): without *đã*, the negative event in (6a) may be freely located either in the past, present, or future. The addition of *đã* in (7a) forces a past time interpretation of the event. Likewise, the addition of *đã* to *chưa* negatives in (7b) relocates the situation from a present (perfect) time to a past perfect time (*cf.* 6b, where *chưa* expresses a simple negative-perfect).

Interestingly, the same morphological forms, *không* 'not' and *chưa* 'not.yet', serve as (non-negative) interrogative markers whenever they follow the verb, as in the examples in (8). However, in these latter interrogative contexts *đã* may only co-occur with *chưa*, not with *không*, as shown by the contrast between (8b) and (8c); when it co-occurs with final *chưa* (8c), *đã* is exclusively interpreted as a perfect marker:

(8) a. *Anh-ấy **có** đến **không**?*
    3SG.M   ASR come NEG
    'Did he come?'

    b. **Anh-ấy **đã** đến **không**?*   Ungrammatical
      3SG.M   DA come NEG
      'Did he come?'

    c. *Anh-ấy **đã** đến **chưa**?*   Exclusively perfect
      3SG.M   DA come NEG
      'Has he come yet?'

We return to these alternations in more detail below: for the present, the examples demonstrate that *đã* is much more than a simple tense marker, as has previously been assumed.

The rest of the paper is organised as follows. In section 2, we briefly summarise the theoretical context for our analysis, which takes into account both semantic and syntactic factors. We then offer in section 3 a detailed description of the core semantic function of *dã*—which any successful account of this morpheme must explain. Having addressed the interpretive issues, in section 4, we present the syntactic analysis of *dã*, discussing the interaction of *dã* with other functional categories. We close by considering the implications of our analysis for a more general theory of phrase structure, as well as for a better understanding of the perfect construction cross-linguistically.

2 Theoretical Background

Most previous studies on Vietnamese tense and aspect have adopted Comrie's construal of the notions of tense and aspect; see Comrie (1976, 1985); also Cao (2003); Tran (2008); amongst others; for the application of Comrie's theory to Vietnamese. In this paper, however—see also Duffield (2013, 2017); Phan (2013a)—we adhere more closely to Klein's (1994) semantic interpretation of tense and aspect, since it is Klein's time-relational approach—which treats aspect on a par with tense (rather than as a secondary notion)—that better serves to distinguish simplex tenses from complex ones.

Specifically, according to Klein, 'both tense and aspect are defined in terms of temporal relations, such as *before, after, simultaneous* they only differ in what is related to what' (Klein 1994: 3). Three distinguished times are: (i) the time at which the utterance is made (TU); (ii), the time span at which a situation obtains (T-SIT or time of situation); and (iii) 'the time span to which the speaker's claim is confined' (TT, or topic time) (Klein 1994: 6). For Klein, a proper understanding of temporal and aspectual relations requires the primitive notion Topic Time: tense is defined as the relationship between TT and TU, while aspect concerns the temporal relation between TT and T-SIT. A traditional assumption about Tense, namely, that it marks the relation between TU and T-Sit, is abandoned. The diagram below schematizes the representation of major tense and aspect categories in Klein's framework:

(9) TENSE:

Present tense:	TU	INCL	TT
Past tense:	TU	AFTER	TT
Future tense:	TU	BEFORE	TT

(10) ASPECT:

Imperfective:	TT	WITHIN	TSit
Perfective:	TT	AT	TSit
Prospective:	TT	BEFORE	TSit

THE VIETNAMESE PERFECT: A COMPOSITIONAL ANALYSIS 43

Let us consider one of Klein's pairs of examples:

(11) a. She was taking a purse from his pocket
b. She took a purse from his pocket.

The event here is her taking a purse from his pocket. TSit is the time during which she was taking a purse from his pocket, and TT is the time span to which the speaker's claim is narrowed down. Both TSit and TT differ from TU, which is the time at which the speaker produces the sentence. The examples in (11a) and (11b) can be represented on the timeline as (12a) and (12b), respectively, where ------- represents the situation time, [ ] represents the topic time, and | represents the utterance time:

(12) a. She was taking a purse from his pocket

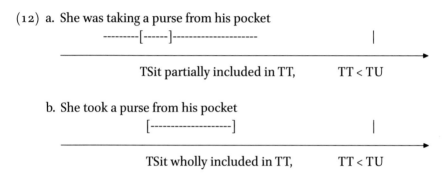

In both (12a) and (12b) the TT is placed prior to TU (TT < TU), therefore a past tense reading is obtained in both sentences. It is aspect, that is., the relation between the TT and TSit, that differentiates the two sentences. In (12a), the progressive aspect localizes the TT within the TSit (TT WITHIN TSit). In this sentence, all that the speaker intends to say is that there was some time span within which she was performing the action of taking a purse from his pocket: it is left open whether or not this action reached completion.[2] By contrast, in (12b), the target state was reached within the TT (TT AT TSit), her action was clearly completed, therefore, perfective.

---

2 A reviewer takes exception to the idea that the action may have reached completion in (11a): they argue that the 'progressive specifically tells us that the rightmost boundary has not been reached'. This is not clear, however. Consider the following narrative context: 'As he was sitting drinking his coffee, concentrating on the crossword puzzle in front of him, she was taking a purse from his pocket'. It is not clear to us that the action of taking the purse is not complete, only that it was protracted.

This brief discussion suggests is that the situation time TSit is actually not a single indivisible whole, as traditionally defined, but may involve more than one temporal interval, since the situation itself may be further internally articulated. Consequently, Aspect does not need to make visible all parts of the situation, but only some relevant interval(s).[3] This should become clearer when we return to our analysis of Vietnamese.

In addition to Klein's construal of tense and aspect, we also adopt Smith's (1997) two-way distinction of Viewpoint Aspect and Situation Aspect. Whereas Viewpoint Aspect (or Grammatical Aspect) gives temporal perspective to the situation described by the verb, for instance, whether the situation is viewed in its entirety or in its partial stages (perfect, perfective, progressive, etc.), Situation Aspect (also known as Lexical Aspect, or Aktionsart) gives the inherent temporal properties of situations that the verbs describe: State, Activity, Achievement, Accomplishment (see Vendler 1957). Following Li & Shirai (2000: 330), these classes can be schematically represented as in (13) below:

(13) State ————————— e.g., love, contain, know
Activity ~~~~~~~~ e.g., run, walk, play
Accomplishment ~~~~~~~~x e.g., make a chair, walk to school
Achievement x e.g. die, drop, win the race

According to this schema, simple states do not involve any internal structure during the time span over which they apply (e.g. *love, know, be smart*). Activities are dynamic events that involve internal change and continuous duration but lack natural endpoints (e.g. *walk, run, work, write papers*). Accomplishments also contain the Activities' sense of continuous duration, but contrast with activities in containing a point of temporal boundedness (e.g. *draw a picture, bake the cakes*). Achievements, finally, have an instantaneous conclusion or endpoint; they lack the property of duration found in the other two non-stative predicate types (e.g. *arrive, die, recognise*).

Since neither Klein (1994) nor Smith (1997) directly link their semantic analyses of tense and aspect to any syntactic description, they leave open the question of how best to represent these notions syntactically. Here, we seek to apply a cartographic approach to the representation of tense and aspect.[4] Specifically, following Cinque (1999), Stowell (2007), Demirdache & Uribe-Etxebarria

---

3 See also Musan's (2001) modification of Klein's theory.

4 See Hengeveld (2011), Foley & Van Valin (1984) for alternative semantic approach to the hierarchy of tense and aspect. Crucially, both the syntactic approach and the semantic approach lead to a strikingly similar hierarchy.

(2007), Travis (2010), amongst others, we assume that Tense, as well as both types of Aspect are represented in a universal phrasal hierarchy, with Tense and Viewpoint Aspect being projected outside the domain of VP (and here Tense occupies a higher position than Viewpoint Aspect), and with Situation Aspect encoded *within* the VP domain. For reasons that should be transparent, we shall refer to these two kinds of Aspect, following Travis (2010), as Outer Aspect and Inner Aspect, respectively.[5]

(14) Tense (TP) > Viewpoint Aspect or Outer Aspect (OAspP) > Situation Aspect (AspP)

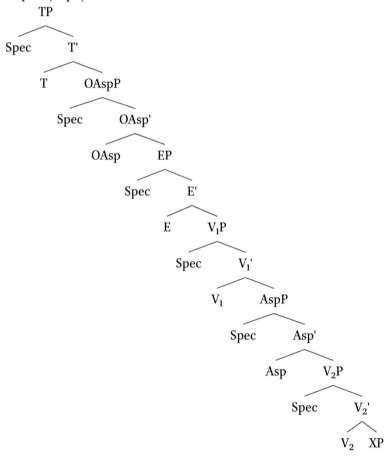

---

5 In this paper, we focus only on the realisation of Tense and Outer Aspect in Vietnamese. Interested readers are referred to Phan (2013a, 2013b) for the realisation of Inner Aspect in Vietnamese, also Duffield (2017) for an overview.

This hierarchy is established by a variety of distributional and interpretive (scopal) diagnostics, the most significant of which is the placement of tense/aspect markers with respect to clausal *negation* (see Pollock 1989; Cinque 1999, 2006; Cinque & Rizzi 2010). This test plays a crucial role when it comes to examining the syntactic behavior of the Vietnamese perfect.

3 The Semantic Compositionality of đã

Keeping the above distinctions in mind, let us first consider why *đã* can have three seemingly incompatible interpretations: completion, inchoativity, and termination. Closer scrutiny reveals that the interpretation of *đã* is strictly conditioned by the Aktionart of the predicate it modifies: this is illustrated in the following sections.[6]

3.1 Achievements and đã

Notice, first, that *đã* only emphasizes the completion of the action whenever it combines with punctual dynamic verbs. Applying Klein's notions of Situation Time, Topic Time and Utterance Time, the interpretation of example (4a)—repeated here as (15b)—can be diagrammed as in (16):

(15) a. *Cuối-cùng anh-ấy đoạt giải.*
finally   3SG.M   win   award
'He finally won the award.'

    b. *Cuối-cùng anh-ấy **đã** đoạt giải.*
finally   3SG.M   DA   win   award
'He (has) finally won the award.'

(16) $\neg p \quad [_p+]$ |

TSit wholly included in TT,   TT < TU
($\neg p$ means the opposite situation is held true before).

Without *đã*, the sentence in (15a) simply refers to the man's winning of the award, which most likely took place in the past. Once *đã* is added, sentence

---

6   Such interactions between aspectual morphemes and the inherent lexical meanings of the predicate are not surprising from a cross-linguistic point of view. See Li & Shirai (2000) for further evidence from Chinese, English and Japanese.

THE VIETNAMESE PERFECT: A COMPOSITIONAL ANALYSIS 47

(15b) not only asserts that his winning of the award was achieved before the (default) utterance time, but also carries the implication that the winning had not taken place prior to the Situation Time (TSit).

Note that in the case of achievements, the completive reading of the sentence does not come from the marker *đã* itself, but from the inherent content of the verb *win*. Given that the verb *win* is punctual, the initial boundary is also the final boundary, the entire TSit, therefore, is placed before TU, and for this reason (15b) obtains the completive reading. As shown below, when it co-occurs with non-punctual predicates, *đã* does not give rise to any completive interpretation.

3.2 States and đã

In contrast to the case of achievement verbs above, when *đã* precedes stative predicates, it implies an inchoative interpretation. In (4b), repeated here as (17b), *đã* signals that the sky's being bright has begun before the default utterance time and also activates a presupposition that the opposite state of the current state (i.e. the sky not being bright) holds at an earlier time as diagrammed in (18). No such interpretation obtains in the absence of *đã* (compare 17a and 17b):

(17) a. *Ngoài đường trời sáng.*
     out   road   sky bright
     'It is bright out there.'

   b. *Ngoài đường trời đã sáng.*
     out   road   sky DA bright
     'It got bright out there'. (Example from Tran 2008: 73)

(18) $\neg p\ [_p{+}{+}{+}]{+}|$

$$\longrightarrow$$

    TSit$_i$included in TT,   TT < TU
    (TSit$_i$ represents the initial stage of the situation time)

As can be seen from the diagram, *đã* only makes a claim about the initial stage of the situation: it leaves open the final boundary of the situation—there is no indication of when the sky being bright will come to an end.

The inchoative interpretation resulting from the combination of an aspectual marker with stative verbs is also found in many other languages such as Ancient Greek, Spanish, Russian, Mandarin Chinese, amongst others (Comrie 1976; Vlach 1981; Mittwoch 1988, a.o.). So, for instance, in Spanish the use of the simple past form of the verb *conocer* (know), as in (19a), indicates the start of a new situation; this contrasts with the use of the imperfect in (19b), where no starting point is indicated:

(19) a. *Conocí*   *a*   *Pedro hace*   *muchos años.*
      know-PAST.1SG PTC Pedro make.3SG many   years
      'I met Pedro many years ago.' (Comrie 1976: 19)

   b. *Conocía*   *a*   *Pedro hace*   *muchos años.*
      know-IMPERFECT.1SG PTC Pedro make.3SG many   years
      'I knew Pedro many years ago.'

Similarly, in Mandarin Chinese, *le* signals the inception of a new state:

(20) *ta*   *gao-le.*
     3SG tall-LE
     'He became tall.' (Comrie 1976: 20)

In Vietnamese however, the inchoativity effect of *đã* is not restricted to stative verbs, as the discussion in the next section makes clear.

3.3   *Activities and đã*
Similar to what is found with stative predicates, whenever *đã* co-occurs with activity predicates, it serves to assert the inception of such activity:

(21) a. *Tàu   chạy (còn máy-bay bay).*
        Train run   (but airplane fly)
        'Trains run (but airplanes fly).'

   b. *Tàu   đã chạy.*
      train DA run
      'The train has started running.'

(22) ¬p $[_p$+++]++++++++++++++++++++++ |

TSit$_i$ included in TT,   TT < TU

Without *đã*, sentence (21a) most naturally yields a generic reading: it talks about trains in general. By contrast, sentence (21b) with *đã* denotes a specific event; that is to say, it only describes a particular train. Once again, the presence

THE VIETNAMESE PERFECT: A COMPOSITIONAL ANALYSIS 49

of *đã* implies a transition from ¬p to p, that is, the train has started running but there was a prior time when it did not run. Note also that although the action denoted by *đã* may be interpreted in a given context as having terminated, *đã* does not necessarily entail termination. This is demonstrated by the absence of any contradiction in either of the sentences in (23):

(23) a. *Tàu **đã** chạy rồi   mà giờ nó lại dừng.*
         train DA run   already but now 3SG FOC stop
         'The train has already departed, but now it has stopped.'

      b. *Tàu **đã** chạy rồi   và giờ nó vẫn chưa dừng.*
         train DA run   already and now 3S still NEG stop
         'The train has already departed, and hasn't stopped until now.'

3.4   *Accomplishments and đã*

When *đã* precedes accomplishment predicates, once again it fails to signal the completion of the event (since the endpoint can be cancelled); rather, it signifies that the event took place and terminated at some point. This was shown in (4c), repeated here as (24):[7]

(24) *Nó **đã** viết   bài   (nhưng vẫn chưa xong).*
     3S DA write paper   but   still NEG finish
     'He wrote the paper (but he hasn't finished it yet)'.

(25) [+++]++++++++++++++++++++++

$$\longrightarrow$$

      TSit$_i$ included in TT,   TT < TU

---

7   As the presence of *đã* alone cannot guarantee the completion of the event, in order to express the idea that the event has reached its final end point, a telic particle *xong* 'finish' or a quantified direct object must be added to the sentence:

   (i)   *Nó **đã** viết   **xong** bài   (*nhưng vẫn chưa xong.)*
         3S DA write finish paper but   still NEG finish
         'He has finished writing the paper (*but he hasn't finished it yet)'.

   (ii) *Nó **đã** viết   **hai bài**   (*nhưng vẫn chưa xong.)*
         3S DA write two paper   but   still NEG finish
         'He wrote two papers (*but he hasn't finished them yet)'.

   See Phan (2013a, b) for the discussion on the compositionality of telicity in Vietnamese.

Since the assertion scope of *đã* is confined to the initial boundary of the situation, it is not surprising that *đã* may co-occur with the durative morpheme *đang* (see also (2c) above):[8]

(26) *Lúc   tôi   đến   cả bọn   **đã dang** đánh-chén rồi.*
    when 1SG arrive all group DA DUR eat   already
    'When I arrived, all of them were already eating.'

Đã and *đang* semantically complement each other: *đã* only focuses attention on the initial boundary of the event—without regard to the internal stages—whereas *đang* is only concerned with the internal stages of the event (without regard to the boundaries).

To recap, two conclusions can be drawn from the above description:

First, as far as the aspectual property of *đã* is concerned, it is not inherently perfective, *contra* Hoang (1998). According to Comrie, perfective aspect 'presents the totality of the situation referred to […] without reference to its temporal constituency: the whole of the situation is presented as a single unanalyzable whole' (Comrie 1976: 3). What is actually asserted by the speaker with *đã* is not the whole situation time but only *the initial temporal boundary*: sentences containing *đã* may be true just in case the event has been initiated—it is left open whether or not the final result obtains. In this respect *đã* has an imperfective component (TT included in TSit) as part of its meaning. To our knowledge, this observation has not been made explicit in any previous treatments of *đã*. Our examination further implies that the type of aspectual meaning signalled by Vietnamese morphemes is qualitatively distinct from the aspectual distinctions typically observed in European languages, which are typically concerned with the final boundaries of events or situations.

Second, our examination of the variable meaning of *đã* across predicate types allows us to determine its *inherent lexical* meaning—that is to say, the meaning that remains constant across all contexts. The common factor is that no matter what predicate type it occurs with, *đã* always requires that the situation in question has commenced before the default speech time.[9]

---

8 Leech (1971) notes that the perfect progressive form for accomplishments in English also entails that the end-point has not been reached. For instance,

(i)   Who has been eating my porridge?

implies that some of the porridge is not used up. See Portner (2011) for discussion of other factors that determine the continuative perfect reading (such as durative adverbials, and/or the lexical content of the predicate). Cf. Mittwoch (1988) for an opposing view. We are grateful to an anonymous reviewer for discussion of this point.

9 This idea is also shared by other researchers. For example, Thompson (1965) also proposes

Applying Klein's relational theory of tense and aspect to this conclusion, *đã* may be said to express that the time of the initial stages of a situation is included within the topic time, and that this topic time is prior to the utterance time. In other words, semantically, *đã* can be broken down into two features: *đã* has an inchoative aspectual feature which focuses on the initial boundaries of the situation, as well as an anterior temporal feature, which further locates the initial boundaries of the situation prior to the default utterance time. In short, *đã* is an *inchoative anterior* marker.

Our claim that the morpheme *đã* carries both temporal and aspectual features in its meaning distinguishes this account from most previous analyses of *đã* in the literature, which assume that *đã* is either purely aspectual, or simply a past tense marker (see for example Cao 2003; Tran 2008; Duffield 2007).[10] At the same time, our decompositional approach places the Vietnamese perfect on a par with other perfect markers cross-linguistically. For instance, Giorgi & Pianesi (1997); Musan (2001) analyse the perfect as conveying both temporal and aspectual information in Germanic and Romance.[11] That is to say, despite its morphological simplicity, Vietnamese *đã* possesses a complex of semantic features.

The question that now arises is whether these two independent but closely interacting semantic features of *đã* have distinct reflexes in the syntax. In addressing this question, we investigate the interaction of *đã* with the negative/interrogative markers *không* 'not'/*chưa* 'not.yet', contrasting this interaction with that of two other pre-verbal temporal and aspectual markers in Vietnamese, namely, the future tense marker *sẽ*, and the durative aspect marker *đang*.[12]

4   The Syntax of đã

Our syntactic analysis of *đã* starts from the observation that distributionally *đã* patterns with pure tense markers—specifically, with the future tense

---

that: '*đã* 'anterior' identifies an action or state at least the beginning of which precedes the basic time' (1965: 209).

10   Trinh (2005) sidesteps the issue, in assuming that perfect and preterite *đã* are lexically distinct homonyms.

11   See also Comrie (1976), Lin (2005) for further supporting evidence from other languages.

12   See Phan (2013b), Phan & Duffield (2018) for a list of genuine tense/aspect markers in Vietnamese and the criteria to distinguish them from other peripheral temporal/aspectual devices.

marker *sẽ*—in declarative contexts, while patterning with other purely aspectual markers—such as the durative aspect marker *dang* in interrogative contexts. We consider these in turn.

4.1 Đã in Declaratives

In declarative contexts, *đã* may either have a temporal or aspectual reading, as was shown in (5), repeated here as (27):

(27) Anh-ấy **đã** đến.
    3SG.M DA come
    Either: 'He came.' or: 'He has come.'

Suppose there is a party to which someone was invited. Given the presence of *đã*, example (27) is felicitous in either of two situations: either, where the party had already taken place in the past (say, yesterday), or where the party is still going on. That is to say, *đã* denotes either a past event or describes a currently relevant event (present perfect). In order to derive this ambiguity syntactically, we propose that in declarative contexts *đã* is initially merged under OAsp° (an aspectual node), and that it moves to T° to check both of its temporal and aspectual features, as illustrated in (28). This movement is obligatory because it is feature driven.

(28)
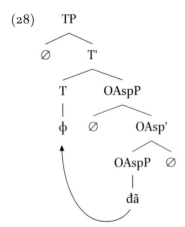

The movement analysis of *đã* is further supported by the fact that *đã* is in complementary distribution with the future marker *sẽ*, as shown in (29). This incompatibility would follow directly if—as is reasonable to assume—*sẽ* is base-generated in T° (see e.g., Roberts (1995), and much subsequent work), and *đã* must raise to T to check features, as schematized in (30) below.

(29) * *Anh-ấy sẽ **đã** đến.*
     3SG.M FUT DA come
     Intended: 'He will have come.'[13]

(30)

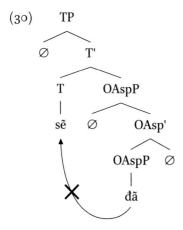

4.2 *Đã* in Negatives

In negative contexts, by contrast, *đã* only expresses past-tense features: as was shown in (6)–(7) above, repeated here as (31)–(32), *đã* is interpreted as a preterite when it precedes the default negative morpheme *không* ('not'), and contributes the past tense feature of the 'past perfect' constructions, when it co-occurs with the perfect negative morpheme *chưa* ('not.yet'):

(31) a. *Anh-ấy **không** đến.*
        3SG.M NEG come
        'He didn't/doesn't/won't come.'

     b. *Anh-ấy **đã không** đến.*
        3SG.M DA NEG come
        'He didn't come.'

(32) a. *Anh-ấy **chưa** đến.*
        3SG.M NEG come
        'He hasn't come yet.'

---

13   As was illustrated in (3c) above, it is entirely possible to express the future perfect in Vietnamese through *đã* alone plus future time adverbials; however *sẽ* must be omitted.

b. *Anh-ấy đã chưa đến.*
   3SG.M DA NEG come
   'He hadn't come yet.'

The situation referred to in example (31a), in the absence of *đã*, might be a party taking place in the past, in the present or in the future. Once *đã* is added to the sentence (31b), the party must already have taken place in the past. Similarly, example (32a), without *đã*, refers to a party that is currently taking place somewhere: the subject (*anh-ấy*) has not yet arrived. Once *đã* is inserted, as in (32b), the sentence must refer to an event which took place in the past. Hence, in both negative contexts, *đã* functions purely as a past tense marker, locating a situation in a past time; in these sentences it carries no aspectual meaning of its own.

These interpretive effects can be claimed to be derived from the following syntactic analysis. Following Duffield (2013), we assume that the projection of Neg°[14] prevents *đã* from moving to T° (for HMC reasons; see Travis 1984): this blocking by Neg° imposes the late insertion of *đã* directly under T°, so resulting in a purely temporal interpretation:[15]

(33)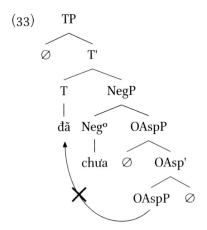

---

14   Here we assume that Vietnamese negative markers *không/chưa* are heads, not phrasal specifiers, like English *not*. See Trinh (2005), for evidence supporting this assumption.
15   See Phan & Duffield (2016), for a more detailed discussion on the precise mechanism involved; cf. Trinh (2005) for an alternative.

THE VIETNAMESE PERFECT: A COMPOSITIONAL ANALYSIS   55

This syntactic analysis of *dã* appears to be a typical 'last-resort' insertion situation, comparable to what is observed with English *do*-support (Chomksy 1989; Pollock 1989), or in the Chinese *de*-construction (Sybesma 1999). That is to say, there exists a position that needs to be filled either by moving some subjacent element into it, or—if this sort of movement is prevented—by directly inserting some other element into the structure. Note that a significant implication of this analysis is that Tense must be syntactically projected in Vietnamese, contrary to more traditional claims about (the absence of) Tense in Vietnamese (e.g., Cao 1998).[16]

Additional support for this analysis is provided by the fact that in negative contexts *dã* invariably occupies a higher syntactic position than the durative aspect marker *dang*. Specifically, although both morphemes may precede negation, only *dang* is able to appear to the right of the negative markers (*không* 'not' and *chưa* 'not.yet'). This is illustrated by the minimal contrasts in (34) below:

(34) a. *Họ dã không/chưa nghiên-cứu vấn-đề đó.*
    3.PL DA not/not.yet research   issue that
    'They didn't do/hadn't done research on that issue.'

b. * *Họ không/chưa dã nghiên-cứu vấn-đề đó.*
    3.PL not/not.yet DA research   issue that
    Intended: 'They didn't do/hadn't done research on that issue.'

c. *Họ dang không/chưa nghiên-cứu vấn-đề đó.*
    3PL DUR not/not.yet research   issue that
    'They aren't doing/haven't been doing research on that issue.'

d. *Họ không/chưa dang nghiên-cứu vấn-đề đó.*
    3PL not/not.yet DUR research   issue that
    'They aren't doing/haven't been doing research on that issue.'

The contrast in English finds an interesting parallel in English, betwen finite vs non-finite aspectual auxiliaries: in English, when auxiliary *have* is finite, it obligatorily precedes negation, as shown in (35):

---

16   See Phan & Duffield (2018) for other arguments against the traditional assumption of Vietnamese as a tenseless language.

(35) a. He has not left early.
    b. *He not has left early.

However, when *have* is untensed it may appear on either side of negation, as in (36):

(36) a. He should not have left early.
    b. He should have not left early.
    c. To not have left early ...
    d. To have not left early ...

Ouhalla (1990) speculates that this alternation may be due to some stylistic PF rule, which has the effect of changing the base-generated order. Alternatively, it may be the result of a different placement of *not*—in (36b) and (36d) *not* could be analyzed as a constituent negation. Whatever the explanation, it should be clear that in both languages only purely aspectual auxiliaries can appear to the right of the negator, and that auxiliaries that bear tense-related features must appear to the left of the negator. These various pieces of evidence are thus all consistent with the idea that in negative contexts *đã* is a past tense marker directly merged in T^o.

4.3 *Đã in Interrogatives*

In direct contrast to negative contexts, *đã* behaves syntactically like a purely aspectual marker in interrogative sentences. Here, *đã* patterns with the durative aspect *đang* and contrasts with the future tense marker *sẽ* which is quite generally excluded from interrogatives. This is shown in (37) and (38) below:

(37) a. *Thế anh **dã** làm tốt   công-việc được giao   chưa?*
     SO   2SG DA do   good job   PASS assign not.yet
     'So have you done well in the assigned job?'

    b. *Thế anh **dã dang** làm tốt   công-việc được giao   chưa?*
      SO   2SG DA DUR do   good job   PASS assign not.yet
      'So have you been doing well in the assigned job?'

(38) a. **Thế anh sẽ   làm tốt   công-việc được giao   chưa?*
      SO   2SG FUT do   good job   PASS assign not.yet
      Intended: 'So will you do well in the assigned job?'

b. *Thế anh sẽ đang làm tốt công-việc được giao **chưa**?
   so 2SG FUT DUR do good job PASS assign not.yet
   Intended: 'So will you be doing well in the assigned job?'

c. *Thế anh sẽ đã làm tốt công-việc được giao **chưa**?
   so 2SG FUT DA do good job PASS assign not.yet
   Intended: 'So will you have done well in the assigned job?'

There are two points to observe in these examples: first, that the interrogative marker *chưa* in (37)–(38) has exactly the same form as the negative-perfect morpheme in (34), the two only differing in terms of clausal position; second, that only aspect markers, not tense markers, are able to co-occur with the polarity interrogative marker.

Following Duffield (2013), we assume that *chưa* is the same lexical element whether it marks negation or interrogativity in addition of its aspectual (perfect) meaning: this is not a case of accidental homophony. Furthermore, adopting Kaynian asymmetry (Kayne 1994), we assume that clause-final *chưa* occupies the same underlying position as the pre-verbal negative *chưa*; it still heads the Negation Phrase.[17] The surface word order in interrogative clauses is then derived through phrasal movement of the whole phrase-maker below Neg to a position to the left of Neg (perhaps its specifier). In this context, *đã* is inserted under OAsp° and remains *in situ*, and is therefore interpreted only aspectually:

(39)

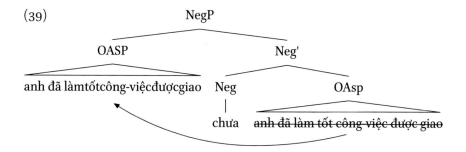

---

17 This implies that what differentiates the two readings must be represented at another point in the syntax. Phan & Duffield (in prep.) suggest that *không* 'not' and *chưa* 'not.yet' are not in fact indivisible units. They can also be comprised of a negative feature in addition to a set of other hierarchically-structured features which are related to different interpretations.

The analysis diagramed in (39) yields a number of predictions. First it leads us to predict that negative *chưa* and interrogative *chưa* should never co-occur. As example (40) shows, this prediction is borne out: hence, our analysis immediately accounts for the unavailability of negative *Yes-No* questions in Vietnamese:

(40) **Thế anh **chưa** làm tốt công-việc được giao **chưa**?*[18]
     so 2SG not.yet do good job   PASS assign not.yet
     'So haven't you done well in the assigned job?'

This analysis also leads us to expect that not just tense but all other functional categories that are base-generated higher than negation should be excluded from polarity questions. The prediction is once again confirmed: as (41) shows, the topic marker *thì* is incompatible with interrogative *chưa*:[19]

(41) **Thế anh **thì** làm tốt công-việc được giao **chưa**?*
     so 2SG TOP do good job   PASS assign not.yet
     Intended: 'As for you, have you done well in the assigned job?'

Combining the discussion of affirmative, negative and interrogative contexts involving *đã*, the distributional and interpretive evidence presented here provides substantial empirical support for a hierarchically ordered functional clause-structure in Vietnamese, in which perfect *đã* is initially merged in $OAsp_1{}^\circ$—a position higher than the durative aspect marker *đang*, but lower than T. In affirmative declaratives, nothing prevents *đã* from raising to T° to check tense features; in negative and interrogative contexts, however, this movement is blocked by the intervention of Neg (in negative clauses), and/or by the impossibility of downward movement (in the case of interrogative constructions).

---

18   In order to form a negative polarity interrogative question in Vietnamese, a question particle *à* must be added to the end of the sentence:
    (i) *Thế anh **chưa** làm tốt công-việc được giao à?*
       So 2S not.yet do good job   PASS assign PTC
       'Haven't you done well in the assigned job?'

19   See Duffield (2013); Phan & Duffield (in prep.), for further discussion.

(42)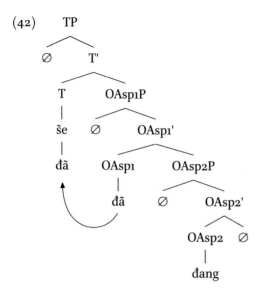

Finally, it is worth pointing out that (irrelevant differences aside), the functional structure in (42) is fully in correspondence with the aspectual tree proposed in Iatridou et al. (2003), redrawn in (43):[20]

(43)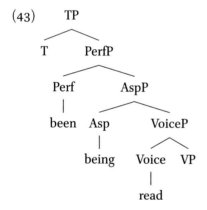

The behaviour of autonomous functional morphemes in Vietnamese thus provides evidence for exactly the same kind of functional architecture as was motivated by inflectional morphological facts in more familiar European languages (see Pollock 1989; Iatridou 1990; Laka 1990; Ouhalla 1990; Chomsky 1989; Cinque 1999; amongst others).

---

20   See Alexiadou et al. (2003) for a similar proposal.

5 Conclusion

In this paper we have argued against previous analyses of Vietnamese perfect *đã*, which viewed the element as an atomic morpheme: we have shown that despite its morphological simplicity, perfect *đã* is semantically decomposable into two independent features, namely, an (aspectual) inchoative feature and a (temporal) anterior feature. We have further claimed that these two features are independently projected in phrase structure in different head positions: in this way, the semantic composition of the Vietnamese perfect is directly related to its syntactic structure. Our conclusions are thus indicative of a fully transparent semantics-syntax mapping in Vietnamese, in contrast to the semantics/syntax mismatches observed in some other languages, such as German (see Musan 2001).

Acknowledgements

This work is funded by Vietnam National Foundation for Science & Technology Development (NAFOSTED) grant number 602.02–2018.300 [first author].

Abbreviations

Non-standard abbreviations used (those not included in the Leipzig Glossing Rules):

PTC   Particle
OAspP   Outer Aspect Phrase
EP   Event Phrase
ASR   Assertion

References

Alexiadou, Artemis, Rathert, Monika & von Stechow, Arnim (eds). 2003. *Perfect Explorations*. Berlin: Mouton de Gruyter.

Cao, Xuan Hao. 1998. Về ý nghĩa thì và thể trong tiếng Việt [On temporal and aspectual meaning in Vietnamese]. *Ngôn Ngữ* 5, 1–31.

Cao, Xuan Hao. 2003. *Tiếng Việt. Mấy Vấn đề Ngữ Âm, Ngữ Pháp, Ngữ Nghĩa* [Vietnamese: some phonetic, syntactic, and semantic issues]. Đà Nẵng: Nhà xuất bản Giáo dục.

Chomsky, Noam. 1989. Some notes on economy of derivation and representation. In Laka, Itziar & Mahajan, Anoop (eds.), *MIT Working Papers in Linguistics*, Vol. 10, 43–74. Cambridge/Massachusetts: MIT Press.

Cinque, Guglielmo. 1999. *Adverbs and Functional Heads: A Cross-linguistic Perspective*. New York: Oxford University Press.

Cinque, Guglielmo. 2006. *Restructuring and Functional Heads*. New York: Oxford University Press.

Cinque, Guglielmo & Rizzi Luigi. 2010. The cartography of syntactic structures. In Heine, Bernd & Narrog, Heiko (eds.). *The Oxford Handbook of Linguistic Analysis*, 65–78. Oxford: Oxford University Press.

Comrie, Bernard. 1976. *Aspect*. Cambridge: Cambridge University Press.

Comrie, Bernard. 1985. *Tense*. Cambridge: Cambridge University Press.

Croft, William. 1990. *Typology and Universals*. Cambridge: Cambridge University Press.

Dahl, Östen. 1985. *Tense and Aspect Systems*. Oxford and New York: Basil Blackwell.

Davydova, Julia. 2011. *The Present Perfect in Non-native Englishes: A Corpus-based Study of Variation*. Berlin/Boston: Mouton De Gruyter.

Demirdache, Hamida & Uribe-Etxebarria, Myriam. 2007. The syntax of time arguments. *Lingua* 117. 330–366.

Duffield, Nigel. 2007. Aspects of Vietnamese clausal structure: Separating tense from assertion. *Linguistics* 45. 765–814.

Duffield, Nigel. 2013. Head-First: On the head-initiality of Vietnamese clauses. In Hole, Daniel & Löbel, Elisabeth (eds.). *Linguistics of Vietnamese: An International Survey*, 127–155. Berlin: de Gruyter Mouton.

Duffield, Nigel. 2017. On what projects in Vietnamese. *Journal of East Asian Linguistics* [Special Issue on Vietnamese], doi:10.1007%2Fs10831-017-9161-1._

Foley, William & Van Valin, Robert. 1984. *Functional Syntax and Universal Grammar*. Cambridge: Cambridge University Press.

Giorgi, Alessandra and Pianesi, Fabio. 1997. *Tense and Aspect: From Semantics to Morphosyntax*. Oxford: Oxford University Press.

Hengeveld, Kees. 2011. Grammaticalisation of Tense and Aspect. In Heine, Bernd & Narrog, Heiko (eds.), *The Oxford Handbook of Grammaticalization*, 462–471. New York: Oxford University Press.

Hoang, Tue. 1998. *Tuyển Tập Ngôn Ngữ Học* [A linguistic collection]. Hồ Chí Minh: Nhà xuất bản Đại học Quốc gia Thành phố Hồ Chí Minh.

Iatridou, Sabine. 1990. About Agr(P). *Linguistic Inquiry* 21. 551–577.

Iatridou, Sabine, Anagnostopoulou, Elena & Izvorski, Roumi. 2003. Observations about the form and meaning of the Perfect. In Alexiadou, Artemis, Rathert, Monika & von Stechow, Arnim (eds), *Perfect Explorations*, 153–204. Berlin: Mouton de Gruyter.

Kayne, Richard. 1994. *The Antisymmetry of Syntax*. Cambridge: MIT Press.

Klein, Wolfgang. 1994. *Time in Language*. London: Routledge.

Laka, Itziar. 1990. *Negation in Syntax: On the Nature of Functional Categories and Projections*. Boston: MIT. (Doctoral dissertation.)

Leech, Geoffrey. 1971. *Meaning and the English verb*. London: Longman.

Li, Ping and Shirai, Yasuhiro. 2000. *The Acquisition of Lexical and Grammatical Aspect*. Berlin: Mouton de Gruyter.

Lin, Jo-Wang. 2005. Time in a Language without Tense: The case of Chinese. *Journal of Semantics* 23. 1–53.

Mittwoch, Anita. 1988. Aspects of English Aspect: On the interaction of perfect, progressive, and durational phrases. *Linguistics and Philosophy* 11. 203–254.

Musan, Renate. 2001. The Present Perfect in German: Outline of its semantic composition. *Natural Language and Linguistic Theory* 19. 355–401.

Nguyen, Minh Thuyet. 1995. Các tiền phó từ chỉ thời thể trong tiếng Việt [The preverbal temporal-aspectual auxiliaries in Vietnamese]. *Ngôn ngữ* 2. 1–10.

Ouhalla, Jamal. 1990. Sentential negation, relativised minimality and the aspectual status of auxiliaries. *The Linguistic Review* 7. 183–231.

Panfilov V.S. 2002. Một lần nữa về phạm trù thì trong tiếng Việt [One more time about the tense category in Vietnamese]. *Ngôn ngữ* 7. 1–7.

Phan, Trang. 2013a. *Syntax of Vietnamese Aspect*. Sheffield: University of Sheffield. (Doctoral dissertation.)

Phan, Trang. 2013b. The projection of Inner Aspect in Vietnamese. *Journal of Portuguese Linguistics* [thematic issue on Tense and Aspect in generative grammar], 12(1). 41–62.

Phan, Trang & Duffield, Nigel. 2016. On the negation restriction of the perfect in Vietnamese—a nanosyntax approach. (Paper presented at Chronos 12, Caen University, 15–17 June 2016.)

Phan, Trang & Duffield, Nigel. 2018. To be tensed or not to be tensed: The case of Vietnamese. *Investigationes Linguisticae*, Vol. XL: 105–125. Poznan: Institute of Linguistics—Adam Mickiewicz University.

Phan, Trang and Duffield, Nigel. in prep. Nanosyntax of Vietnamese negators. ms.

Pollock, Jean-Yves. 1989. Verb-movement, UG and the structure of IP. *Linguistic Inquiry* 20. 365–424.

Portner, Paul. 2011. Perfect and Progressive. In Maienborn, Claudia, von Heusinger, Klaus & Portner, Paul (eds.). *Semantics: An international Handbook of Natural Language Meaning*, Vol. 2, 1217–1261. Berlin: Mouton de Gruyter.

Smith, Carlota. 1997. *The Parameter of Aspect*. Dordrecht: Kluwer Academic Publishers.

Stowell, Tim. 2007. The syntactic expression of tense. *Lingua* 117. 437–463.

Sybesma, Rint. 1999. *The Mandarin VP*. Dordrecht: Kluwer Academic Publishers.

Thompson, Laurence. 1965. *A Vietnamese Grammar*. Seattle/London: University of Washington Press.

Tran, Kim Phuong. 2008. *Ngữ pháp tiếng Việt, những vấn đề về thời và thể*. [Vietnamese Grammar: Tense and Aspect issues]. Hà Nội: Nhà xuất bản Giáo dục.

Travis, Lisa. 1984. *Parameters and Effects of Word Order Variation*. Boston: MIT. (Doctoral dissertation.)

Travis, Lisa. 2010. *Inner Aspect: the Articulation of VP*. Dordrecht: Springer.

Trinh, Tue. 2005. *Aspects of Clause Structure in Vietnamese*. Berlin: Humboldt University. (MA thesis.)

Roberts, Ian. 1993. *Verbs and Diachronic Syntax*. Dordrecht: Kluwer.

Vendler, Zeno. 1957. Verbs and Times. *The Philosophical Review* 66(2). 143–160.

Vlach, Frank. 1981. The semantics of the progressive. In Tedeschi, Philips & Zaenen, Annie (eds.), *Syntax and Semantics 14: Tense and Aspect*, 271–292. New York: Academic Press.

PART 2

Issues on Perfectivity

∴

CHAPTER 4

Perfectivity and Reference-Time Building

Galia Hatav

1 Introduction*

The idea of reference-time (RT) building is not new. Theories of RT-building were developed in the 1980s and 1990s to account for the temporal interpretation of clauses in narrative discourse (Hinrichs 1986 [1982]; Partee 1984; Reinhart 1984; Kamp & Rohrer 1983; Kamp & Reyle 1993). At the heart of those theories is the idea that what is responsible for this operation is the *Aktionsarten*: eventive, i.e. accomplishment and achievement, clauses, introduce new RTs into any instance of discourse, moving the narrative time-line forward, while stative and activity clauses do not. This idea has been shown to be empirically invalid (see, e.g., Hatav 1989 and the more recent study of Caudal 2012), as we find eventive clauses off the time-line on the one hand, and stative and activity clauses moving the time forward, on the other hand.

In this paper, I show that what is responsible for the operation of RT-building is rather morphological aspect. In particular, I suggest that perfective clauses introduce new RTs into the discourse, while imperfective clauses do not.[1] I depart from the studies mentioned above also in not restricting myself to examining the narrative discourse only and in discussing coherence relations such as NARRATION, EXPLANATION and ELABORATION in general. The paper is organized as follows.

---

* This chapter is a revised version of a paper delivered at Chronos 2016. I thank the participants for their insightful questions. Many thanks go also to Adeline Patard, Rea Peltola and Emmanuelle Roussel for their work as volume editors. Their advice and patience during the preparation of this chapter made it enjoyable and efficient. And finally, I should thank two anonymous reviewers for their generous valuable comments on a previous version of this chapter.

1 The French Passé-Simple (PS) is usually considered to be a perfective aspect (Caudal 2012; *inter alia*); yet it has been shown to appear also off the time-line (ibid). De Swart (1998), however, argues convincingly that the PS in French is neutral with respect to aspect. According to de Swart, it is a past-tense form that selects for eventive verbs (which may explain why it is understood by many to be a perfective aspect). I will discuss the French PS in §4.3.2 below.

© KONINKLIJKE BRILL NV, LEIDEN, 2019 | DOI:10.1163/9789004401006_005

As they are crucial for the arguments made in this paper, the notion of RT and the discourse coherence relation of narration are discussed in § 2. The discussion in § 3 is devoted to the notion of perfectivity, summarizing the leading theories and showing them to be compatible with each other. The crux of this paper is § 4, where I demonstrate the RT-building characteristics of the perfective, illustrating my points with examples from Russian and Biblical Hebrew and dealing with what might be considered counter-examples (the English Simple form and the French PS). Finally, § 5 summarizes and concludes the findings in the previous sections.

2 Reference-Time and Narration

2.1 *Reference-Time*
Reichenbach (1947) claims that in analyzing sentences with respect to their temporal interpretation one must take into account three time points: the SPEECH-TIME (henceforth: ST), EVENT-TIME (ET) and another time he labels REFERENCE-TIME (RT). ST is the time at which the sentence is uttered. ET is the time occupied by the situation, what linguists such as Landman (1992) call RUNNING TIME. The notion of RT is problematic, as Reichenbach does not define it, and moreover, his examples suggest that he uses it in more than one way. I use it in this paper as the LOCATION TIME of the situation.[2]

Scholars who follow Reichenbach's (1947) argument that sentences must be evaluated with respect to RT (in addition to ST and ET), suggest that every clause must have a reference-time to locate in time. The reference-time may be provided by an adverbial or the (extra) linguistic context, as illustrated in (1) below.

(1)   a. Mary went to Boston last Friday.
      b. John is reading a book.
      c. I did not turn the stove off. (Partee 1973)

In (1a), the adverbial *last Friday* indicates the reference-time of the sentence, locating in time the event of Mary's going to Boston. In (1b), speech-time serves as the reference-time of the sentence and the situation of reading is understood

---

2 Note also that Reichenbach considers points of time to be defining these concepts, while I follow the approach that sees the different times as intervals (see, e.g., Klein 1994 discussed below).

PERFECTIVITY AND REFERENCE-TIME BUILDING

to be ongoing at the time the sentence is uttered. Said by the speaker while driving down the highway, (1c) is understood to refer to a time prior to the speaker's departing home.

Klein (1992; 1994; and other studies) seems to follow Reichenbach in taking into account three time intervals to deal with temporality in language: the UTTERANCE-TIME *UT* (= Reichenbach's ST), the SITUATION TIME *TsiT* (= Reichenbach's ET) and "the time span to which the claim made on a given occasion is constrained" (1992: 535), he labels TOPIC-TIME, or *TT*. Klein's TT seems to be understood by some as Reichenbach's RT. However, de Swart (1999) shows that the two notions are not necessarily identical.[3]

De Swart (1999) discusses preposed vs. postposed time-adverbials. Adopting Edmonds's (1985) analysis, she notes that time adverbials such as *next week* and temporal clauses such as *after we left* are PPs which modify the VP, so the final sentence position is their basic position (p. 340), which means that preposed time adverbials are topicalized, i.e., derived by movement. De Swart shows that the position of time adverbials affects their semantics/pragmatics. Consider one of the minimal pairs she discusses:

(2) a. At six o'clock, Jane left.
     b. Jane left at six o'clock.

The adverbial *at six o'clock* seems to determine the location time of Jane's leaving event in both (2a) and (2b). As de Swart shows, however, (2a) and (2b) differ at the level of information structure. On the one hand, only (2b) can answer the question "When did Jane leave?" suggesting that the postposed adverbial is part of the rheme (the focus, in de Swart's terminology), so it functions to modify the event. In other words, the adverbial in (2b) serves as the RT of the sentence, locating the event in time. The sentence in (2a), with the topicalized time adverbial, on the other hand, can only answer the question "What happened at six o'clock?" implying that its adverbial is the topic of the sentence, functioning to set its temporal frame. That is, the adverbial in (2a) is the TT of the sentence.

Though it is not suggested by de Swart, it follows from her analysis that when their clause is embedded as the first clause in a larger segment (such as a narrative discourse), preposed adverbials function as the temporal frame of the whole segment. This means that not only the first clause, but all the clauses following it are to be interpreted with respect to the topicalized adverbial. For

---

3   It may be the case that Klein uses the term TT ambiguously.

instance, if the clause in (2a) was followed by other clauses comprising a segment, each clause would be interpreted as reporting a situation taking place at six o'clock. It is easier to illustrate this by an adverbial denoting a long interval such as *last year*:

(3)   Last year, John graduated from college, got married and had a baby.

The temporal frame of the little story in (3) is denoted by *last year*, so every event reported in (3) is understood to have taken place during last year. However, it is probably the case that each event happened in a different sub-interval of last year, say John graduated in February of last year, got married in May and had a baby in November. (Note that we, furthermore, understand the events to be in sequence, but this may not be the case—see discussion in §4.3.1 below.)

Now since every clause must have an RT to locate its situation in time and since a TT indicates the location time of one or more situations, a TT may sometimes do double duty and function as the RT of its respective clause as well, if the context does not provide one (see example 26 below).

2.2   *Narration*

Within analyses dealing with narrative discourse in the 1980s and 1990s, the discourse coherence relation of NARRATION (though it was not called that way at the time) was analyzed formally via the notion of RT. Two or more successive clauses hold the narration relation iff (if and only if) their RTs are temporally ordered and their ETs are included in their respective RTs. When they are part of a narrative discourse, those clauses will be links on the narrative time-line.[4]

Hinrichs's (1986 [1982]) influential theory at the time, developed further by Partee (1984), suggests that eventive clauses depict events whose ET is contained in the current RT and introduce a new RT, moving the narrative time-line forward. Stative or activity clauses, on the other hand, depict situations whose ET contains the current RT and do not introduce a new RT, so such clauses cannot be links on the time-line. As mentioned in §1 above, both parts of this claim are inadequate.

On the one hand, two successive eventive clauses may be off the time-line if they are understood to depict simultaneous events, as illustrated by example (4) below, from Hatav (1997: 54):

---

4   As noted by Fludernik (2012: 76), there are more extensive definitions that stipulate logical linking between the clauses on the narrative time-line, in addition to temporality.

PERFECTIVITY AND REFERENCE-TIME BUILDING 71

(4) John opened his mouth and closed his eyes (at the same time).

As noted by Hatav, the eventive clauses may be interpreted as depicting two simultaneous events. That this is a possible interpretation is attested by the fact that the sentence can be modified by adverbials such as *at the same time*.

On the other hand, stative and activity clauses may appear on the time-line. Consider first the examples in (5) and (6) below from Madeleine L'Engle's novel, *A Wrinkle of Time*, analyzed by Dry (1981).

(5) This was more than silence. Here there was nothing to feel. *Suddenly she was aware of her heart beating.*

(6) [Mrs. Murry said,] "Meg, come let me look at that bruise." *Meg knelt at her mother's feet.*

The sentence 'Suddenly she was aware ...' in (5) contains a stative predicate and the sentence 'Meg knelt ...' in (6) an activity. Yet, we understand the situations depicted in those sentences to be in sequence with the situation depicted in their respective previous sentence. However, as noted accurately by Dry, in both cases the clauses report events. In (5), the adverb *suddenly* modifying the stative clause suggests an inchoative reading, which turns the whole sentence into an achievement. In (6), the activity clause is understood to be a result of the previous clause, and therefore the accomplishment reading 'assumed a kneeling position' is forced. In other words, statives and activities can be links on the time-line if they are understood as inchoatives. Moreover, Hatav (1989; 1997) shows that "real" states and activities may also appear on the time-line, provided they are modified by an adverbial such as *for ten years*, delimiting their duration. Consider the examples in (7) from Hatav (1997: 46):

(7) a. [It was a lovely performance.] The entertainer told jokes for fifteen minutes, sang for half an hour and danced for another half hour.

b. We were in Mexico for a couple of weeks, travelled in Guatemala for three weeks, visited in Chile for two months [and came back home].

Each of the clauses in (7a), reporting the activities of telling jokes, singing and dancing, is delimited by a duration adverbial, and therefore these clauses are understood to be temporally ordered. Similarly, the stative clause 'we were in Mexico ...' and the following activity clauses in (7b) are delimited by duration adverbials and form a temporal sequence (of states and activities) together.

Hatav (1989) concludes that *Aktionsarten* are relevant for defining temporal sequence only indirectly and to a limited extent, arguing that what is relevant is the property of end-points, or boundedness. Since eventive predicates are always bounded by virtue of being telic (Smith 1991/1997), their clauses can always be candidates for a narrative sequence. Statives and activities, on the other hand, are atelic and therefore not bounded (ibid), unless the speaker adds an adverbial to delimit their duration, in which case they can become candidates for building a sequence. Furthermore, Hatav (1989) argues that boundedness is a necessary but not sufficient property. For instance, we have seen that although they are bounded, the eventive clauses in (4) are understood to be off the time-line (especially when the adverbial *at the same time* is added).

As mentioned in §1 above, while I agree that *Aktionsarten* are not responsible for the operation of RT-building, I believe that morphological aspect plays a role. In §4 below, I show that perfective clauses build their own RT while imperfective ones do not. This difference between the two aspects may have an impact on their possible discourse coherence relations within an instance of discourse. Since they build their own RT, two or more perfective clauses would hold the narration relation between them. On the other hand, since they do not build their own RT, imperfective clauses cannot be used to indicate narration (without the help of an adverb—see the Russian example in 25 below) and would be used for other kinds of relations, such as explanation and elaboration. To support my two-fold claim, I will first discuss the notion of perfectivity.

3 Perfectivity

The terms PERFECTIVE and IMPERFECTIVE were first used for the morphological distinction found in Russian and other Slavic languages (Hartmann & Stock 1972; Binnick 1991), which later started to be applied to other languages with similar semantic distinctions.

Morphologically speaking, (almost) every verb in Russian has two forms— Perfective and Imperfective. Comrie (1976: 125), followed by most linguists (Verkuyl 1993; 2012; Zucchi 1999; Groenn 2003; Galambos 2007; among others), notes that in most cases the simple non-derived verb stem is Imperfective, from which the Perfective form is derived by adding a prefix.[5] Sometimes, the derived Perfective can be imperfectivized by adding the suffix -*va* (or one of its allomorphs). In traditional grammatical descriptions, the resulting imper-

---

5 Filip (1993; 1999; and subsequent studies) argues that the prefixes do not derive the Perfective, as they have some meanings specific to each kind. Yet she considers those verbs to be perfective, but suggests a covert perfective operator that applies to them, as opposed to a covert imperfective operator that applies to the other verbs.

PERFECTIVITY AND REFERENCE-TIME BUILDING

fectivized forms are labeled *secondary imperfectives*. Galambos (2007: 81) illustrates the "chain" by the verb 'pour'. The Russian stem for 'pour' is the (primary) Imperfective *li-t'*. Adding the prefix *raz-* to the stem derives the Perfective *'raz-li-t'*. Adding, in turn, the suffix *-va* to the latter, derives the (secondary) Imperfective *raz-li-va-t'*.

Analyses such as Borer (2005) and Filip (2005) consider the primary and secondary Imperfectives to be different aspects. Rejecting those analyses, Galambos (2007) argues that based on the well-attested empirical evidence of their functional similarities, the two kinds of Imperfective should be treated as a uniform semantic class, whose meaning contrasts with the meaning of the Perfective.[6] Following her lead, I will discuss the semantics of the Russian forms without distinguishing between the two kinds of Imperfective. Accordingly, I will treat the Perfective as a perfective aspect and the two Imperfectives as comprising together one imperfective aspect.[7] The distinction of perfective vs. imperfective in Russian can be applied to other languages with similar semantic distinctions.

A number of theories were suggested over the years to capture the semantic essence of perfectivity. It seems to me that each of those theories captures one of the notion's characteristics, and therefore they are actually compatible with each other. In § 4 below, I suggest that one of the perfective properties is building an RT. But let us first discuss the two main approaches dealing with the notion of perfectivity, namely the completion (§ 3.1) and the temporal (§ 3.2) approaches.

3.1   *The Completion Approach*

Comrie's (1976) semantic definitions in (8) below seem to be agreed upon by most linguists.

(8)   Completeness and perfectivity: Adapted from Comrie (1976)
   a. **The perfective**
       denotes a **complete** situation with beginning, middle, and end; all parts of the situation are presented as a single whole. (p. 18)

---

6   This, of course, begs the question of how they do differ. I will not try to tackle this issue in this paper, but only comment that the difference does not have to do with the kind of aspect. Zucchi (1999: 196), e.g., suggests that a Perfective verb is imperfectivized usually when the perfectivizing prefix introduces a meaning change that goes beyond aspect change.

7   I adopt Comrie's (1976) notation: lower-case for representing the semantic notions (e.g., perfective; imperfective; complete) vs. title case for the morphological forms (e.g., Perfective; Imperfective; Progressive).

b. **The imperfective**
denotes an **incomplete** situation. (p. 19)
As such, it can be characterized as an explicit reference to the internal temporal structure of a situation, viewing a situation from within. (p. 24)

Comrie illustrates the opposition by the Russian pairs in (9a–b) below.

(9)   a. *čitat* ^IPFV 'read'—*pročitat* ^PFV 'read through'
       b. *sidet* ^IPFV 'be in a position of sitting'—*sest'* ^PFV 'adopt a sitting position'

The Perfective verb *pročitat* can only be used if the reader completed the reading task, e.g., finished reading the book in question. The Imperfective *čitat* would be used to imply that the reader only read some of the book, or was in the middle of reading it (when I called). Similarly, the Perfective *sest'* is used to report the event of moving from a position of standing/lying to the state of sitting, while the Imperfective *sidet* is used to depict the state itself. Comrie shows that the same semantic distinctions are found in other languages whose verb forms are not necessarily referred to as Perfective or Imperfective. Such language is shown by Comrie to be English.

According to his definition of the notion of imperfective, Comrie analyzes the English Progressive as an imperfective form, as it can never depict a complete situation but only an ongoing one. The sentence in (10) illustrates:

(10) Mary was eating breakfast (when the phone suddenly rang).

The activity of eating breakfast is understood to be going on at the time the phone rang. (See § 3.2 below for a discussion on the Simple form in English.)

Comrie's semi-formal definitions have been given more formal accounts within the PART/WHOLE approach, whose main representatives are Bach (1986) and Landman (1992) for the English Progressive, and Smith (1991/1997), Filip (1999; 2000) and Altshuler (2012; 2013; 2014) for the Slavic aspects.

The analyses within the part/whole approach seem to have been inspired mainly by Landman's (1992) theory of the English Progressive. Landman stipulates that the English Progressive is an operator that can only apply to some stage(s) e of an event e' denoted by a VP.[8]

---

8   Landman, furthermore, treats the Progressive as an intensional form, but I will not discuss this point here as it does not affect the claims made in this paper.

PERFECTIVITY AND REFERENCE-TIME BUILDING

Adopting Landman's account for the English Progressive to the Slavic Imperfective, Filip (1999; 2000; and other studies) suggests a more general account for perfectivity. Filip sees the perfective and imperfective aspects as operators applying to an eventuality description, claiming that "[While] the perfective operator restricts the denotation of eventuality descriptions to total (or complete) events ... the imperfective operator contributes the partitivity condition ..." (Filip 2000: 80).

However, it has been observed that while the Perfective in Russian (and other languages) would only depict complete (total) situations, the Imperfective does not depict only incomplete ones. Consider one example from Forsyth (1970: 15):[9]

(11) *ja uzhe   chital etu knigu. ja bral   ee v   biblioteke*
     I   already read   that book. I borrowed.IPFV it from library
     'I have already read that book. I borrowed it from the library.'

Although it depicts a complete situation, the verb *bral* 'borrowed' bears the Imperfective aspect. To account for this, Filip characterizes the partitivity involved in the imperfective operator as the weak ordering part relation, where the subpart does not have to be a proper part (Filip 2000: 83).

Adopting Filip's analysis for the Slavic Imperfective, on the one hand, and Landman's analysis for the English Progressive, on the other hand, Altshuler (2012; 2013; 2014) seems to suggest that they display two kinds of imperfective cross linguistically. While the English Progressive denotes a proper subpart of a situation, the Russian Imperfective denotes weak partitivity. I endorse this idea, and following Hatav's (2013) notation, I call aspects like the English Progressive COUNTER-PERFECTIVE and aspects like the Russian Imperfective NON-PERFECTIVE, retaining the term IMPERFECTIVE as a cover term for both kinds.[10] The following chart may show this graphically:

---

9   I thank James Goodwin for the transliteration and the gloss.
10 Note that Hatav (2013) argues that perfectivity is a three-way distinction, so that all three aspects are on the same level. As we will see later in this paper, however, counter-perfective and non-perfective clauses have in common the property of not being able to build an RT, which suggests that they should be considered subcategories of a common super-category.

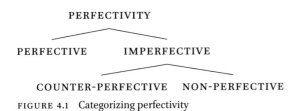

FIGURE 4.1   Categorizing perfectivity

I next discuss the temporal-oriented approach of perfectivity, showing it to be compatible with the completeness approach and the chart in Figure 4.1.

3.2   *The Temporal Approach*

Klein (1994; and other studies) treats aspectual operators as establishing purely temporal relations between RT (TT, in his terminology) and ET (TsiT, in his terminology). Adopting Klein's approach, Hatav (2013) defines the perfective and the two kinds of imperfective as follows:

(12) Temporal inclusions and perfectivity: Adapted from Hatav (2013)
   a. **The perfective**
      denotes a situation whose time is included in its reference-time.
      ET ⊆ RT
   b. **The imperfective**
      (i) **The counter-perfective**
      denotes a situation whose time includes its reference-time.
      RT ⊆ ET
      (ii) **The non-perfective**
      denotes a situation whose time may include its reference-time or be included in it.
      (ET ⊆ RT) ∨ (RT ⊆ ET)

These definitions are compatible with the completeness theory of Comrie (1976) and the part/whole analyses discussed in § 3.1 above.

Since in the case of the perfective all parts of the situation are presented as a *single* whole (see Comrie's definition 8a above), they must be all included within their respective reference-time. On the other hand, since a situation denoted by the counter-perfective is understood to be in progress (or ongoing) at its respective reference-time, its situation time includes the interval denoted by the reference-time. Finally, if the speaker cannot or would not want to specify the temporal relationship of a situation with its RT, s/he would use the underspecified non-perfective aspect. Hatav (2013) shows that languages pick and choose which of the three possible aspects (if any) they include in

PERFECTIVITY AND REFERENCE-TIME BUILDING

their temporal system. She argues that Russian and English are examples of languages with only two of the possible aspects and Biblical Hebrew is an example of a language with all three.

Since Perfective clauses in Russian can only depict complete situations whose ET is included in their respective RT, while Imperfective clauses may depict either complete or incomplete situations, Hatav (2013) concludes that Russian is an example of a language whose temporal system includes two of the possible aspects: the perfective and one kind of the imperfective, namely the non-perfective.

That the Progressive in English is an imperfective aspect, used to depict incomplete situations, seems to be agreed upon in the linguistic literature. However, the analysis of the Simple forms (usually referred to as 'the simple tenses') has been controversial, as they can be used to depict both complete and incomplete situations. Consider the examples in (13) through (16) below:

(13) Mary bought a computer.

(14) Mary wore a blue dress and held a glass of water in her hand.

(15) Mary sat on the chair and
    a. watched the birds.
    b. fell off.

(16) John worked here: (Comrie 1976: 25)
    a. John worked here this morning.
    b. John used to work here.

While the sentence in (13), with the eventive verb *buy*, is understood to depict a complete situation, both clauses in (14), with the stative verbs *wear* and *hold*, are understood to depict (incomplete) ongoing states. The first clause in (15) (*Mary sat on the chair*), with the stative verb *sit*, is ambiguous between a complete event and an ongoing state, as attested by the fact that it can be continued either by the activity *watched the birds* or the event *fell off*. In (16), the Simple-Past clause may be interpreted as depicting an episodic complete situation (*John worked here this morning*) or as an ongoing habit in the past (*John used to work here*).

One approach regards the Simple form in English, in particular the Simple-Past, as a perfective aspect (Smith 1991/1997; Zucchi 1999; among others).[11]

---

11   Acknowledging the fact that they can depict incomplete situations and dealing with it
      within their respective analysis.

Another approach considers them to be neutral with respect to aspect (Comrie 1976; de Swart 1998). Comrie (1976: 25), e.g., indicates that "there is just the Simple form, with no further distinction of aspect" and de Swart argues that the Simple form is not an aspect, or a zero aspect. Others see it as ambiguous between perfective and imperfective (Binnick 1991; Arche 2014). The latter approach seems to be in accord with Hatav's (2013) characterization of the Simple form, but with a crucial difference. Hatav does not treat the Simple form as ambiguous but rather as underspecified with respect to perfectivity. Accordingly, she suggests that the Simple form in English is to be regarded as a non-perfective aspect. Adapting Hatav's (2013) approach to the analysis suggested here, I argue that the Simple form in English is a subcategory of the imperfective aspect. In other words, my claim is that English has no perfective aspect but the two kinds of the imperfective: the counter-perfective Progressive and the non-perfective Simple form.[12]

Finally, Hatav (2013) shows that Biblical Hebrew (BH) has all three possible aspects. The verbal forms in BH have been labelled in different ways by scholars, depending on their theory.[13] I adopt one of the most used labelling and represent the forms discussed here as follows: *Wayyiqtol, Weqatal, Yiqtol, Qatal* and *Qotel*. Hatav (2013) shows that the forms *Wayyiqtol* and *Weqatal* are perfective, as opposed to *Qatal, Yiqtol* and *Qotel*.[14] *Wayyiqtol* and *Weqatal* are found in the narrative and the modal material, respectively, reporting complete situations included in their respective RTs. The other forms display the two kinds of the imperfective. *Qotel* is a counter-perfective aspect, as it functions like the English Progressive in being used only for depicting ongoing situations that include their respective RT. *Qatal* and its modal counterpart *Yiqtol* behave like the Russian Imperfective and can be considered as non-perfective aspects, as they are found in clauses reporting complete situations whose ET is included in their respective RT, as well as clauses reporting incomplete situations whose ETs include their respective RT. (See illustrations in the next section.)

---

12 The Perfect seems to be a separate aspect altogether as it can interact with the imperfective (e.g., *John has been reading the newspaper*), and will not be discussed here. For a concise discussion see Ritz (2012).

13 The verbal system in BH has been investigated for the last thousand years. It is not my intention here to provide an overview of the different theories; I will only provide brief accounts for issues relevant to this paper. The interested reader is referred to McFall (1982), who provides a detailed survey with insightful criticism for the main theories up to 1954, Hatav (1997), who suggests a summary of the theories suggested up to 1997, and Cook (2012), which includes more recent studies.

14 This may suggest that the prefix ⟨w⟩ in *Wayyiqtol* and *Weqatal* is a perfective marker, but I will not try to look into this idea here.

PERFECTIVITY AND REFERENCE-TIME BUILDING

The main challenge for linguists dealing with the Russian aspects has been to determine the division of labor between the Perfective and Imperfective in case of reporting complete situations. A similar problem we find with the use of the BH perfective forms *Wayyiqtol* and *Weqatal* as opposed to the non-perfective *Qatal* and *Yiqtol*.

Considering the non-perfective aspect to be underspecified with respect to perfectivity, Hatav (2013) suggests a thesis within the framework of Grice's (1975) theory to account for the issue. Hatav argues that to comply with Grice's quantity maxim, which directs speakers to give as much information as they can, speakers use the specific perfective form to depict a complete situation, unless there is a reason not to use it, in which case they must resort to the underspecified non-perfective aspect. In the following section, I will show that one of the most important reasons to choose a non-perfective aspect instead of the specific perfective in depicting complete situations has to do with the property of RT-building.

4 The Perfective is an RT-builder

I argue that a perfective clause always builds its own RT to include its ET. Though I believe that this is true for any perfective clause, the clearest way to support my claim is via the behavior of perfective clauses with respect to the coherence relation of narration, especially as it is manifested within an instance of narrative discourse. In § 4.1 below, I discuss what has been shown in the literature, namely that clauses on the time-line of a narrative text have perfective verbs, as opposed to clauses off the time-line, which would have verbs in one of the imperfective aspects. In § 4.2, I argue that the behavior of perfective vs. imperfective clauses is due to the ability of the former and the inability of the latter to introduce a new RT into the discourse. In § 4.3, I deal with the English Simple form and the French PS, which might be regarded as counterexamples to my thesis.

4.1 *Perfectivity and Narration*
As noted by Forsyth (1970: 9), Altshuler (2012), Groenn (2014), among others, only Perfective verbs are used for narrative progression in Russian, while the Imperfective is used for other purposes. The minimal pair in (17) is analyzed in Altshuler (2012).

(17) a. *Nedelju nazad Marija pocelovala Dudkina. on podaril   ej*
      week   ago   Maria kissed.PFV Dudkin he gave.PFV her

> cvety   i   priglasil   eë   v   teatr
> flowers and invited.PFV her to theatre
> 'A week ago, Maria kissed Dudkin. He gave her flowers and invited her to the theatre.'

> b. *Nedelju nazad Marija pocelovala Dudkina. On daril   ej*
> week   ago   Maria   kissed.PFV Dudkin   he gave.IPFV her
> *cvety   i   priglašal   eë   v   teatr.*
> flowers and invited.IPFV her to theatre
> 'A week ago, Maria kissed Dudkin. He had given her flowers and had invited her to the theatre'.

The verbs in (17a) are all Perfective and we get narrative progression. One completed event follows another in the order they appear in the text: Maria kissed Dudkin, then he gave her flowers and then he invited her to the theater. This is not so with the clauses in (17b), where the verbs in the second and third clauses are in the Imperfective. Altshuler understands these two clauses to form an explanation for the kissing event. This is why the events reported in those clauses are understood to *precede* (rather than follow) the event reported in the first clause (which is probably why Altshuler chooses the Past-Perfect to translate them into English). Similar accounts were suggested for the choice of the verb form in BH. For instance, Driver (2004/1892) claims that verbs in *Wayyiqtol* and *Weqatal* (which I consider to be perfective forms—see § 3.2 above) in the prose and the modal material, respectively, can only appear in a clause depicting a situation following in time the situation reported in the previous clause. This line of definition to account for perfective clauses in narrative discourse, however, may be problematic.

First, note that the first perfective clause in a sequence cannot be defined as contingent on a previous clause or temporally ordered with it, as there is no such clause.[15] For instance, this line of definition can explain why the second clause in Altshuler's example (17a) (*he gave her flowers*) has a Perfective verb, as it reports a situation that follows in time (and is a result of) the event reported in the previous clause (*Maria kissed Dudkin*). However, the latter (*Maria kissed Dudkin*) is the very first clause in this instance of discourse, and therefore its event cannot be interpreted as following temporally an event reported in a previous clause; yet its verb, too, is Perfective.

---

15   Bauer (1910), e.g., rejects this line of analysis for the [perfective] form *Wayyiqtol* in BH based on the fact that eleven books in the Hebrew Bible start with a *Wayyiqtol* clause.

PERFECTIVITY AND REFERENCE-TIME BUILDING

Secondly, a perfective clause may appear in isolation, i.e. not as a part of a sequence. For instance, only one clause in example (17b), namely the first one, has a Perfective verb.

Thirdly, as Altshuler himself acknowledges, an Imperfective clause (in Russian) **can** depict a situation following the situation reported in the previous clause. However, as he correctly argues, this is possible only if the clause is modified by an adverbial such as *and then* (see example 25 below). Altshuler cannot explain why an Imperfective clause cannot function like a Perfective one and report a sequential clause without the help of such adverbial.[16]

In the next section, I show that these problems can be accounted for if we assume that the perfective aspect is an RT-builder, as opposed to the imperfective.

4.2 Building an RT

In addition to completeness and temporal inclusion, I suggest that perfectivity has also to do with RT-building, as defined in (18) below.

(18) **RT-building and perfectivity**
  a. A **perfective** clause builds a new RT within a discourse (such that the RT includes the event-time ET of the situation reported).
  b. An **imperfective** clause cannot build a new RT, so its RT must be provided by the context: an adverbial, a neighboring clause (usually the preceding one) or the extra-linguistic context, e.g. the speech-time ST (which is always accessible).

The characteristics of a perfective clause as an RT builder holds within any kind of text and even in isolation, but it can be best demonstrated via the coherence relation of narration within a narrative discourse, so though I will not restrict myself to narratives, most of my examples will come from such texts.

Recall that the definition of narrative progression I adopt involves the notion of RT, as discussed in §1 above. Clauses α, β and γ hold the narration relation and form a temporal sequence together iff (if and only if) their RTs follow each other, such that RT_1 abuts RT_2, which in turn abuts RT_3, and furthermore, their

---

16 A similar phenomenon is attested in BH. The non-perfective forms in BH may appear in clauses indicating situations following in time the situation reported in the previous clause, but only if those clauses are modified by an adverbial such as 'afterwards' (see example 26 below).

ETs are included in their respective RTs. This can be illustrated by the following diagram adapted from Hatav (1989: 494):

$[_{RT1}ET_1] [_{RT2}ET_2] [_{RT3}ET_3]$

FIGURE 4.2 Narrative progression

Since the ETs of the situations composing a sequence are necessarily included in their respective RTs, it follows that the ETs and the situations themselves are also temporally ordered. This definition of the narration relation can account for the problems arise with definitions that do not include the notion of RT (such as Altshuler 2012 and Driver 2004/1892 discussed above).

First, recall the problem of the first clause on a sequence. As noted when discussing the examples in (17) above, defining a clause on a narrative sequence as denoting a situation that follows in time the situation depicted in a previous clause cannot explain the appearance of a perfective verb in the *first* clause on that sequence. However, if we define *all* of the clauses on that sequence, including the first one, as building their own RT, this is no longer a problem.

Second, the problem of having an isolated perfective clause is also solved, as such clause does not depend on other clauses for its characterization.

Third, characterizing the perfective as introducing a new RT into an instance of a discourse means that clauses using some RT introduced previously cannot come in a perfective aspect. To put it in another way, perfective verbs cannot appear in clauses that do not move the RT forward, so to depict (anaphorically) presupposed, anterior or simultaneous situations, a form that is not perfective must be used. The Russian examples in (19)–(21) and the BH examples in (22)–(24) may illustrate.

Groenn (2003) shows that in case of event anaphora/presupposition the Imperfective in Russian is the preferred form. Consider his example in (19) below:

(19) Speaker A: *Krasivo ukrasili*   *elku*
       They   decorated.PFV tree
       'They decorated the [Christmas] tree beautifully.'

    Speaker B: *Kto*   *ukrašal/#ukrasil?*
       Who   decorated.IPFV/#PFV
       'Who decorated it?' (Groenn 2003: Example 278)

Groenn attributes the use of the Perfective in A's statement to the fact that the event is new. Once uttered, A's statement becomes part of the common ground

PERFECTIVITY AND REFERENCE-TIME BUILDING

of the two interlocutors, so when B's utterance is made it takes A's statement to be presupposed. Since B's utterance does not report a new event, Groenn argues, the Perfective is infelicitous and B must resort to the Imperfective, even though the situation referred to has been completed.

Explaining Groenn's generalization within the analysis suggested here, I argue that the reason the verb of Speaker A's clause comes in the Perfective is because it establishes an (unspecified) RT. On the other hand, being presupposed (as it refers back to A's statement), B's clause does not introduce a new RT into the conversation, so it cannot come in the Perfective. Example (20) illustrates the point further.

(20) a. *V ètoj porternoj ja napisal   pervoe ljubovnoe pis'mo k Vere*
       In this tavern   I   write.PFV first   love   letter to Vera
       'In this tavern, I wrote my first love letter to Vera.'

   b. *Pisal   karandašom*
      write.IPFV pencil-INST
      'I wrote it in pencil.' (Forsyth 1970: 86)

Analyzing this example, Altshuler (2012: 65) proposes that (20a) introduces the letter writing but (20b) describes the same event, elaborating on it. Analyzing the same example, Groenn (2014, example 35) points to the fact that the new event in (a) is no longer new when repeated in (b). My analysis can explain both observations. I believe that the reason the verb in (20a) is in the Perfective is that its clause introduces a new RT into this instance of discourse (in which the new event is included). On the other hand, since it reports the same event as (20a), referring back to it, the clause in (20b) does not introduce a new RT into this instance of discourse but uses the same RT introduced by (20a), which is why its verb cannot bear the Perfective, so the Imperfective is chosen instead.

That (non-)introduction of a new RT determines the choice of aspect in Russian can explain why the verbs of clauses reporting simultaneous situations cannot come in the Perfective. Consider example (21) below.

(21) *včera   ja vo-še-l   v svoju komnatu. Dudkin tam   čita-i*
      Yesterday I came.in.PFV in self   room   Dudkin there read.IPFV
      Vonju i   mir
      War   and Peace
      'Yesterday, I came into my room. Dudkin was there reading War and Peace.' (Altshuler 2012: Example 78)

Altshuler provides this example to illustrate the use of the Imperfective in case of depicting a co-temporal situation. However, he does not explain why depiction of simultaneous situations requires the Imperfective or prohibits the Perfective. I believe that the verb of the second clause in (21) is not Perfective because the clause does not introduce a new RT into this instance of discourse but uses the same RT introduced by the previous clause. Similar considerations may explain the choice of a non-perfective verb form in Biblical Hebrew (BH), instead of a perfective one, when depicting complete situations.

Hatav (2004) shows that clauses in the BH forms *Wayyiqtol* and *Weqatal* build their own RT, while clauses with verbs in one of the other forms have to borrow their RT from the context.[17] Based on her observation that clauses with verbs in *Wayyiqtol* or *Weqatal* denote complete situations whose RT includes their ET, Hatav (2013) suggests that these forms are perfective. Connecting the dots between the two studies, we can determine that perfective clauses in BH introduce new RTs into the discourse, as opposed to imperfective clauses. The examples in (22)–(24) illustrate.

(22) *wayyābō   malʔak yhwh   wayyēšeb   taḥat hā-ʔēlā ʔăšer*
     come.*Wayyiqtol* angel.of the.Lord sit.*Wayyiqtol* under the-oak that
     bə-ʕoprā   ʔăšer lə-yōʔāš ʔabī   hā-ʕezrī   wə-ḡidʕōn   bən-ō
     in-Ophrah that   to-Joash father.of the-Ezrite and-Gideon son-his
     ḥōbēṭ   ḥiṭṭīm bag-gaṭ
     thresh.Qotel wheat in.the-winepress
     'The angel of the Lord came (*Wayyiqtol*) and sat (*Wayyiqtol*) under the oak tree at Ophrah which belonged to Joash the Abiesrite, where **his son Gideon was threshing (*Qotel*) wheat in the winepress.**' (Judges 6:11)

The two *Wayyiqtol* clauses ('the angel of the Lord came' and '[he] sat') are understood to depict new complete situations temporally ordered. So, we can conclude that they introduce a new RT each into this instance of discourse. The third clause ('his son Gideon was threshing wheat in the winepress') is understood to depict a situation in progress when the events reported by the *Wayyiqtol* clauses took place. So, we can conclude that this clause uses the RTs

---

17   I will only illustrate the behavior of the perfective in BH via the form *Wayyiqtol*, as *Weqatal* is a modal form and using it would necessitate a discussion on the modal system in BH. For the same reasons I will not illustrate the behavior of the non-perfective via the modal *Yiqtol* but only via *Qatal*.

PERFECTIVITY AND REFERENCE-TIME BUILDING

of the first two clauses for its temporal interpretation, which explains why its verb is in one of the imperfective forms, namely the counter-perfective *Qotel*.

(23) *wayyiqrā ʔĕlōhīm lā-ʔōr yōm wǝ-la-ḥōšek qārā* call.*Wayyiqtol* God to.the-light day and-to.the-darkness call.*Qatal* *lāylā* night 'God called (*Wayyiqtol*) the light Day, **while/and the darkness He called (*Qatal*) Night.**' (Genesis 1:5)

As analyzed in Hatav (2004, example 32), both clauses in this verse report complete situations, but only the first one comes in *Wayyiqtol*. Hatav explains the choice of different verb forms to be due to the fact that only the first clause ('God called the light Day') introduces a new RT into this narrative. The second clause ('the darkness He called Night') depicts a situation which is co-temporal with the situation depicted by the previous clause, so we can conclude that it does not introduce a new RT into this instance of discourse but uses the RT of the first clause for its temporal interpretation. For not building a new RT, the verb form of the second clause cannot come in the perfective *Wayyiqtol* even though it depicts a complete situation, and the biblical narrator resorts to the non-perfective *Qatal*.

(24) **ʔel han-naʕar haz-ze hitpallāltī** *wayyittēn yhwh l-ī* to the-boy the-this pray.*Qatal* give.*Wayyiqtol* The.LORD to-me ACC *ʔet šǝʔēlā-tī ʔăšer šāʔaltī mē-ʕimmō* wish-my that ask.*Qatal* from-him '[Hannah said to Eli,] **It was this boy I prayed (*Qatal*) for.** The LORD granted (*Wayyiqtol*) me the request **which I asked (*Qatal*) of Him.**' (1 Samuel 1:27)

All three clauses of Hannah's speech depict complete situations, but their information is not of the same status. While the second clause ('The LORD granted me the request ...') depicts a new event, the (boldfaced) first and third clauses are presupposed, depicting old information. That the third clause ('which I asked of Him') is presupposed is demonstrated by the fact that it is a non-restrictive relative clause. Hannah does not provide new information but reminds Eli the priest what he already knew from their previous encounter. The first clause ('It was this boy I prayed for') does not provide Eli with new information either; Hannah reminds Eli of the fact that she had prayed to God for a child. Hannah's choice of the verb forms is compatible with the kind of information she provides. The verbs of the first and third clauses, with the old presupposed information, are in the non-perfective *Qatal*, while the verb in the second clause, which reports a new event with a new RT, is in the perfective *Wayyiqtol*.

One of the most persuasive arguments for my thesis seems to be the use of the Russian Imperfective in examples like (25), analyzed in Altshuler (2012, example 83).

(25) *Alja pro-bra-l-a-s'   v   spalnju   i   xozjajniča-l-a zdes' kak*
     Alja made-way.PFV into bedroom and work.IPFV   there how
     xote-l-a
     wanted.IPFV
     'Alja made her way to the bedroom **and did** whatever she wanted to do there.' [Emphasis mine]

Altshuler acknowledges that the second Imperfective clause ('and did ...') is problematic for his analysis. Since it depicts an event that follows the event reported in the previous clause, his analysis would expect it to have a Perfective verb. Interpreting the original Russian *i* 'and' as 'and then', Altshuler explains that the Imperfective verb in the second sequential clause would not be allowed if 'and' was removed. In other words, he attributes the felicity of the Imperfective verb in the second clause to the expression 'and then'. But why would 'and then' license the Imperfective in such cases? My thesis can easily answer this question.

I argue that the Imperfective is allowed in examples like (25) because the expression 'and (then)' provides its clause with an RT. However, it remains to be explained why the speaker would use the Imperfective with the expression 'and then' in the first place, rather than the Perfective, which would not require it. I do not have the whole context to answer this question for the Russian example, but similar examples from BH can give us an idea of what to look for. Consider the following example.

(26) *wayhī   'aḥar had-dəḇārīm hā-'ēle   wə-hā-'ĕlōhīm nissā*
     be.*Wayyiqtol* after the-things   the-these and-the-God test.*Qatal*
     'et   'abrāhām
     ACC Abraham
     '**Sometime afterwards**, God put (*Qatal*) Abraham to the test.' (Genesis 22:1)

PERFECTIVITY AND REFERENCE-TIME BUILDING

The clause 'God put Abraham to the test' depicts a complete event; yet its verb is not in the perfective form *Wayyiqtol* but in the non-perfective *Qatal*. First, I argue that the *Qatal* is allowed here because its clause includes the adverbial 'sometime afterwards' that provides it with an RT.[18] The question remains is of why the biblical narrator uses the non-perfective form *Qatal* (with an adverbial) rather than the perfective *Wayyiqtol* to depict a complete situation. Hatav (2013) suggests that this clause is not on the time-line of the narrative sequence. Rather, it summarizes the segment it appears in, informing the reader of what the segment is going to be talking about, namely the test that God put Abraham through. The clauses that follow this first clause provide the details of how the test was carried out, i.e. elaborate on it. In other words, the non-perfective *Qatal* clause is to provide the reader with the discourse topic of the text.

4.3   *Problems?*
The English Simple form and the French PS might look incompatible with my thesis that the perfective aspect is an RT-builder and that the imperfective is not. They are discussed in § 4.3.1 and § 4.3.2, respectively, suggesting that this is not the case.

4.3.1   The English Simple Form
It is well acknowledged that English uses the Simple form to report events temporally ordered. The examples in (27) below illustrate:

(27) On Mary's birthday,
     a. John made dinner for Mary. **Afterwards** he took her to the theater.
     b. John made dinner for Mary and **then** took her to the theater.
     c. John made dinner for Mary and took her to the theater.

The adverbial *on Mary's birthday* is preposed and serves as the TT for the texts in (27a–c). What is relevant for the current discussion is that the events located within it are furthermore understood to be temporally ordered. Since I have characterized the Simple form in English as a non-perfective aspect, i.e. as a kind of imperfective, this might be problematic for my claim that imperfective clauses do not build RTs.[19] This problem does not arise in the case of (27a) and (27b), as the RT introduction in those texts can be attributed to the adverbials

---

18   Note that this adverbial is clause initial, which suggests that it is also the TT of the whole paragraph as well.

19   To simplify my discussion, I will illustrate the points via the Simple Past only, but my arguments are to apply to other tenses, too, as illustrated in (i) below:

afterwards and *then*, respectively. However, we understand the event reported in the second clause of (27c), too, to follow in time the event reported in the previous clause, even though there is no such adverbial.[20]

Analyzing examples like (27c), Schmerling (1975) claims that we understand the successive clauses to be temporally ordered due to Grice's (1975) manner maxim, which directs speakers to be orderly. In other words, the sequential interpretation in (27c), according to Schmerling, is just an implicature. If so, we should predict that it can be cancelled. This prediction is borne out, as shown in (28) below:

(28) John made dinner for Mary and took her to the theater, but not in that order.

The conjunct *but not in that order* cancels the implicature that the events happened in the order they were reported. But often such implicature does not arise in the first place. Asher (1993), Lascarides & Asher (1993) and Asher and Lascarides (2003) developed SDRT (Segmented Discourse Representation Theory) that can account for such cases.[21]

SDRT suggests an analysis of determining the discourse relations between propositions introduced in a (coherent) text and the relations between the events they describe, taking into consideration not only linguistic knowledge, with logical entailments, but also world knowledge, whose inferences may be defeasible. Crucially for the present discussion, the temporal structure of a discourse may be determined by the kind of the coherence relations holding between its propositions. The following examples from Asher & Lascarides (2003: 6) illustrate:

(29) a. Max fell. John helped him up.
b. Max fell. John pushed him.

As Asher & Lascarides note, discourses (29a) and (29b) have the same tense forms and aspectual classes, yet they seem to imply different temporal struc-

---

(i) (Every morning,) John gets up at 6AM, takes a shower, gets dressed and goes to work.

The clauses in (i) are all in the Simple Present, understood as forming a sequence of habitual events. This brings about the same question arises with respect to Past tense clauses, as discussed here.

20 Note that for the approaches regarding the Simple form to be a perfective aspect or ambiguous between perfective and imperfective the problem does not arise.

21 I will only discuss here what is relevant for this paper. For a more detailed discussion on SDRT and temporal interpretation see Caudal (2012).

PERFECTIVITY AND REFERENCE-TIME BUILDING

tures. In (29a), the sentences are interpreted as relating a story in which a certain sequence of events is described; hence they are understood to be temporally ordered. In (29b), the second clause seems to serve as an explanation for the first, and this discourse connection has a different temporal effect: the falling happens after (and as a consequence of) the pushing. Since discourse relations are based in part on world knowledge they are defeasible, and "one and the same proposition can have different discourse roles in different contexts" (Asher & Lascarides 2003: 136). The relationship between *Max fell* and *John pushed him*, for example, is explanation in (29b) above but narration in (30) below (ibid.; Lascarides & Asher 1993: 465):

(30) John and Max were at the edge of a cliff. Max felt a sharp blow to the back of his neck. Max fell. John pushed him. Max rolled over the edge of the cliff.

The different relationships in (29b) and (30) affect the interpretation of the events temporal order. While in (29b) Max's falling is understood to have followed John's pushing, in (30) it is the other way around.

We can conclude that a language with no perfective aspect such as English must rely on pragmatic considerations for depicting a sequence. Now recall that the definition I adopted defines narration as a sequence of RTs in which the respective ETs are included, as shown graphically in Figure 4.2 above, so that the interpretation of the events reported as temporally ordered is only a logical conclusion. The question arises is whether this definition for narration holds in languages like English.

One possibility is that this line of definition does not apply in languages with no perfective aspect. If so, forming and interpreting a sequence in languages like English is via pragmatic enrichment/considerations. Accordingly, the sequential understanding in cases like (27c) is only an implicature, as suggested by Schmerling (1975), or determined by pragmatic enrichment within the framework of SDRT, as suggested by Caudal (2012).

An alternative explanation, which seems to me more adequate, is that each of the clauses in texts like (27c) **does** introduce an RT, however, via some pragmatic operation. Recall in this respect Partee's (1973) example (1c) ('I did not turn the stove off'). As argued by Partee, if the speaker utters (1c) when driving down the highway, s/he is understood to be referring to a time before s/he left home. Similarly, I would argue that in texts like (27c), the context suggests an RT for each clause.[22]

---

22   The details of how this happens are still to be determined. Generally speaking, I believe the guidelines should be along the rules and considerations suggested by SDRT.

4.3.2 The French Passé-Simple

Most linguists dealing with the French temporal system consider the Passé-Simple (PS) and the Imparfait to be a perfective and imperfective aspects, respectively (Smith 1991/1997; Caudal 2012; *inter alia*). If this is, indeed, the case, my analysis should predict that PS clauses always build a new RT while Imparfait clauses never do. However, this prediction is borne out only partially.

Kamp and Rohrer (1983) argue that PS clauses in a narrative discourse move the RT forward while Imparfait clauses include the current RT arrived at in their respective discourse. Consider one of their minimal pair:

(31) a. *Quand Pierre entra, Marie téléphona.*
   when Pierre enter.PS Marie telephone.PS
   'When Pierre came in, Marie telephoned.'

   b. *Quand Pierre entra, Marie téléphonait.*
   when Pierre enter.PS Marie telephone.IMP
   'When Pierre came in, Marie was on the phone.'

As Kamp and Rohrer (1983: 253) note, the event reported by the second PS clause in (31a) is temporally ordered with the event reported in the previous PS clause, but the Imparfait clause in (31b) depicts a situation that is understood to overlap in time the event depicted by the previous PS clause. Accordingly, they suggest that the PS clauses both in (31a) and (31b) introduce new RTs into this discourse, while the Imparfait clause in (31b) does not. They show that the only case when an Imparfait clause does not include the current RT arrived at in its respective discourse is if there is an adverbial overriding it:

(32) *Le docteur entra chez lui et vit sa femme debout.*
   the doctor enter.PS in.his.[house] and see.PS his wife standing
   Il lui sourit. **Un moment après elle pleurait.**
   he to.her smile.PS a moment afterwards she cry.IMP
   'The doctor came in [his house] and saw his wife standing. He smiled at her. **A moment later she was crying.**' (Kamp & Rohrer 1983: Example 4)

Crucially, what introduces a new RT in the case of the Imparfait clause is the adverbial 'a moment later'. But while (32) is not a counterexample to Kamp and Rohrer's (1983) claim that the Imparfait does not introduce a new RT into a discourse, the examples in (33) below seem to be counter-examples to their claim that PS clauses move the RT forward.

PERFECTIVITY AND REFERENCE-TIME BUILDING

(33) a. *Marie chanta et   Pierre l'accompagna   au   piano.*
Marie sing.PS and Pierre her-accompany.PS on.the piano
'Marie sang and Pierre accompanied her on the piano.' (Kamp & Rohrer 1983: Example 7)

b. *Jean passa   trois heures glorieuses à se   faire*
Jean spend.PS three hours glorious   at REFL make.INF
congratuler.   Et   pendant ce   temps, Jeanne demeura dans
congratulate.INF and during this time Jeanne stay.PS   in
l'ombre,   à l'écart   du   monde.
the-shadow at the-distance of.the many_people
'Jean spent three glorious hours with people congratulating him. Meanwhile, Jeanne remained in the shadows, away from the crowd.' (Caudal 2012: Example 47a)

The semantics of the verb 'accompany' in (33a) and the adverbial 'during this time' in (33b) suggest that their respective clause depicts a situation overlapping in time the situation reported in the previous clause. If we follow the mainstream approach that the PS is a perfective aspect, then the texts in (33) are clearly counter-examples to my thesis that the perfective is an RT-builder.[23] However, there is an alternative analysis, namely de Swart (1998), which does not consider the French forms as encoding aspects.

De Swart (1998), discussed again in de Swart (2012: § 4.3) as an alternative to the mainstream approach, suggests that both the PS and the Imparfait are neutral with respect to aspect. Her argument is that they both introduce a past tense operator and the difference between them is that the PS requires the predicate-argument description to be an event, while the Imparfait requires it to be an unbounded situation. Accordingly, she suggests the formulas in (34b) and (35b) for the PS and Imparfait sentences (34a) and (35a), respectively (de Swart 2012: 769):

(34) a. *Il   écrivit   sa thèse en 2009.*
He write.PS his thesis in 2009
'He wrote his thesis in 2009.'

b. [PAST [he write his thesis]]

---

23   Because of examples like (33), Kamp & Rohrer suggest a weaker rule for the PS, namely that a PS clause can never report a situation that is "entirely preceding [the RT]" (p. 261).

(35) a. *Julie était amoureuse de Marc.*
Julie be.IMP in.love of Marc
'Julie was in love with Marc.'

b. [PAST [Julie be in love with Marc]]

To explain the appearance of accomplishments or achievements in Imparfait clauses and statives or activities in PS ones, de Swart suggests a process of aspectual coercion. Consider the examples in (36) and (37) below (Given in de Swart 2012 under 40 and 41, respectively, where the latter is attributed to Molendijk 1990).

(36) *Il écrivait sa thèse en 2009.*
He write.IMP his thesis in 2009
'He was writing his thesis in 2009.'

(37) *Jean inventa une machine à traduire. Il connut la gloire.*
Jean invent.PS a machine to translate He know.PS the glory
'Jean invented a translation machine. He received praise.'

Since the sentence in (36) is in Imparfait, its accomplishment predicate 'write his thesis' is coerced into an ongoing interpretation (hence the Progressive de Swart suggests for the English translation). The second clause in (37) includes the stative verb 'know' in PS, which triggers an inchoative interpretation ('receive' or 'become') due to the fact that the PS can only select for eventive predicates.

Adopting de Swart's (1998) analysis in considering the French PS (along with the Imparfait) to be neutral with respect to aspect, it is no longer a counter-example to my thesis that a perfective aspect is an RT builder. But if the PS is not a perfective aspect, the question arises is of how a string of PS clauses may be (and usually is) interpreted as temporally ordered. I believe the answer should be along the same lines as in the case of the English Simple forms discussed in §4.3.1 above.[24]

---

24 As for the Imparfait, that its clauses do not move the RT forward does not necessarily make it an imperfective aspect. Adopting de Swart's analysis, this fact should be attributed to the requirement that the predicate argument of an Imparfait clause has to be unbounded.

5 Conclusion

I have claimed that the properties of completeness and temporal inclusion observed before for perfectivity provide only part of the picture. In particular, I have suggested that in addition to denoting complete situations whose event-time (ET) is included within their respective reference-time (RT), perfective causes are also RT-builders, as opposed to imperfective clauses.

Inspired by Altshuler's work, I have suggested that across languages the imperfective is to be subcategorized into two kinds. One sub-category, I labeled COUNTER-PERFECTIVE, is an aspect denoting incomplete situations whose ETs include their respective RTs. The English Progressive and the Biblical Hebrew *Qotel* have been shown to be good examples of this aspect. The other sub-category, I labeled NON-PERFECTIVE, has been analyzed as underspecified with respect to the properties of completeness and temporal inclusion, so that a non-perfective clause can depict an incomplete situation whose ET includes its RT, as well as a complete situation whose ET is included within its RT. Obvious examples of this aspect have been shown to be the Russian Imperfective and the Biblical Hebrew form *Qatal*. Crucially for this paper, what is common to both kinds of the imperfective is that they are not RT-builders, so they need to borrow their RT from the (extra) linguistic context.

I have shown, furthermore, that my analysis can account for the coherence relations holding between clauses in a discourse. Since its clauses build new RTs, the perfective can only be used for narration. For clauses depicting simultaneous, presupposed, elaborating and other kinds of situations that do not introduce RTs, the imperfective must be used.

References

Altshuler, Daniel. 2012. Aspectual meaning meets discourse coherence: A look at the Russian imperfective. *Journal of Semantics* 29. 39–108.

Altshuler, Daniel. 2013. There is no neutral aspect. *Proceedings of SALT* 23. 40–62.

Altshuler, Daniel. 2014. A typology of partitive aspectual operator. *Natural Language and Linguistic Theory* 32(3). 735–775.

Arche, Mariá J. 2014. The construction of viewpoint aspect: The imperfective revisited. *Natural Language and Linguistic Theory* 32. 791–831.

Asher, Nicholas 1993. *Reference to Abstract Objects in Discourse*. Dordrecht: Kluwer.

Asher, Nicholas & Lascarides, Alex. 2003. *Logic of conversation*. Cambridge: Cambridge University Press.

Bach, Emmon. 1986. The Algebra of Events. *Linguistics and Philosophy* 9(1). 5–16.

Bauer, Hans. 1910. *Die Tempora im Semitischen. Beiträge zur Assyriologie und Semitischen Sprachwissenschaft* 81. 1–53. Berlin.

Binnick, Robert I. 1991. *Time and the Verb: A Guide to Tense and Aspect.* New York/Oxford: Oxford University Press.

Borer, Hagit. 2005. *Structuring Sense.* Volume 2: The Normal Course of Events. Oxford: Oxford University Press.

Borik, Olga. 2006. *Aspect and Reference Time.* Oxford: Oxford University Press.

Caudal, Patrick. 2012. Pragmatics. In Binnick, Robert I. (ed.), *Tense and Aspect*, 269–334. Oxford: Oxford University Press.

Comrie, Bernard. 1976. *Aspect.* Cambridge: Cambridge University Press.

Cook, John A. 2012. *Time and the Biblical Hebrew Verb.* Winona Lake, Indiana: Eisenbrauns.

Driver, S.R. 2004/1892. *A Treatise on the Use of the Tenses in Hebrew and Some Other Syntactical Questions*, 3rd ed., Eugen, Oregon.

Dry, Helene. 1981. Sentence aspect and the movement of narrative time. *Text* 1(3). 233–240.

Edmonds, J. 1985. *A Unified Theory of Syntactic Categories.* Foris: Dordrecht.

Filip, Hana. 1993. *Aspect, Situation Types and Nominal Reference.* PhD dissertation, University of California at Berkeley.

Filip, Hana. 1999. *Aspect, Situation Types and Noun Phrase Semantics.* New York/London: Garland Publishing.

Filip, Hana. 2000. The quantization puzzle. In Tenny, Carol & Pustejevsky, James (eds.), *Events as Grammatical Objects*, 39–96. Stanford, California: CSLI Publications.

Filip, Hana. 2005. Telicity parameter revisited. In *Proceedings of Salt XIV*. Ithaca: Cornell University. 92–109.

Fludernik, Monika. 2012. Narratology and literary linguistics. In Binnick, Robert I. (ed.), *Tense and Aspect*, 75–101. Oxford: Oxford University Press.

Forsyth, J. 1970. *A Grammar of Aspect: Usage and Meaning in the Russian Verb.* Cambridge: Cambridge University Press.

Galambos, Alexandra. 2007. Primary and secondary imperfectives in Russian: A cumulativity analysis. *LSO Working Papers in Linguistics 7: Proceedings of WIGL 2007.* 79–94.

Grice, Paul 1975. Logic and conversation. In Cole, Peter & Morgan, Jerry L. (eds.), *Speech Acts (Syntax and semantics 3)*, 41–58. New York: Academic Press.

Groenn, Atle. 2003. *The Semantics and Pragmatics of the Russian Factual Imperfective.* Oslo: University of Oslo. (Doctoral dissertation.) (Google Scholar.)

Groenn, Atle. 2014. On (in)definite tense and aspect in Russian. https://folk.uio.no/atleg/FDSL10_gronn_dec2014_preprint.pdf 10. 1–21.

Hartmann, R.R.K. & Stock, F.C. 1972. *Dictionary of Language and Linguistics.* London: Applied Science Publishers.

Hatav, Galia. 1989. Aspects, aktionsarten, and the time line. *Linguistics* 27. 487–516.

Hatav, Galia. 1997. *The Semantics of Aspect and Modality: Evidence from English and Biblical Hebrew*. Amsterdam/Philadelphia: John Benjamins.

Hatav, Galia. 2004. Anchoring world and time in Biblical Hebrew. *Journal of Linguistics* 40. 491–526.

Hatav, Galia. 2013. Perfectivity: A three-way distinction. In Paliga, Sorin (ed.), *Romano-Bohemica II; Journal for Central European Studies*. 89–108.

Hinrichs, Erhard. 1986 [1982]. Temporal anaphora in discourse in English. *Linguistics and Philosophy* 9. 62–82.

Kamp, Hans & Rohrer, Christian. 1983. Tense in texts. In Bauerle, Raner, Schwartz, Cristoph & von Stechow, Arnim A. (eds.), *Meaning, Use and Interpretation of Language*. 250–269. Berlin & New York: de Gruyter Linguistik, University of Konstanz.

Kamp, Hans & Ryle, Uwe. 1993. *From Discourse to Logic*. Dordrecht, Boston & London: Kluwer Academic Publishers.

Klein, Wolfgang. 1992. The present perfect puzzle. *Language* 68. 525–552.

Klein, Wolfgang. 1994. *Time in Language*. London: Routledge.

Landman, Fred. 1992. The progressive. *Natural Language Semantics* 1. 1–32

Lascarides, Alex & Nicholas, Asher. 1993. Temporal interpretation, discourse relations and commonsense entailment. *Linguistics & Philosophy* 16. 437–493.

McFall, Leslie. 1982. *The Enigma of the Hebrew Verb System: Solutions from Ewald to the Present Day*. Historical and Interpreters in Biblical Scholarship 2. Sheffield, England: Almond Press.

Molendijk, A. 1990. *Le passé simple et l'imparfait: Une approche reichenbachienne*. Amsterdam: Rodopi.

Partee, Barbara H. 1973. Some structural analogies between tenses and pronouns. *The Journal of Philosophy* 70. 137–166.

Partee, Barbara H. 1984. Nominal and temporal anaphora. *Linguistics and Philosophy* 7. 243–286.

Reichenbach, Hans. 1947. *Elements of symbolic logic*. New York: Free Press.

Reinhart, Tanya. 1984. Principles of gestalt perception in temporal organization of narrative texts. *Linguistics* 22. 779–809.

Ritz, Marie-Eve. 2012. Perfect tense and aspect. In Binnick, Robert I. (ed.), *Tense and Aspect*. 881–907. Oxford: Oxford University Press.

Schmerling, Susan. 1975. Asymmetric conjunction and rules of conversation. In Cole, Peter & Morgan, Jerry L. (eds.), *Speech Acts (Syntax and Semantics* 3), 211–231. New York, San Francisco & London: Academic Press.

Smith, Carlotta. 1991/1997. *The Parameter of Aspect*. Dordrecht: Kluwer.

Swart, Henriëtte de. 1998. Aspect shift and coercion. *Natural Language and Linguistic Theory* 16. 347–385.

Swart, Henriëtte de. 1999. Position and meaning: Time adverbials in context. In Bosch, Peter & Sandt, Rob van der (eds.), *Focus; Linguistic, Cognitive and Computational Perspectives*. 336–361. Cambridge: Cambridge University Press.

Swart, Henriëtte de. 2012. Verbal aspect. In Binnick, Robert I. (ed.), *Tense and Aspect*. 752–780. Oxford: Oxford University Press.

Verkuyl, Henk. 1993. *A Theory of Aspectuality; The Interaction between Temporal and Atemporal Structure*. Cambridge: Cambridge University Press.

Verkuyl, Henk. 2012. Compositionality. In Binnick, Robert I. (ed.), *The Oxford Handbook of Tense and Aspect*, 563–585. Oxford: Oxford University Press.

Zucchi, Sando. 1999. Incomplete events, intensionality and imperfective aspect. *Natural Language Semantics* 7. 179–215.

CHAPTER 5

Perfectivity and Atelicity: The Role of Perfective Aspect in Aspectual Composition

Jens Fleischhauer and Ekaterina Gabrovska

1 Introduction

It is generally acknowledged that grammatical aspect and lexical aspect are two distinct categories. Nevertheless, it is often assumed that the two are interrelated. With respect to the Slavic languages, different authors propose that telicity is dependent on grammatical aspect. Borik (2006) has, however, convincingly shown that in Russian neither is every perfective verb telic, nor is every telic verb perfective. Our analysis supplements Borik's by focusing on a class of verbs which shows variable telicity, namely incremental theme verbs. The general aim of the paper is to demonstrate that it is not perfectivity which determines the telicity of these verbs, but rather other factors such as the semantic contribution of the verbal prefix and event individuation.

The paper deals with factors relevant in determining telicity of incremental theme predications. Verbs such as *eat, drink, read* or *write* are well-known for the fact that their telicity is determined compositionally. In the Germanic languages, for example, an incremental theme predication is telic if the theme argument denotes a specific quantity. In (1a), the bare noun *soup* is used for an unspecific amount of food, whereas *a plate of soup* (b) denotes a specific quantity. The time-span adverbial *in ten minutes* indicates that (1b), in contrast to (1a), is telic.

(1) a. *The boy ate soup #in ten minutes.*
    b. *The boy ate a plate of soup in ten minutes.*

English uses various types of nominal determiners (e.g. the definite article, the indefinite article, number expressions, vague quantity expressions) for achieving a quantized (meaning quantitatively specified) theme argument. In (2), the definite article is used for specifying the quantity of *soup*. The mass noun denotes the substance 'soup' as a whole, but the reference of the definite noun phrase *the soup* is limited to a unique portion of soup. The definite article only

---

© KONINKLIJKE BRILL NV, LEIDEN, 2019 | DOI:10.1163/9789004401006_006

indirectly indicates the quantity of the theme argument, as the exact quantity is context-dependent (see Czardybon & Fleischhauer 2014: 387).

(2) *Peter ate the soup in ten minutes.*

Most Slavic languages like Polish, Russian, Czech, Ukrainian or Serbo-Croatian lack grammaticalized in-/definite articles (for a comprehensive study of grammaticalization of the articles in European languages see Heine and Kuteva 2006, Chapter 3). Thus, one salient type of nominal determination is absent in them and cannot be used for quantizing incremental theme arguments. Various authors (Verkuyl 1993,[1] Abraham 1997, Leiss 2000, Borer 2005) propose that the Slavic languages compensate for this lack of articles through the use of grammatical aspect. As the Russian examples in (3) show, a perfective incremental theme verb results in a telic predication (a), whereas an imperfective verb results in an atelic predication (b). Notably, grammatical aspect seems to be sufficient for achieving a telic incremental theme predication, and nominal determination is not required. A telic incremental theme predication can arise—in difference to English—even with bare mass nouns. Crucially, the incremental theme argument receives a definite interpretation in (3a), but not in (b). Thus, it seems that perfective aspect serves the same function in Russian as the definite article in English. A more cautious and weaker claim is that it serves the same function as the definite article, at least with respect to aspectual composition of incremental theme verbs.

(3) a. *On s"-el$_{PF}$ sup   za čas.*
        he S-ate soup in hour
        'He ate the (whole) soup in an hour.'[2,3]

     b. *On el$_{IMPF}$ sup   (*za čas).*
        he ate   soup   in hour
        'He ate/was eating soup.'

---

1 See Verkuyl (1999: 140) for a critical discussion of his previous analysis.
2 We use the following abbreviations in the paper: ACC: accusative, AOR: aorist, DEF: definite article, DIM: diminutive, GEN: genitive, IMPF: imperfective aspect, INST: instrumental case, IPFV: imperfect (tense), PF: perfective aspect, PL: plural, PST: past tense, REFL: reflexive, SG: singular.
3 We indicate grammatical aspect with subscripts on the verb, if it is expressed derivationally. If, on the other hand, aspect is expressed inflectionally—in the case of the secondary imperfective—we indicate it in the glosses (see Section 3 on a deeper discussion of aspect in Slavic languages).

Some Slavic languages—Bulgarian (De Brey 1980, Scatton 1984), Macedo-nian (De Brey 1980), Upper Silesian Polish (Czardybon 2017) and Upper Sor-bian (Breu 2004, Scholze 2008)—do have a grammaticalized definite article (in addition to grammatical aspect; see Topolinjska 2009 for an overview on the grammaticalization of definite articles in Slavic languages). Thus, these lan-guages use both grammatical aspect as well as articles for achieving a telic incremental theme predication (see Czardybon & Fleischhauer 2014). As the examples from Upper Silesian Polish in (4) show, an imperfective incremental verb always results in an atelic predication (a), even if the incremental theme argument is combined with the definite article (b). A perfective incremental verb with a bare plural incremental theme argument also results in an atelic reading (4c), but here adding the definite article yields a telic interpretation (d).[4] Thus, nominal determination and grammatical aspect work together in the process of aspectual composition.

(4) a. *Łon jod$_{IMPF}$ jabko (*za godzina).*
     he ate   apple   in hour
     'He ate/was eating (of) an apple.'

     b. *Łon jod$_{IMPF}$ te   jabko (*za godzina).*
     he ate   DEF apple   in hour
     'He ate/was eating (of) the apple.'

     c. *#Łon z-jod$_{PF}$ jabka.*
     he   Z-ate   apples
     'He ate [some plurality of the kind] apple.'

     d. *Łon z-jod$_{PF}$ te   jabka   za godzina.*
     he Z-ate   DEF apples in hour
     'He ate the apples in an hour.' (Czardybon & Fleischhauer 2014: 388 f.)

In the paper, we will show that even the weaker claim of perfective aspect serv-ing the same semantic function as the definite article in aspectual composition is wrong. To demonstrate this, we discuss the aspectual composition of the two Polish incremental theme verbs *jeść* 'eat' and *pić* 'drink' in some detail, and argue that the role of perfective aspect for aspectual composition has been

---

4 With singular count nouns, the definite article is not required for achieving a telic interpre-tation (see Czardybon & Fleischhauer 2014: 389).

overestimated. It is not perfective aspect which is responsible for achieving a telic incremental theme predication, but the meaning of the verbal prefix which is used to derive a perfective incremental theme verb. A telic incremental theme predication only arises if the prefix imposes a lower bound on the change expressed by the incremental theme verb. Łazorczyk (2010: 78) makes the rather strong claim that prefixed perfective verbs are always telic and that "verbal prefixes must be viewed as markers of telicity in Slavic". We reject such a view by showing that perfective incremental theme verbs do result in atelic incremental theme predications, if the prefix does not induce a lower bound on the change. In addition, we will demonstrate that a telic incremental theme predication can arise with certain imperfective incremental verbs (so-called secondary imperfectives). This indicates that perfective aspect is neither necessary nor sufficient for achieving a telic incremental theme predication.

Based on Bulgarian data, we will then explore the role grammatical aspect plays in aspectual composition for those Slavic languages that do have a definite article. The leading question is whether the existence of a definite article affects the way telic incremental theme predications are achieved. As we will show, aspectual composition proceeds differently in Bulgarian than in Polish; but in both languages, telicity is not dependent on grammatical aspect.

The paper is structured as follows: In Section 2, we will introduce the relevant background in aspectual composition. We do this by using data from Germanic languages. Germanic languages lack a grammaticalized perfective aspect and use nominal determination in the process of aspectual composition. Starting with this language family allows us to introduce the basic concept of aspectual composition and the role nominal determination plays in it, without the necessity of already discussing the role of perfective aspect. In Section 3, we contrast aspectual composition by use of nominal determination with aspectual composition in Slavic languages without articles. We will focus on Polish and demonstrate that perfective aspect is not sufficient for achieving a telic incremental theme predication. After indicating the role of grammatical aspect in the process of aspectual composition in Polish, we will, in Section 4, turn to a discussion of Bulgarian.

2 Aspectual Composition and Nominal Determination

A central topic in the domain of verb semantics is the notion of telicity. Telicity is a property of predications and, very roughly, a predication is telic if it entails the achievement of a specific result state. In some cases, it is the predicate which is telic. An example is the complex verb *dry out* which entails that the referent of the verb's single argument is dried out at the end of the event denoted by the verb. Negating the attainment of the result state leads to a contradiction (5a). However, this entailment can be cancelled by use of the progressive aspect. Since the progressive is used to denote an ongoing, and therefore non-completed, event, the sentence in (5b) does not entail that the pond is dry. In other words, the progressive sentence does not entail the corresponding non-progressive sentence.[5] The reason for this is that the non-progressive sentence is only true if the telos—the result state—is reached. A distinguishing property of telic predicates is the egressive interpretation of time-span adverbials (5c). The time-span adverbial *in a week* measures out the time it took until the telos, here: the state of being dry, was reached. (An ingressive interpretation of time-span adverbials—measuring the time until the event starts—is possible with both telic and atelic predicates and irrelevant for the discussion.)

(5)   a. *#The pond dried out but it is not dry/but there is still water in it.*
      b. *The pond is drying out. ↛ The pond dried out.*
      c. *The pond dried out in a week.*

Whereas most verbs are either lexically telic or atelic, some show variable telicity. Among these verbs are degree achievements and incremental theme verbs. Degree achievements—the term goes back to Dowty (1979)—express a change in a property of their theme argument's referent. Examples are English *broaden, widen* or *cool*. In its atelic reading, *cool* only expresses a decrease in temperature without the entailment that the referent of the theme argument is cool at the end of the event. Rather, atelic *cool* just means 'become cooler than before'. However, in its telic reading, *cool* means 'becoming cool'. This entails that a context-dependent standard for being cool, for example 'cool enough for eating', is reached.

(6)   *The soup cooled for ten minutes/in ten minutes.*

Degree achievements result in a telic predication if either a context-dependent implicit standard is present, as in (6), or the degree of change is overtly bound by degree expressions (e.g. Hay et al. 1999, Kennedy & Levin 2008). The verb *grow*, for example, is atelic (7a), but the increase in size it denotes can be specified by the degree expression *a lot* (b) which results in a telic predication (see Fleischhauer 2016: 219 ff.).

---

5   Telic predicates lack Bennett & Partee's (1972) 'subinterval property'.

(7) a. *The child has grown #in a year.*
     b. *The child has grown a lot in a year.*

Incremental theme verbs denote processes of consumption (e.g. *eat, drink*) or creation (e.g. *build, write*). As in the case of degree achievements, a change is expressed with respect to the referent of the theme argument. However, whereas degree achievements express a change in a property, incremental theme verbs express existential changes. The referent of the incremental theme argument either comes into existence (*build, write*) or ceases to exist (*eat, drink*). The notion of 'incremental theme' also goes back to Dowty (1991) and is used for theme arguments whose referential properties affect the telicity of the predication. Following Krifka (1986), we distinguish strictly incremental theme verbs from non-strictly incremental theme verbs. The former denote a process that can affect a single object token only once. If one eats an apple, the specific token is consumed and cannot be eaten again. On the other hand, *read*, which is also an incremental theme verb, denotes a process that can be repeated with the same object token. One can read a book and reread it again at a different occasion. In the remainder, we restrict the analysis to the two strictly incremental theme verbs *eat* and *drink*, and their respective Polish and Bulgarian correspondents.

In Germanic languages, a telic incremental theme predication arises if the incremental theme argument denotes a specific quantity of, for example, food. A bare plural like *bananas* in (8a) denotes an unspecific amount of food and therefore does not delimit the event of eating. Specifying the quantity of food, as in (8b), makes the predication telic. This specification can be realized by number expressions (*three*) or the definite article. In the latter case, the quantity is contextually specified by establishing a unique referent through the use of the definite article (see Löbner 1985, 2011 for an analysis of definiteness in terms of uniqueness).

(8) a. *The boy ate bananas #in two minutes.*
     b. *The boy ate three/the bananas in two minutes.*

Incremental theme arguments denoting a specific quantity show quantized reference, whereas those which do not refer cumulatively. Quantization and cumulativity are defined in (9) based on Krifka's (1991) explication of these notions. A predicate P is quantized (9a) if it does not apply to an individual and to a part of it simultaneously. If a predicate P applies to two distinct individuals x and y, the two cannot be a part of each other. *Banana* is a quantized predicate, as no part of a banana can be denoted by the noun *banana* again. *Bananas*, on the other hand, is not quantized, as it is possible to single out a set of bananas and refer to them by the predicate *bananas* again. A predicate P applying to two distinct individuals x and y shows cumulative reference, iff it also applies to the sum of the two (9b). *Bananas* is a cumulatively referring noun: having two distinct sets of bananas, the sum of both can be denoted by *bananas* again. *Banana*, on the other hand, does not refer cumulatively as it does not apply to the sum of the individuals falling under the predicate.

(9) a. Quantization: A predicate P is quantized iff
     $$\forall x,y \,[P(x) \wedge P(y) \rightarrow (\neg \, y{<}x)]$$
     b. Cumulativity: A predicate P is cumulative iff
     $$\forall x,y \,[P(x) \wedge P(y) \rightarrow P(x{\oplus}y)]^6$$

Quantized reference is not restricted to singular count nouns; plural nouns can be quantized as well. *Three bananas* is quantized since there is no proper part of the referent of *three bananas* that can be denoted by *three bananas*. The NP *three bananas* does not show cumulative reference. If one combines two sets of three bananas, the whole cannot be denoted by *three bananas* again, but rather needs to be referred to by (*six*) *bananas*.

Cumulatively referring nouns can be shifted towards a quantized interpretation by use of nominal determination, such as number expressions, measure/container constructions (*a glass of, a plate of*), demonstrative pronouns or in-/definite articles. The effect of quantization on determining the telicity of incremental theme verbs is summarized in the rule of aspectual composition stated in (10).

(10) An incremental theme verb combined with a quantized incremental theme argument yields a telic predication, whereas combined with a cumulative incremental theme argument it yields an atelic predication. (based on Krifka 1986, 1998 and Filip 1993/1999, 2001)

Since telicity of incremental theme verbs is thus directly related to the quantization of the incremental theme argument, the relevance of nominal deter-

---

6 '$<$' is the mereological part operator and '$\oplus$' is the mereological sum operator. 'Parthood' is usually taken to be a primitive (reflexive, transitive and antisymmetric) relation (see Champollion & Krifka 2016). The 'sum'-relation is defined on the base of the 'part'-relation (for a discussion of the formal definition of these operators see, among others, Champollion & Krifka 2016).

mination for aspectual composition is easily seen. All Slavic languages make use of number expressions, measure/container constructions and demonstrative pronouns for quantizing incremental theme arguments, but the use of in-/definite articles is rather restricted, as only a few Slavic languages—Bulgarian, Macedonian, Upper Silesian Polish and Upper Sorbian—possess grammaticalized articles. As already noted in the introduction, various authors assume that Slavic languages without grammaticalized articles compensate for this lack by using grammatical aspect. In the next section, we turn to an analysis of the role of grammatical aspect in the aspectual composition in Polish.

3 The Role of Aspect—Aspectual Composition in Polish

3.1 Grammatical Aspect and Aspectual Composition

An idea advocated by various authors, for example Abraham (1997), Leiss (2000) and Borer (2005), is that the lack of the definite article is compensated for by perfective aspect in the Slavic languages. Examples like those in (11) are seen as supporting this view. The incremental theme argument of the imperfective verb in (11a) is interpreted as non-definite and probably also non-referential. Changing the aspect of the verb, though, results in a definite reading of the incremental theme argument (11b).

(11) a. *Jan pił$_{IMPF}$ wod-ę* (*w godzinę).
Jan drank water-ACC in hour
'Jan drank/was drinking water.'

    b. *Jan wy-pił$_{PF}$ wod-ę w godzinę.*
Jan WY-drank water-ACC in hour
'Jan drank (all) the water in an hour.'

However, Czardybon (2017) demonstrates both that grammatical aspect is a very restricted definiteness strategy in Polish, and that singular count nouns can in fact have a definite or indefinite interpretation, irrespective of the verb's aspect. In (12), it is context-dependent whether the incremental theme argument receives a definite interpretation or not.

(12) a. *Maria z-jadła$_{PF}$ jabłko w godzinę.*
Maria Z-eat.PST apple in hour
'Maria ate the/an apple in an hour.'

b. *Maria jadła$_{IMPF}$ jabłko (*w godzinę).*
Maria eat.PST apple in hour
'Maria was eating/ate the/an apple.' (Czardybon 2017: 114)

The mass noun in (11b) receives a definite interpretation due to the fact that the prefixed verb requires a quantized incremental theme argument. The verb meaning 'drink up' entails the total consumption of the incremental theme argument's referent. Consuming something completely is only possible if it is quantitatively delimited, since otherwise its complete consumption cannot be determined. It is therefore the lexical meaning of the prefixed verb, and not perfective aspect, which requires a quantized incremental theme argument, and the definite interpretation is a side effect of this quantization requirement. Other prefixed verbs do not entail the total consumption of the incremental theme argument's referent and therefore the argument is not required to show quantized reference. *Herbaty*, in (13), is translated into English as 'tea' rather than 'the tea'.

(13) *Po-piłem$_{PF}$ herbat-y.*
PO-drank tea-GEN
'He drank tea for a while.'

The relevance of verbal prefixes for aspectual composition is already indicated by this brief discussion of quantization. Before we turn to a closer discussion of the role different prefixes play for the process of aspectual composition, we will discuss their contribution to achieving perfective verbs. In Polish (Bielec 1998: 28 f.), but also Slavic languages in general, most perfective verbs are derived from imperfective ones either by phonological changes in the stem (14a) or by prefixation (b).[7] With regard to incremental theme verbs, prefixation is the only perfectivizing strategy.

(14) a. *pozwalać$_{IMPF}$ — pozwlić$_{PF}$*
'allow'
b. *pisać$_{IMPF}$ — prze-pisać$_{PF}$*
'write' 'copy/rewrite'

As the translations of the two verbs in (14b) suggest, prefixation is a derivational process, as the meaning of the base is altered. Thus, perfective aspect is real-

---

7 There also exists a small set each of simplex perfective verbs and biaspectual verbs, which are aspectually undetermined.

ized derivationally rather than inflectionally in the Slavic languages (see Filip 1993/1999 for a deeper discussion of the derivational characteristics of Slavic verbal prefixes). Most prefixes originate from spatial prepositions, but cannot be reduced to the expression of a spatial meaning in their actual use. The meaning contributed by a single prefix varies for different verbal bases, as the contrast between *prze-pisać* 'copy, rewrite' and *prze-spać* 'sleep through' shows. With respect to the first verb, *prze-* indicates that a certain activity (to write something) is repeated. This results, for example, in the creation of another copy of a certain text. In connection with *spać* 'sleep', *prze-* does not have a repetitive interpretation; rather it results in the meaning 'sleep through'. It is still an open issue whether the different uses of a single prefix can be unified within a semantic analysis or whether they express different, probably unrelated, meanings.[8] We do not provide a general meaning for the verbal prefixes, only focussing on their contribution with respect to the verbal bases under discussion.

Since perfective verbs are usually derived from imperfective ones, they show two major deviations from the latter. First, the two differ regarding their lexical meaning, as the examples above revealed. Second, there are notable differences in grammatical aspect. An imperfective verb can have several readings, among which are a progressive, an iterative, a habitual, and a completive one (see Filip 2001: 468 for a more detailed discussion of the different readings of the imperfective aspect in Russian). The exact interpretation depends on the context of use, but also on additional lexical material, such as adjuncts. Thus, a sentence using the imperfective verb *jeść* 'eat', as for example (12b), can mean: 'Maria was eating the/an apple' (progressive), 'Maria (repeatedly) ate an apple' (iterative), 'Maria used to eat an apple' (habitual) or 'Maria ate the (whole) apple' (completive).

Perfective aspect and the semantic content added by the verbal prefixes need to be kept distinct. With regard to the semantics of perfective aspect, we essentially follow the account of Filip (1993/1999). In Filip's view, perfective verbs denote total or complete events and perfective aspect is analyzed in terms of a totality operator (a definition is proposed in Filip 2005: 133 f.).[9] The totality operator individuates events such that "no two events in the denotation set of a given predicate P overlap" (Filip 2005: 134). An event is always individuated

---

8 A unified formal semantic analysis of various Russian verbal prefixes is proposed in Kagan (2016).

9 Filip (2017) shows that 'perfective aspect' is a heterogeneous category, which, as she argues, has at its core the realization of the same basic semantic operator.

with respect to a certain property. Events of eating, for example, can be individuated with respect to the quantity of food consumed. Thus, perfective aspect requires an individuation criterion to single out unique and atomic events. It is a central assumption of Filip's approach that verbal prefixes induce such individuation criteria. Filip (2000) proposes an analysis of non-directional verbal prefixes in terms of vague measure functions. A measure function (e.g. QUANTITY, TIME)[10] maps its argument onto a scale and returns a degree on that scale (see Krifka 1990 for a discussion of measure functions). Its argument can be the event argument (as in the case of TIME), the incremental theme argument (as in the case of QUANTITY), or some other individual. Crucially, the prefixes do not only induce a measure but also specify a standard of comparison. We discuss different standards below, after delimiting the relevant set of prefixes for our analysis.

Polish has a rather large set of verbal prefixes, but not all of them combine with the two incremental theme verbs *jeść* 'eat' and *pić* 'drink'. The prefixes compatible with the two verbs are listed in (15). Due to said prefixes' derivational nature, some prefixed verbs do not express an incremental theme predication anymore. Two such examples are shown in (16). *Opić*, in (16a), does not focus on the consumption of liquid, but rather denotes an event in which the agent was affected by drinking alcohol. The liquid consumed, denoted by the instrument NP *piwem* '(with) beer', is optional and therefore an adjunct, whereas incremental themes have argument status. *Przepić*, in (16b), expresses that the referent of the agent argument lost his house by drinking. In this case, drinking is interpreted generically and it is not possible to have the theme argument realized in the sentence.

(15) *po-, wy-, z-/s-, nad-, do-, na-, o-, ob-, od-, pod-, prze-, roz-, u-, za-*

(16) a. *Piotr o-pił się (piw-em).*
Piotr O-drank REFL beer-INST
'Piotr got drunk (with beer).'

b. *Jan prze-pił swój dom.*
Jan PRZE-drank his house
'Jan drank away his house.'

---

10   We indicate measure functions by the use of small caps.

Examples like those in (16) are irrelevant for the current analysis of aspectual composition and therefore many prefixes are outside of our domain of investigation. We delimit our discussion to the prefixes *wy-/z-*, *na-*, *nad-* and *po-*.

3.2   Verbal Prefixes and Aspectual Composition

In the section above, we showed that perfective incremental theme verbs derived by the prefixes *wy-/z-* result in a telic incremental theme predication.[11] The prefixes induce a measure on the quantity of the incremental theme argument's referent. The standard of comparison, which has to be reached to yield a true predication, is the referent's maximal quantity. As (17) shows, it is contradictory to say that someone ate a pear, by using the verb *zjeść* 'eat up', and then add that she left a bit. The prefixed verb requires that the event progresses till the incremental theme argument's referent is completely consumed.

(17) #*Ona z-jadła*$_{PF}$ *gruszke, ale jak zwykle troche zostawila.*
      she   Z-ate   pear   but as usual a bit   left
      'She ate a/the (whole) pear, but as usual she left a bit.' (Czardybon & Fleischhauer 2014: 393 ff.)

Nad- also induces a measure on the quantity of the referent of the incremental theme, but the resulting predication is atelic (18). Whereas *z-/wy-* specify that the referent of the incremental theme argument is consumed completely, *nad-* indicates that only a small quantity of food or liquid has been consumed.

(18) a. *Nad-piłem*$_{PF}$ *wino* (**w minutę*).
      NAD-drank wine   in minute
      'I drank a bit from the wine.'

    b. *Nad-jadłem*$_{PF}$ *gruszkę* (**w minutę*).
      NAD-ate   pear   in minute
      'I ate a bit from the pear.'

    c. *Nad-jadłem*$_{PF}$ *truskawki* (**w minutę*).
      NAD-ate   strawberries   in minute
      'I ate a bit from the strawberries.'

---

11   The prefix *wy-* is restricted to *pić* 'drink', whereas *z-* combines with *jeść* 'eat'.

In this use, the prefix *nad-* is similar to English degree expressions such as *slightly* or *a bit*. These degree expressions—Hay et al. (1999) call them monotone-decreasing degree expressions—specify an upper bound that must not be reached within the event. This does not result in a telic predication, as (19a) shows. The progressive sentence entails the corresponding perfective one, which is a property of atelic but not of telic predications. On the other hand, degree expressions which specify a lower bound that has to be reached to yield a true predication (termed monotone-increasing degree expressions in Hay et al. 1999) do result in a telic predication. As seen in (19b), the progressive sentence does not entail the corresponding perfect sentence, since not any increase in breadth counts as a significant increase. This is different from the case of *slightly*, where as soon as the investigation is getting broader, it can truthfully be said that it has broadened slightly.

(19) a. *The independent counsel is broadening the investigation slightly*
   does entail
   The independent counsel has broadened the investigation slightly.
   b. *The independent counsel is broadening the investigation significantly.*
   does not entail
   The independent counsel has broadened the investigation significantly.
   (Hay et al. 1999: 133 f.)

Nad-, like *slightly*, induces an upper bound which must not be reached within the event, whereas *z-/wy-* induce a lower bound up to which the event has to progress. This analysis is further supported by the example in (20). The prefix *na-* also induces a lower bound on the change denoted by the verb. However, in difference to *wy-/z-*, it is not expressed that the incremental theme's referent is consumed completely. Rather, it is a large quantity, but not the whole, which is consumed. *Na-*, in this reading, is similar to degree expressions like English *many*, which also induces a lower bound, corresponding to a context-dependent high degree, and leads to a telic interpretation of incremental theme predications (21).

(20) *Piotr na-jadł$_{PF}$ się   ciastek   (w minutę).*
   Peter NA-ate   REFL cookies.GEN in minute
   'Peter ate a lot of cookies (in a minute)'.

(21) *The boy ate many apples in ten minutes.*

The prefix *po-*, finally, does not induce a measure on the quantity of the incremental theme argument's referent, but rather on the run time of the event. The sentence in (22) expresses that the drinking event lasted for a short while, but there is no specification of the quantity of tea consumed (this is in line with Piñón's 1993 analysis of *po-*). Native speakers often argue that the subject referent of (22) only consumed a small quantity of tea, but this is, as demonstrated in (23), merely an implicature. It results from the assumption that within a short duration, only a small amount of liquid is likely to be consumed. As (23a) proves, this implicature can be cancelled. (23b), on the other hand, demonstrates that the semantic contribution of *po-* consists in a temporal specification of the event, since negating the short duration results in a contradiction.

(22) *Po-piłem$_{PF}$ herbat-y* (*w minutę*).
PO-drank tea-GEN   in minute
'He drank tea for a while.'

(23) a. *Po-piłem$_{PF}$ herbat-y, ale dużo   herbat-y.*
PO-drank tea-GEN but much tea-GEN
'He drank tea for a while but much tea.'

   b. #*Po-piłem$_{PF}$ herbat-y, ale przez dłuższy czas.*
PO-drank   tea-GEN but for   long   time
'He drank tea for a while but for a long time.' (Fleischhauer & Czardybon 2016: 195)

In the examples in (18) and (22), although the verbs are perfective, the resulting predication is atelic. Having a perfective incremental theme verb therefore does not guarantee telicity. Rather, a telic predication only arises if there exists a lower bound on the change denoted by the incremental theme predicate. But then the question emerges whether perfective aspect is actually necessary for a telic incremental theme predication.

3.3   *Grammatical Aspect and Aspectual Composition*

We have shown above that perfectivity does not guarantee telicity. Rather, whether a perfective incremental theme verb results in a telic predication depends on the specific meaning of the verbal prefix. In this section, we aim to answer the question of whether telic incremental theme predications arise only with perfective verbs, or with imperfective ones as well.

The Slavic languages have means to derive imperfective verbs from perfective ones, creating so-called 'secondary imperfectives'. They are either formed by adding the suffix -(*y*)*va* or by use of a suppletive stem. It is a wideheld view on secondary imperfectives that they are derived by an inflectional process, which only changes the aspectual value of the predicate but does not affect its meaning. Łazorczyk (2010) proposes a different analysis and states that "the contrast between a prefixed *perfective* and the corresponding *secondary imperfective* verb is exactly of the same nature as the contrast between a bare *imperfective* and the corresponding *perfective*, with both kinds of aspectual pairs differing principally in telicity" (Łazorczyk 2010: 8 f.). If this analysis is true, a secondary imperfective derived from a telic perfective incremental theme verb should express an atelic incremental change predication. In (24), the suppletive secondary imperfective of *zjeść* 'eat up' is used; the predicate denotes the iteration of single events of Jan eating up the soup within one hour. Each micro-event is telic. Example (25) receives a habitual reading, like the one in (24), but this time realized by a simplex imperfective. Contrary to the secondary imperfective in (24), the simplex one is atelic.

(24) *Jan z-jadał   zupę   w godzinę.*
   Jan Z-eat.IMPF.PST soup.ACC in hour
   'Jan used to eat the soup in an hour.'

(25) *Jan jadł$_{IMPF}$ codziennie zupę   (*w godzinę).*
   Jan eat.PST every day soup.ACC   in hour
   'Jan ate soup every day.'

It is thus clear that there is a difference in telicity between the simplex imperfective and the secondary imperfective. Contrary to Łazorczyk's proposal, the secondary imperfective suffix does not seem to act as an atelicizer.[12] The second and probably more important result is that perfective aspect is neither sufficient nor necessary for achieving a telic incremental theme predication.

The relevant question now is why the secondary imperfective in (24) results in a telic predication, but the simplex verb in (25) does not. The crucial aspect is that the secondary imperfective is derived from a prefixed perfective verb. As discussed in the previous section, telicity depends on the presence of a lower bound on the change denoted by the verb. Since the prefix *z-* induces such a bound, the secondary imperfective inherits it from its base. In case of the simplex imperfective, there is no lower bound induced and therefore the predication fails to be telic. One could thus expect that inducing a lower bound

---

12   Łazorczyk (2010: 15; 128) distinguishes between a secondary imperfective suffix and a suffix marking habituality, which are both homophonous and realized at the same verb slot. We do not think that we are dealing with two homophonous affixes, but rather only with one.

through a degree expression, similarly to the English example in (21), could be sufficient for achieving a telic predication with a simple imperfective incremental theme verb. However, as shown in (26), adding the degree expression *dużo* 'much/many' does not result in telicity. Although the degree expression does induce a lower bound, the predication is still atelic.[13]

(26) #*Maria jadła$_{IMPF}$ dużo jabłek   w godzinę.*
     Maria ate   many apple.GEN.PL in hour
     Intended: 'Maria ate many/a lot of apples in one hour.'

If specifying a lower bound on the change denoted by the verb is not sufficient to yield a telic incremental theme predication, what else is required? The secondary imperfective is built on top of a perfective verb and those, in contrast to (simplex) imperfective ones, denote individuated events. Event individuation, as already mentioned above, requires the specification of a property with respect to which an event can be seen as complete. Following Filip's (1993/1999, 2000) approach, it is the verbal prefix which introduces this relevant property. In the cases discussed above, events are either individuated with respect to the quantity of the theme argument's referent (*wy-, z-, na-* and *nad-*) or the event's run time (*po-*).

Individuation is done, in the Slavic languages, by verbal prefixes and prefixed verbs are—in absence of a secondary imperfective marker—perfective. This gives the impression that perfective aspect is relevant for achieving telicity. But as demonstrated above, not every perfective incremental theme verb results in a telic predication, and imperfective predicates can be telic as well. Secondary imperfectives denote individuated events just like perfective verbs do, since they inherit this characteristic from their base. Thus, it is the property of event individuation rather than perfective aspect itself that is necessary for achieving a telic incremental theme predication in Polish. Not just perfectivity, but also telicity is distinguished from event individuation since not every verb denoting individuated events is telic. This has been revealed by the discussion of the two prefixes *po-* and *nad-*.

With respect to aspectual composition in Polish, we can now summarize that event individuation and the specification of a lower bound on the change expressed by the verb are necessary, and in combination sufficient, for achieving a telic predication.

---

13   See Fleischhauer (2016) for an analysis of expressions like Polish *dużo* or English *much, many, a lot* as degree expressions rather than quantifiers.

The essential follow-up question is whether aspectual composition proceeds the same way in Slavic languages other than Polish. Our contrastive analysis focuses on Bulgarian, which, given the presence of a grammaticalized definite article and the complex tense system, is also interesting in its own right.

4 Aspect and Definite Articles—Aspectual Composition in Bulgarian

Bulgarian is a south Slavic language which possesses a definite article and also shows some morphological differences with respect to the other Slavic languages. Kuteva (1995: 195) writes: "[...] while Bulgarian nouns, adjectives and numerals have lost their case declension, Bulgarian has retained, almost unchanged over time, the richness of its tense system". For the current discussion, it is important that Bulgarian has two past tenses: the 'aorist' and the 'imperfect'. We start by discussing the role of the definite article in the process of aspectual composition in Bulgarian in 4.1, and turn to a comparison of different verbal prefixes in 4.2. Section 4.3 briefly introduces the past tense forms and focuses on their interaction with grammatical aspect and telicity.

4.1 *Aspect and Nominal Determination*

As for Polish, our analysis concentrates on the two strictly incremental theme verbs *yam* 'eat' and *piya* 'drink'. The examples are given in the aorist, whose specific grammatical meaning we will discuss in Section 4.3. In Bulgarian, like in Polish, simplex imperfective incremental theme verbs always result in atelic predications (27). The incremental theme argument of an imperfective verb can either be used bare (27a) or with, for example, the definite article (b). Crucially and in difference to Germanic languages, the definite article is not sufficient for achieving a telic incremental theme predication. As (27b) illustrates, a definite and quantized incremental theme argument, as the complement of a simplex imperfective incremental theme verb, does not result in a telic predication.

(27) a. *Mariya yade$_{IMPF}$ vchera yabălka (*za edin čas).*
Maria ate.AOR yesterday apple in one hour
'Maria ate an apple yesterday.'

b. *Mariya yade$_{IMPF}$ vchera yabălka-ta (*za edin čas).*
Maria ate.AOR yesterday apple-DEF in one hour
'Maria ate the apple yesterday.' (Czardybon & Fleischhauer 2014: 390)

The combination of a perfective incremental theme verb and a singular count noun results in a telic predication, as shown in (28). Again, the incremental theme argument can either be used bare (28a) or in combination with a determiner (b).

(28) a. *Mariya iz-yade$_{PF}$ yabălka za edin čas.*
       Maria   IZ-ate.AOR apple   in one hour
       'Maria ate an apple in an hour.'

     b. *Mariya iz-yade$_{PF}$ yabălka-ta za edin čas.*
        Maria   IZ-ate.AOR apple-DEF in one hour
        'Maria ate the apple in an hour.' (Czardybon & Fleischhauer 2014: 391)

Incremental theme arguments that are not inherently quantized, i.e. plural count nouns and mass nouns, only result in a kind-reading if used bare in combination with a perfective incremental theme verb (29a). If the incremental theme argument denotes a definite plurality, as in (29b), the resulting predication is telic.

(29) a. *(#)Mariya iz-yade$_{PF}$ yabălki.*
       Maria   IZ-ate.AOR apple.PL
       'Maria ate [some plurality of the kind] apple.'[14]

     b. *Mariya iz-yade$_{PF}$ yabălki-te   za edin čas.*
        Maria   IZ-ate.AOR apple.PL-DEF in one hour
        'Maria ate the apples in an hour.' (Czardybon & Fleischhauer 2014: 391)

Verkuyl (1999: 138) states that in Bulgarian, "the perfective prefix requires a definite NP". This statement is too restrictive, since the incremental theme argument of a perfective incremental theme verb only requires nominal determination if it is not inherently quantized. Quantization of the incremental theme argument is not achieved by perfective aspect or induced by the verbal prefix; instead Bulgarian requires explicit quantization by use of nominal determination. In this regard, Bulgarian resembles English and other Germanic languages more than it resembles Polish or Russian (Czardybon & Fleischhauer 2014).

---

14   Native speakers disagree whether (29a) is acceptable or not, but if the sentence is accepted, the bare object always has a kind-reading. The incremental theme argument is non-referential and it is only expressed that food of a particular kind has been eaten.

The resulting question now is whether the combination of definite incremental theme argument and perfective incremental theme verb yields a telic predication, independently from the semantic contribution of the verbal prefix, or not.

4.2 The Role of Verbal Prefixes in Aspectual Composition

For Polish, we have shown that not every perfective incremental theme verb results in a telic predication, but only those derived by a prefix that induces a lower bound on the change denoted by the verb. Bulgarian has 18 native verbal prefixes (cf. Atanasova 2011: 25), but the number of relevant ones which combine with the Bulgarian verbs *yam* 'eat' and *piya* 'drink' is rather limited. As previously for Polish, we exclude prefixed verbs that do not denote an incremental consumption anymore. The relevant prefixes we are discussing are *do-* and *iz-*, which combine with both verbs, and *ot-* which is restricted to *piya*.

The contribution of *iz-* has already been discussed above. It adds the meaning component of complete consumption to the verb and is therefore comparable to the Polish prefixes *wy-* and *z-*. Adding a subordinated sentence expressing that one 'IZ-ate' something, but not completely, is odd (30).

(30) #Iz-yadox$_{PF}$ biskvita-ta,   no   kakto vinagi ostavix malko.
      IZ-ate.AOR.1SG cookie-DEF but as   usual left   little
      'I ate up the cookie but as usual I left a bit.'

The prefix *do-* also functions like its Polish or Russian correspondents (see Fleischhauer & Czardybon 2016 on Polish *do-*). *Doyadox* means 'to finish eating' and presupposes a previous event of eating/drinking which is continued until the respective food is eaten up.

(31) Do-yadox$_{PF}$ păstărva-ta i   si   do-pix$_{PF}$ ostatăk-a ot
      DO-ate.AOR.1SG trout-DEF   and mine DO-drunk.1SG rest-DEF of
      butilka-ta.
      bottle-DEF
      'I ate the trout and drank the rest of my bottle.' (BulNC, Dilyan Valev. 2001. Sedem dni.)[15]

---

15   BulNC is the Bulgarian National Corpus (http://search.dcl.bas.bg/). Examples taken from the corpus are indicated by BulNC, followed by the name of the author, the year of the publication and the title of the respective literary texts.

Adding *do-* also results in a telic incremental theme predication, as example (32) demonstrates.

(32) *Do-pix$_{PF}$*   *bira-ta*   *za 2 minuti*   *i*   *trăguax.*
DO-drink.AOR.1SG beer-DEF in two minutes and went_away
'I finished the (rest of) beer in two minutes and went away.'

The two prefixes *iz-* and *do-* differ with respect to the requirement of having a definite incremental theme argument. In (33a), the combination of *izpix* with a bare incremental theme argument is shown. *Dopix*, on the other hand, requires a definite incremental theme argument. In (33b), *bira* is used without the definite article, as in (a), but as a complement of *dopix*, it makes the sentence ungrammatical. The definite article is required due to the identity of the incremental theme argument's referent in both the presupposed event and the one denoted by the prefixed verb.

(33) a. *Iz-pix$_{PF}$*   *bira i*   *polovina i*   *se*   *napix.*
IZ-drank.AOR.1SG beer and half   and REFL drunk
'I drank a beer and a half and got drunk.'

   b. **Do-pix$_{PF}$*   *bira.*
   Do-drank. AOR.1SG beer

Prefixing *ot-* to *pix* 'drink' results in the reading that a small amount of a certain liquid has been consumed. The noun *glătka* 'sip', as an indication of quantity, is required in (34).

(34) *Ot-pix$_{PF}$*   *glătka kafe.*
OT-drink.AOR.1SG sip   coffee
'I drank a sip of coffee.' (BulNC, Meri Higins Klark. 2003. Tuk I otnovo)

It is not obvious whether *ot-* induces a limitation on the event's run time or the quantity of the incremental theme argument's referent. As (35) shows, instead of *glătka*, a different quantity expression can be used. *Dosta*, like *a lot*, is a vague quantity expression indicating a context-dependent 'large' quantity. In (35), it is not expressed that the subject referent drank a lot; rather the sentence means that he took a big sip. Even without the noun *glătka*, *otpix* is usually understood as expressing that the subject referent takes a sip. *Dosta* modifies this given quantity: a 'normal' sip vs. a 'large' sip. Either way, the quantity consumed is still small compared to a normal drinking event.

(35) *Az săšto ot-pix$_{PF}$*   *dosta i   preglătnax bărzo,   za da ne*
I   also   OT-drink.AOR.1SG a lot   and swallowed quickly   for to   not
se   zadavya.
REFL choke
'I also took a big sip and swallowed it quickly not to start choking.' (https://
lib.rus.ec/b/625322/; 01.08.17)

Instead of quantity expressions, it is also possible to insert *dălgo* 'long'. In (36),
dălgo indicates the temporal extent of the drinking.

(36) *Ot-pix$_{PF}$*   *dălgo ot   brendi-to.*
OT-drink.AOR.1SG long   from brandy-DEF
'I took a long sip from the brandy.' (BulNC, Robin Hob. 2008. Shutat i ubi-
etsat. Kn. 1. Misiyata na shuta)

It seems impossible to decide whether *ot-* means 'drinking a small quantity' or
'drinking for a short while', as both interpretations are related. If one has been
drinking only for a short while, it is expected that only a small quantity has been
consumed. On the other hand, if one is drinking a small quantity, it is expected
that this merely takes a short time. Crucially, *otpix* results in an atelic predication (37), as the prefix induces an upper bound similar to the Polish prefixes
nad- and *po-*.

(37) *Az săšto ot-pix$_{PF}$*   **za dve minuti*
I   also   OT-drink.AOR.1SG   in two minutes

Although the two verbs only combine with a restricted set of prefixes, we can
observe a relationship between the meaning expressed by the verbal prefix and
telicity. Prefixes introducing a lower bound (*iz-*, *do-*) result in a telic predication,
whereas the one inducing an upper bound does not. Thus, as in Polish, perfectivity does not guarantee telicity.

4.3   Past Tense and Telicity

Bulgarian has a rich system of analytically and periphrastically expressed
tenses. In our analysis, we only focus on the two past tense forms: aorist and
imperfect. Other forms, such as the periphrastic perfect, are left out of the
discussion. The distinction between aorist and imperfect is not purely an aspectual one, since both tenses freely combine with imperfective as well as perfective verbs. This would not be expected if the tense forms already encoded
aspectual information. We build on data from Kuteva (1995) and propose that
the relevant difference between the two tenses can be characterized in terms

of (temporal) boundedness. In our view, it is not an aspectually determined distinction, but a purely temporal one. Thus, the aorist vs. imperfect contrast differs from the division between *passé simple* vs. *imparfait* in French, which is a distinction between perfective past and imperfective past (e.g. Garey 1957).

In describing the meaning of the Bulgarian (past) tenses, we follow Kuteva (1995) and do not discuss the tense forms in isolation, but rather always in light of aspectual oppositions. We start the discussion with the aorist, which is the tense form used in the foregoing sections. For the perfective aorist—which is a perfective verb in the aorist tense—Kuteva (1995: 206) identifies two meanings. First, such a verb can denote the occurrence of a single eventuality in the past tense. The examples discussed above are of this type; one is repeated in (38). The perfective verb denotes a single event in which the referent of the incremental theme argument is consumed completely. The aorist locates this event prior to the moment of speech, which is its past tense function.

(38) *Mariya iz-yade$_{PF}$ yabălka-ta.*
     Maria   IZ-ate.AOR apple-DEF
     'Maria ate the apple.'

The perfective aorist is additionally used for events that repeatedly occurred in the past, as in (39). The repetition is due to the expression *njakolko păti* 'several times' and the events are conceived as a single whole (Kuteva 1995: 206).

(39) *Tya na-pravi$_{PF}$ tova nyakolko păti.*
     she NA-do.AOR this several   times
     'She did this several times.' (Kuteva 1995: 206)

With imperfective verbs, the aorist also allows two interpretations. First, an imperfective aorist can have a factual interpretation, simply expressing the occurrence of an event. The second reading is one emphasizing a limited temporal duration or iteration in the past (Kuteva 1995: 206, cf. also Stankov 1980 for a related view). Two examples from Kuteva illustrating these readings are given in (40). With the use of *branih* in (40a), the speaker only reports that an activity of defending oneself occurred. In (40b), it is a limited repetition of single activities that is expressed. The difference between (40b) and (39) is that the latter denotes the repetition of complete events, since the verb is perfective, whereas the verb in (40b) does not. In (39), the subject referent not only repeatedly did something, but she repeated activities of 'complete' doings.[16]

---

16   Comrie (1976: 23) states that the imperfective aorist is used to "indicate an action which is

(40) a. *Toĭ vse*   *povtaryaše: "napadnat bjah — branih$_{IMPF}$ se*
he all_the_time repeated   attacked was   defend.AOR REFL
tova e vsičko".
that is all
'He kept on saying: "I was attacked—I defended myself, that is all".'

b. *Toĭ gleda$_{IMPF}$ gleda$_{IMPF}$ dokato go   zaboljaha očite.*
he look.AOR look.AOR till   him ached   eyes.DEF
'He looked, and looked, until his eyes ached.' (Kuteva 1995: 206)

For the discussion of the imperfect, we start with imperfective verbs. Imperfective imperfects have, following Kuteva (1995: 204), two different interpretations. First, an activity can be described as being in progress at a certain moment in the past. This is simply a past progressive reading, as the example in (41) reveals.

(41) *Te   sedyaha$_{IMPF}$ v gradinata, kogato nyakoi   počuka   na*
they sit.IPFV   in garden.DEF when   someone knocked on
vratata.
door.DEF
'They were sitting in the garden when someone knocked at the door.'
(Kuteva 1995: 204)

The second use of the imperfective imperfect is to denote repeated events in the past. In difference to the aorist, the repetition is neither conceived as being temporally limited nor as a single whole. The later interpretation is absent since the verb is imperfective rather than perfective.

(42) *Ponyakoga tya vlizaše$_{IMPF}$ văv vodenicata i   se   skrivaše$_{IMPF}$.*
sometimes she enter.IPFV into mill.DEF   and REFL hide.IPFV
'Sometimes she would go into the mill and hide herself.' (Kuteva 1995: 204)

In combination with perfective verbs, the imperfect is "used to refer to unrestrictedly repeated activities each of which has been completed and has, besides, been correlated to some past activity or past activities, the latter co-occurring with the former" (Kuteva 1995: 204). The example in (43) illustrates this reading.

---

represented as a single whole". In his analysis, contrary to the one advocated in this paper, the aorist is analyzed as being perfective past.

(43) *Toǐ izbuxvaše v smyah vseki păt štom ya pogledneše*.
    he burst   in laughter every time when her glance.IPFV
    'He would burst into laughter every time he glanced at her.' (Kuteva 1995:
    204)

It is possible to relate the distinction between aorist and imperfect to Depraetere's (1995) notion of boundedness.[17] In Depraetere's analysis, a situation is bounded if it is temporally limited. Thus, boundedness is distinct from grammatical aspect as well as telicity and refers to the presence of temporal boundaries. The aorist is used to describe temporally bounded events in the past, whereas the imperfect is used for temporally unbounded events. This holds true for single event descriptions as well as descriptions of iterated events. Recall that the imperfective aorist has either a factual reading or an interpretation of a temporally limited event in the past. The imperfective imperfect, on the other hand, is used for progressive as well as unrestrictedly repeated events in the past. Depraetere does not provide a formal definition of boundedness and neither does she indicate clear criteria to distinguish between temporally bounded and unbounded event descriptions, but relying on Kuteva's description of the (past) tense-aspect combinations in Bulgarian, it seems that boundedness could be the right category for distinguishing the two past tense forms. A full-fledged analysis of the Bulgarian past tense forms in terms of boundedness goes beyond the limits of the current paper and has to be worked out in the future.

In discussing the two past tenses, it became increasingly clear that they constrain the interpretation of the aspectual forms—e.g. boundedness (aorist) excludes a progressive interpretation of the imperfective aspect—but are not aspectual forms themselves. A resulting question is whether boundedness affects aspectual composition or not.

The verb *izyadeše* in (44) is a perfective imperfect. Due to the prefix *iz-*, the verb denotes events of eating up food. Due to the imperfect, the verb denotes an unbounded iteration of such events in the past. The sentence has a habitual interpretation and each micro-event is telic, as example (45) shows. In a context where an employee has thirty minutes for lunch, a sentence such as

---

17   In his discussion of the Bulgarian past tenses, Lindstedt (1985) also speaks of 'boundedness', but in a different sense than Depraetere. Lindstedt seems to equate boundedness with perfectivity when he writes (p. 83) "If we are referring to a bounded situation, i.e. an event conceived as a whole [...]". At a different page (p. 85), Lindstedt speaks of a 'temporal limit', which comes closer to Depraetere's notion of boundedness. However, Lindstedt does not use the notion of boundedness in a clear and coherent way.

(45) is perfectly acceptable. Thus, the two past tenses are independent from telicity. If boundedness is the right category for characterizing the difference between aorist and imperfect, it is clearly distinct from telicity (as also argued by Depraetere).

(44) *Vinagi sled kato iz-yadeše$_{PF}$ mandzhata, kazvaše che e vkusna.*
always after when IZ-eat.IPFV food said that is tasty
'Always after he ate the food, he said that it was tasty.'

(45) *Štom iz-yadeše$_{PF}$ portsiya-ta za 10 minuti, poiskvaše vtora.*
when IZ-eat.IPFV portion-DEF in 10 minutes want second
'Everytime when he finished his portion in 10 minutes, he wanted a second one.'

Bulgarian is more productive in the use of secondary imperfectives than Polish. Nevertheless, certain restrictions on their use exist. For example, no occurrences of secondary imperfectives of *izyam* and *izpiya* (meaning secondary imperfectives of incremental theme verbs in the aorist) have been found in the BulNC corpus. It is not clear why this is the case, since secondary imperfectives in the aorist tense are generally not excluded.

In examples (46), the secondary imperfective of *izyadeše* (imperfect past) is shown. *Izyazhdaše* denotes a repetition of events of eating up some food. Like in the Polish example discussed above, a repetition of telic micro-events is expressed, as the presence of the time-span adverbial indicates. Thus, like in Polish, a telic incremental theme predication also arises with imperfective verbs, if the verb's base already denotes individuated events.

(46) *Do skoro iz-yazhdaše$_{IMPF}$ burkanche-to za po-malko ot 10*
to soon IZ-eat.IMPF.IPFV jar.DIM-DEF for less from 10
minuti.
minutes
'Until recently he/she was eating up the jar in less than 10 minutes.'

We are now in a position to summarize the conditions affecting aspectual composition in Bulgarian. On the one hand, Bulgarian is similar to English and other Germanic languages in requiring explicit quantization of not inherently quantized incremental theme arguments, such as plural count nouns and mass nouns. Unlike English, inherently quantized incremental theme arguments (singular count nouns) do not require a determiner. However, this is simply a difference with respect to the degree of grammaticalization of the in-/definite articles. In English and German, the definite article is also obligatory with singular count nouns and therefore further grammaticalized than in Bulgarian (see Sachliyan 2017 on a discussion of the range of uses of the Bulgarian articles).

In other respects, aspectual composition in Bulgarian is more similar to Polish. An incremental theme predication is telic if there is a lower bound on the change denoted by the verb, and the verb denotes individuated events. As in Polish, telicity does not depend on perfectivity, since secondary imperfectives can be telic as well if the verb induces a lower bound on the change. The only difference to Polish consists in the quantization requirement of not inherently quantized incremental theme arguments. This results from the fact that Bulgarian, unlike Polish, possesses a grammaticalized means for expressing quantization, namely the definite article.

Finally, a relevant difference between Polish and Bulgarian on the one hand and the Germanic languages on the other hand should be mentioned. Whereas Slavic languages require the specification of a lower bound on the change, this is not required in the Germanic languages, although they possess verbal prefixes and particles which are semantically similar to their Slavic correspondents. Notably, prefixes and particles in the Germanic languages do not derive perfective verbs (e.g. Brinton 1985). The German prefix *auf-* (47a), for example, is similar to Polish *z-* and Bulgarian *iz-* and denotes an event in which the referent of the incremental theme argument is consumed completely (for a discussion of verbal prefixes and particles in the aspectual composition of Germanic languages see Czardybon & Fleischhauer 2014 and Fleischhauer & Czardybon 2016). Yet crucially, the prefix is not required for achieving a telic predication, as the simplex verb in (47b) is already telic.

(47) a. *Peter hat das Brot   auf-gegessen, #aber wie immer hat er ein*
       Peter has the bread up-eaten   but as always has he a
       Stück übrig gelassen.
       piece left   let
       #'Peter ate up the bread but as usual he left a bit.'

   b. *Peter hat das Brot   in zehn Minuten gegessen.*
      Peter has the bread in ten   minutes eaten
      'Peter ate the bread in ten minutes.'

For the Germanic languages, quantization of the incremental theme argument is sufficient for licensing a telic incremental theme predication, whereas Slavic languages, irrespective of whether they have a grammaticalized definite article or not, strongly rely on event individuation and the explicit indication of a lower bound for achieving telicity.

5 Conclusion

In this paper, we compared the strategies of two Slavic languages in realizing telic incremental theme predications. Although it is usually stated that telicity depends on perfective aspect, we have shown that perfective aspect is neither sufficient nor necessary for a telic incremental theme predication. Instead, the specification of a lower bound and event individuation are the crucial components for achieving this in the Slavic languages. Since perfective verbs denote individuated events, it looks as if perfective aspect is essential for telicity. However, as we argued following Filip (1993/1999, 2000), events are individuated with respect to a measure which is specified by the verbal prefix. As prefixation is one means of deriving perfective verbs, the two functions—expressing perfective aspect and individuating events—appear to be related, but only by having the same linguistic exponent. Separating between event individuation and perfective aspect allows us to see that the relevance of aspect has been overestimated for the process of aspectual composition.

The comparison between Polish and Bulgarian showed some interesting micro variation within the Slavic languages, caused by the presence of the definite article in Bulgarian. This clearly illustrates that the inventory of grammatical categories constrains the process of aspectual composition. At the same time, the analysis of Bulgarian has shown that boundedness does not affect aspectual composition, showing that some grammatical distinctions such as temporal ones are irrelevant for it.

The Slavic languages, as discussed above, express perfective aspect not as an inflectional category, but as part of a derivational process. For future work, it would be interesting to investigate languages that realize perfective aspect in terms of inflectional rather than derivational processes. This would allow us to answer the question of whether grammatical aspect may affect aspectual composition if it is not part of the derivational system of a language.

Acknowledgements

This work was supported by a grant from Heinrich Heine University awarded to Jens Fleischhauer (*Strategischer Förderfond*, F-2015/946-2) and the Collaborative Research Centre (SFB) 991 "The Structure of Representations in Language, Cognition, and Science" (project B09) financed by the Deutsche Forschungsgemeinschaft (DFG).

We would like to thank Adrian Czardybon, Atanaska Atanasova, Ewa Willim, Tania Kouteva and Anita Hildenbrandt for their comments on the language data and the paper. Furthermore, we would also like to thank the participants of the Workshop on Non-culminating, Irresultative and Atelic Readings of Telic Predicates, as well as two anonymous reviewers for their valuable comments.

References

Abraham, Werner. 1997. *The interdependence of case, aspect and referentiality in the history of German: The case of the verbal genitive*. In van Kemenade, Ans & Vincent, Nigel (eds.), *parameters of morphosyntactic change*, 29–61. Cambridge: Cambridge University Press.

Atanasova, A. 2011. *Poliprefigirani glagoli v sŭvremennija bŭlgarski knizhoven ezik*. Sofia: Bulgarian Academy of Sciences (Doctoral dissertation).

Bennett, Michael & Partee, Barbara. 1972. *Toward the logic of tense and aspect in English*. Bloomington: IULC.

Bielec, Dana. 1998. *Polish: An essential grammar*. London/New York: Routledge.

Borer, Hagit. 2005. *The normal course of events*. Oxford: Oxford University Press.

Borik, Olga. 2006. *Aspect and reference time*. Oxford: Oxford University Press.

Breu, Walter. 2004. *Der definite Artikel in der obersorbischen Umgangssprache*. In Krause, Marion & Sappok, Christian (eds.), *Slavistische Linguistik 2002. Referate des XXVIII. Konstanzer Slavistischen Arbeitstreffens Bochum*. München: Otto Sagner.

Brinton, Laurel J. 1985. Verb particles in English: Aspect or aktionsart? *Studia Linguistica* 39 (2). 157–168.

Champollion, Lucas & Krifka, Manfred. 2016. *Mereology*. In Aloni, Maria & Dekker, Paul (eds.), *The Cambridge Handbook of Formal Semantics*, 369–388. Cambridge: Cambridge University Press.

Comrie, Bernard. 1976. *Aspect*. Cambridge: Cambridge University Press.

Czardybon, Adrian. 2017. *Definiteness in a language without articles: A study on Polish*. Düsseldorf: Düsseldorf University Press.

Czardybon, Adrian & Fleischhauer, Jens. 2014. *Definiteness and perfectivity in telic incremental theme predications*. In Gerland, Doris & Horn, Christian & Latrouite, Anja & Ortmann, Albert (eds.), *Meaning and grammar of nouns and verbs*, 373–400. Düsseldorf: Düsseldorf University Press.

De Brey, Reginald G.A. 1980. *Guide to the South Slavonic languages*. Columbus: Slavica Publishers.

Depraetere, Ilse. 1995. On the necessity of distinguishing between (un)boundedness and (a)telicity. *Linguistics and Philosophy* 18. 1–19.

Dowty, David. 1979. *Word meaning and Montague grammar*. Dordrecht: Reidel.

Dowty, David. 1991. Thematic proto-roles and argument selection. *Language* 67(3). 547–619.

Filip, Hana. 1993/1999. *Aspect, eventuality types and noun phrase semantics*. New York/London: Garland.

Filip, Hana. 2000. *The quantization puzzle*. In Tenny, Carol & Pustejovsky, James (eds.), *Events as grammatical objects*, 39–96. Stanford: CSLI Publications.

Filip, Hana. 2001. Nominal and verbal semantic structure: Analogies and interactions. *Language Sciences* 23. 453–501.

Filip, Hana. 2005. *On accumulating and having it all*. In Verkuyl, Henk & de Swart, Henriette & van Hout, Angeliek (eds.), *Perspectives on aspect*, 125–148. Dordrecht: Springer.

Filip, Hana. 2017. The semantics of perfectivity. *Italian Journal of Linguistics* 29(1). 167–200.

Fleischhauer, Jens. 2016. *Degree gradation of verbs*. Düsseldorf: Düsseldorf University Press.

Fleischhauer, Jens & Czardybon, Adrian. 2016. The role of verbal prefixes and particles in aspectual composition. *Studies in Language* 40 (1). 176–203.

Garey, Howard B. 1957. Verbal aspect in French. *Language* 33 (2). 91–110.

Hay, Jennifer & Kennedy, Christopher & Levin, Beth. 1999. *Scalar structure underlies telicity in "degree achievements"*. In Mathews, Tanya & Strolovitch, Devon. (eds.), *SALT IX*, 127–144. Ithaca: CLC Publications.

Heine, Bernd & Kuteva, Tania. 2006. *The changing languages of Europe*. Oxford: Oxford University Press.

Kagan, Olga. 2016. *Scalarity in the verbal domain*. Cambridge: Cambridge University Press.

Kennedy, Christopher & Levin, Beth. 2008. *The adjectival core of degree achievements*. In McNally, Louise & Kennedy, Christopher (eds.), *Adjectives and adverbs: Syntax, semantics and discourse*, 156–182. Oxford: Oxford University Press.

Krifka, Manfred. 1986. *Nominalreferenz und Zeitkonstitution*. München: Fink.

Krifka, Manfred. 1990. Four thousand ships passed through the lock: Object-induced measure functions on events. *Linguistics and Philosophy* 13. 487–520.

Krifka, Manfred. 1991. *Massennomina*. In Wunderlich, Dieter & von Stechow, Arnim (eds.), *Semantik*, 399–417. Berlin: de Gruyter.

Krifka, Manfred. 1998. *The origins of telicity*. In Rothstein, Susan (ed.), *Events and grammar*, 197–235. Dordrecht/Boston/London: Kluwer Academic Publishers.

Kuteva, Tania. 1995. *Bulgarian tenses*. In Thieroff, Rolf (ed.), *Tense systems in European languages* Vol. II, 195–214. Tübingen: Niemeyer.

Łazorczyk, Agnieszka Agata. 2010. *Decomposing Slavic aspect: The role of aspectual mor-*

phology in Polish and other Slavic languages. Los Angeles: University of Southern California (Doctoral dissertation).

Leiss, Elisabeth. 2000. *Artikel und Aspekt: Die grammatischen Muster von Definitheit.* Berlin: de Gruyter.

Lindstedt, Jouko. 1985. The Bulgarian aorist and imperfect. In X Nordiska Slavistmötet 13.–17. augusti 1984: Föredrag, 81–88. Meddelanden från Stiftelsens för Åbo Akademi forskningsinstitut, no. 102.

Löbner, Sebastian. 1985. Definites. *Journal of Semantics* 4. 279–326.

Löbner, Sebastian. 2011. Concept types and determination. *Journal of Semantics* 28(3). 279–333.

Piñón, Christopher. 1993. *Aspectual composition and 'pofective' in Polish.* In Avrutin, Sergey & Franks, Steven & Progovac, Liljana (eds.), *Formal approaches to Slavic linguistics,* 341–373. Ann Arbor: Michigan Slavic Publications.

Sachliyan, Syuzan. 2017. *Nominale Determination im Bulgarischen und Mazedonischen.* Düsseldorf: Heinrich-Heine Universität Düsseldorf (Doctoral dissertation).

Scatton, Ernest. 1984. *A reference grammar of modern Bulgarian.* Columbus: Slavica Publishers.

Scholze, Lenka. 2008. *Das grammatische System der obersorbischen Umgangssprache im Sprachkontakt.* Bautzen: Domowina-Verlag.

Stankov, Valentin. 1980. *Glagolnijat vid v Bŭlgarskija knizhoven ezik.* Sofia: Izdatelstvo Nauka i Izkustvo.

Topolinjska, Zuzanna. 2009. *Definiteness (synchrony).* In Berger, Tilman & Gutschmidt, Karl & Kempgen, Sebastian & Kosta, Peter (eds.), *The Slavic languages: An international Handbook of their history, their structure and their investigation* (HSK 32.1), 176–187. Berlin/New York: de Gruyter.

Verkuyl, Henk. 1993. *A theory of aspectuality: The interaction between temporal and atemporal structure.* Cambridge: Cambridge University Press.

Verkuyl, Henk. 1999. *Tense, aspect, and aspectual composition.* In Dimitrova-Vulchanova, Mila & Hellan, Lars (eds.), *Topics in South Slavic syntax and semantics,* 125–162. Amsterdam/Philadelphia: John Benjamins.

PART 3

Aspect Meets Modality and (Inter)subjectivity

∵

CHAPTER 6

Subjectivity, Intersubjectivity, and the Aspect of Imperatives in Slavic Languages

Stephen M. Dickey

1 Introduction*

This article analyzes differences in the aspectual coding of non-negated imperatives in the Slavic languages, building upon the analyses of aspectual usage in imperatives in Benacchio (2010) and Šatunovskij (2009). The article relates the cross-Slavic differences examined by Benacchio (2010) to the east-west Slavic aspect division (Dickey 2000, 2015a), and analyzes the pragmatic effects of the aspectual opposition in imperatives in terms of Šatunovskij's view that Russian perfective (pf) imperatives communicate a request for the addressee to first make the choice to perform an action and then perform it, whereas the imperfective (impf) imperative involves no request to first make the choice. The differences between the Slavic languages are then analyzed in terms of subjectivized uses of imperfective imperatives versus intersubjectivized uses of the same. It is argued that the subjectivized uses of impf imperatives represent an older phenomenon, the beginnings of which are evident in Old Church Slavic, whereas the intersubjectivized uses, which are most common in East Slavic (Russian, Ukrainian, Belarusian) and present to a lesser degree in Bulgarian and Polish, represent a subsequent innovation.

Sections 1.1–1.4 introduce the theoretical and descriptive preliminaries of the analysis. Section 2 presents a slight modification of Šatunovskij's (2009) analysis of Russian impf imperatives, and applies the notions of subjectivity and intersubjectivity to Russian impf imperatives. Section 3 applies this approach to cross-Slavic data. Section 4 discusses the diachronic implications, and section 5 presents a conclusion. After the completion of this article, Dr. Il'ja Šatunovskij unexpectedly passed away. I would like to dedicate this article to his memory.

---

* I would like to thank Dr. Il'ja B. Šatunovskij for providing commentary which became useful in the development of the arguments made here, as well as Dr. Oleksandra Wallo, Dr. Svetlana Vassileva-Karagyozova and Krzysztof Borowski for valuable consultations on East Slavic, Bulgarian and Polish data (respectively). I alone am responsible for any inaccuracies contained herein.

© KONINKLIJKE BRILL NV, LEIDEN, 2019 | DOI:10.1163/9789004401006_007

TABLE 6.1   The East-West division in slavic verbal aspect

West	Transitional	East
Czech	Polish	Russian
Slovak		Ukrainian
Upper Sorbian		Belarusian
Lower Sorbian	Macedonian	Bulgarian
Slovene	Bosnian/Croatian/Serbian	

1.2   The East-West Slavic Aspect Division

The point of departure for this investigation is the **east-west Slavic aspect theory** developed by Dickey (2000) and updated in Dickey (2015a), according to which the Slavic languages in fact break down into two distinct aspectual types: an eastern type (Russian, Ukrainian, Belarusian, Bulgarian) and a western type (Czech, Slovak, Slovene). Polish in the north, and Bosnian/Croatian/Serbian (BCS) and Macedonian[1] in the south are transitional zones between these two groups; for the parameters examined by Dickey (2000), Polish tends to pattern more like the east, and Bosnian/Croatian/Serbian more like the west. Dickey (2015a) observes that the core of the eastern group are the East Slavic languages (Russian, Ukrainian, Belarusian), whereas Bulgarian, while sharing many features with them, is not a core member but forms a kind of periphery, and begins an aspectual transitional territory that spans the entire South Slavic language family. The east-west aspect division in Slavic and the traditional east-west-south division are given in tables 6.1 and 6.2 for reference. On the basis of the observed differences, Dickey (2000 and subsequent work) has developed a theory of the meanings of the pf and impf aspects in each group, according to which the meaning of the pf aspect in the western group is **totality**, whereas the meaning of the pf in the eastern group is a concept labeled **temporal definiteness**.

Totality, which is familiar from the aspectological literature (e.g., Comrie 1976), refers to the synoptic construal of a situation, i.e., as an indivisible whole; the typical case is that of a completed action construed as such, and is diagrammed in Figure 6.1. Temporal definiteness, however, requires some explanation. A situation is temporally definite if it is unique in the temporal fact structure of a discourse, i.e., if it is viewed as both (a) an indivisible whole and (b) qualitatively different from preceding and subsequent states of affairs (the

---

1   On Macedonian as transitional between BCS and the eastern group, see Kamphuis (2014).

TABLE 6.2   The traditional East–West-South division of Slavic

West	East
Polish	Russian
Czech	Ukrainian
Slovak	Belarusian
Upper Sorbian	
Lower Sorbian	

South
Slovene
Bosnian/Croatian/Serbian
Macedonian
Bulgarian

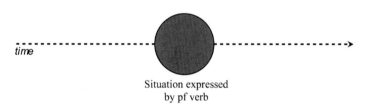

FIGURE 6.1   Totality—the meaning of the Western pf

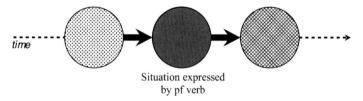

FIGURE 6.2   Temporal definiteness—the meaning of the Eastern pf

uniqueness condition), cf. Figure 6.2. In other words, it can be uniquely located in time inasmuch as it is differentiated from the situations in preceding and subsequent temporal intervals. This notion has theoretical motivations which need not concern us here (for details, see Leinonen 1982 and Dickey 2000); of primary relevance for the present discussion is the fact that a practical effect of temporal definiteness is the restriction of pf verbs in the eastern languages to contexts of (*explicit* or *implicit*) sequentiality (for a recent discussion focusing on Russian, cf. Dickey, to appear).

Space considerations preclude a detailed explanation of how these meanings of the pf aspect motivate the differing aspectual usage in the respective groups. As an illustration, let us briefly consider two of these parameters, taking Russian and Czech as representative of the eastern and western languages (respectively). The first parameter is habitual repetition: as shown in (1), the pf is quite common, and often preferred, in the western languages, whereas the eastern languages strongly prefer the impf in this context.

(1) a. *Vypije*   *jednu*   *skleničku*   *vodky*
       drink.3SG.PRES.PFV one.FEM.SG.ACC glass.SG.ACC vodka.SG.GEN
       denně.   [Cz]
       daily
       'He *drinks* a glass of vodka every day.'

     b. *Každyj*   *den'*   *on*   **vyp'et*   /
        every.MASC.SG.ACC day.sg.acc he.NOM   drink.3SG.PRES.PFV /
        vypivaet   *po*   *odnoj*   *rjumke*
        drink.3SG.PRES.IPFV PREP.DIST one.FEM.SG.DAT glass.SG.DAT
        vodki.   [Rus]
        vodka.SG.GEN
        'He *drinks* a glass of vodka every day.'

The analysis is fairly simple. In Czech, a habitual situation viewed on the basis of a single representative instance event can be coded pf if that situation is viewed in its totality; in (1a) the quantification of the object facilitates the total view of the situation. In contrast, the temporal definiteness of the Russian pf aspect renders it unacceptable in cases of habituality, because a habitually repeated situation cannot be viewed as uniquely located in time (1b); nor is there any sequentiality present on the level of the single representative instance. This analysis is supported by the fact that the pf aspect in all the eastern languages is more acceptable in the expression of habitual *sequences* of events:

(2) *On*   *vsegda tak— vyp'et*   *kofe*   *i*
     he.NOM always thus   drink.3SG.PRES.PFV coffee.SG.ACC and
     pojdet   *na*   *rabotu.*   [Rus]
     go.3SG.PRES.PFV onto work.SG.ACC
     'He's always like that—*drinks* his coffee and *goes* to work.'

In (2), the drinking situation is presented as the first of two sequential situations on the level of the representative instance. This fulfills the uniqueness condition (b), and the pf aspect is acceptable.

Another illustrative parameter involves the impf in statements of fact. Although the impf occurs in this function to some extent in all Slavic languages, differences do exist: one is that in the western languages, impf verbs are marginal in the denotation of a single achievement in the past; in the eastern languages, however, they are quite acceptable. Compare the examples in (3):

(3) a. *Jednou už   **dostal**   / *dostával*
      once   already receive.MASC.PST.PFV / receive.MASC.PST.IPFV
      napomenutí   za zpoždění.   [Cz]
      reprimand.SG.ACC for running-late.SG.ACC
      'He has already once *received* a reprimand for being late.'

    b. *Odnaždy on   uže   **polučal**   vygovor*
      once   he.NOM already receive.MASC.PST.IPFV reprimand.SG.ACC
      za opozdanie.   [Rus]
      for running-late.SG.ACC
      'He has already once *received* a reprimand for being late.'

In the west, the totality of the pf aspect renders it acceptable in the denotation of a single achievement, which is necessarily a totality, regardless of the overall context. As for Russian, general statements of experience are inherently incompatible with the temporal definiteness of the pf aspect, as the situation in question cannot be viewed as unique in the fact structure of the discourse; note also the absence of any explicit sequentiality in the context, which is typical of statements of general experience.

Let us now turn to the impf aspect. The impf in each group has its own distinct meaning. In the west, the impf expresses **quantitative temporal indefiniteness**, i.e., that the situation is construed as occupying more than one conceptual point in time in the fact structure of a discourse, which has the practical effect of limiting the Czech imperfective to non-punctual predicates in cases of a single situation. In (3a), this meaning contradicts the context of a single achievement, which must be assigned to a single (conceptual) point in time, with the result that the imperfective aspect is unacceptable in Czech. The meaning of the eastern impf is **qualitative temporal indefiniteness**, i.e., that the situation is not construed as occupying a single, unique point in time relative to other states of affairs. A habitually repeated situation cannot be located at a single, unique point in time and is thus qualitatively temporal indefinite, hence the acceptability of the eastern impf aspect in (1b) above. Contexts for experiential statements of fact such as (3), in which a single completed achievement is not uniquely located relative to other states of affairs, also sanction the qualitative temporal indefiniteness of the eastern impf aspect. Quantitative temporal indefiniteness and qualitative temporal indefiniteness are conceptually very close to one another. The main difference is that the former cannot profile a single situation as a totality lifted out of a context, and is more narrowly oriented around the construal of a situation as being in process or otherwise having some extension in time.

1.3   Benacchio (2010) on the Aspect of Imperatives in Slavic

Differences in aspectual usage in imperatives in the Slavic languages is a major parameter of aspectual usage not covered by Dickey (2000) and subsequent work (e.g., Dickey and Kresin 2009). This lacuna in comparative Slavic aspectology was filled by Benacchio (2010), who presents a comprehensive examination of differences in the aspectual coding of imperatives in the Slavic languages. Benacchio's analysis cannot be given the attention it merits in this paper.

From Benacchio's description it seems clear that aspectual usage in Slavic imperatives is another case of an east-west difference in Slavic aspect (cf. in this regard also von Waldenfels 2012, who shows on the basis of statistical data that the aspectual variation in Slavic imperatives has an east-west character). In general terms, East Slavic shows the broadest range of impf usage, followed by Bulgarian and Polish, whereas languages farther to the west increasingly limit impf imperatives, with Slovene displaying the strongest overall preference for pf imperatives (cf. Benacchio, 177–181). This pattern resembles other parameters, e.g., habitual repetition and statements of fact (cf. the discussion above), in which the eastern languages prefer the impf whereas the western languages prefer the pf.

Benacchio begins with cases in which the imperative is aspectually coded alike in all Slavic languages, and then moves on to cases where there is divergence between the individual languages. Space precludes a discussion of the many subcases she considers; here the main points are presented and briefly analyzed in terms of the east-west aspect theory.

There are two cases in which all Slavic languages pattern alike. The first case is the use of the pf for imperatives urging the addressee to carry out a single action and achieve some desired result. Russian and Czech examples are given in (4) as representative of all of Slavic (cf. Benacchio 2010: 79–80, which gives examples from all the Slavic languages).

(4) a. ***Otkrojte,*** *požalujsta, dver'!* *Zdes' dušno.* [Rus]
open.PFV.IMP please door.SG.ACC here stuffy
'*Open* the door please. It's stuffy in here.'

b. ***Otevřete*** *dveře, prosím! Je* *tu* *dusno.* [Cz]
open.PFV.IMP door.PL.ACC please be.3SG.PRES here stuffy
'*Open* the door please. It's stuffy in here.'

Regarding the east-west aspect theory, we may say that the request to carry out
a single action and produce a concrete result (here: a door being open to allow
the ventilation of a room) instantiates the semantic categories of the pf in both
the western and eastern languages, which produces the observed overlapping
usage. In the western languages, the request to carry out a single action and
produce a concrete result is a case of totality (referring to a completed action);
in the eastern languages, it is a case of temporal definiteness (involving the
moment of speech followed by the action, which is in turn followed by door
being open and the ventilation of the room). Note Mehlig's (1977: 218) observation that in Russian the pf is the default aspect for imperatives referring
to temporally localized situations. However, in some contexts, the difference
between totality and temporal definiteness produces differing aspectual usage
patterns in imperatives, as is the case in contexts of habitual repetition, cf. the
examples in (6) below.

The second case is the use of the impf for imperatives urging the addressee
to continue or resume some activity, i.e., open-ended process. The Russian and
Czech examples in (5) are representative (cf. Benacchio 2010: 95–96, which
gives data for all Slavic languages).

(5) a. *"**Kurite**,* ***kurite!**"* *Vy* *mne* *ne*
smoke.IPFV.IMP smoke.IPFV.IMP you.PL I.DAT NEG
mešaete. [Rus]
bother.2PL.PRES
'"*Smoke, smoke!*" You are not bothering me.'

b. *Jen **kuřte**,* ***kuřte!*** *Mně* *to*
just smoke.IPFV.IMP smoke.IPFV.IMP I.DAT that.NEUT.SG.NOM
nevadí. [Cz]
neg. bother.3SG.PRES
'Just *smoke, smoke!* It doesn't bother me.'

Again, regarding the east-west aspect theory we my say that request to continue or resume an open-ended process instantiates the meaning of the impf

aspect in both language groups. In the western group, it is a case of quantitative temporal indefiniteness (the situation continues for more than one conceptual moment in time); in the eastern group, it is a case of qualitative temporal indefiniteness (an open-ended situation is not located uniquely in time relative to other states of affairs; cf. in this regard Šatunovskij 2009: 250, who points out that such imperatives refer to situations extending indefinitely in time).

The aspectual coding of imperatives in other contexts shows varying degrees of divergence between the Slavic languages. The main case that does not involve pragmatic effects is that of imperatives urging the addressee to repeatedly carry out an action. When a quantized direct object facilitates a default conceptualization of a representative-instance event as an accomplishment and thus a totality (cf. the examples in 3 above), there is a difference in coding in the different languages. The impf is required by the eastern languages, whereas Macedonian allows both aspects, but the western languages, Polish and Bosnian/Croatian/Serbian (BCS) all prefer the pf, as shown in the examples in (6), which are taken from Benacchio (2010: 87–91).[2,3]

(6) a. *Pišite*   / *Napišite   *nam*   *čto-nibud'*
        write.IPFV.IMP / write.PFV.IMP we.DAT anything.ACC
        každyj   *den'!*   [Rus]
        every.MASC.SG.ACC day.SG.ACC
        '*Write* us something every day!'

     b. *Pišyce*   / *Napišyce   *nam*   *što-nebudz'*
        write.IPFV.IMP / write.PFV.IMP we.DAT anything.ACC
        kožny   *dzen'!*   [Blr]
        every.MASC.SG.ACC day.SG.ACC
        '*Write* us something every day!'

---

2 In presenting Benacchio's comparative data, I have followed her practice of putting the default aspect to the left of a slash; the aspect to the right, if unmarked is possible but not preferred, and those marked with ?, ??, and * are questionable, very questionable and simply unacceptable, respectively.

3 All Slavic languages except Polish have inflected imperative verb forms; between interlocutors on formal terms Polish employs a construction consisting of *Niech pan/pani ...* 'May the gentleman/lady ...' followed by present-tense verb forms. Polish occasionally employs inflected imperatives, usually between interlocutors on informal terms.

DICKEY 137

c. ***Pyšit'*** / ****Napyšit'*** nam *ščo-nebud'* *ščodnja!*
write.IPFV.IMP / write.PFV.IMP we.DAT anything.ACC daily
[Ukr]

'*Write* us something every day!'

d. ***Pišete*** / ****Napišete*** ni po nešto
write.IPFV.IMP / write.PFV.IMP we.DAT DIST something
vseki *den!* [Blg]
every.MASC.SG day.SG
'*Write* us something every day!'

e. ***Pišete*** / ***Napišete*** ni po nešto
write.IPFV.IMP / write.PFV.IMP we.DAT DIST something
sekoj *den!* [Mac]
every.MASC.SG day.SG
'*Write* us something every day!'

f. ***Napišite*** / ***Pišite*** nam koji
write.PFV.IMP / write.IPFV.IMP we.DAT INDF.ADJ.MASC.SG.ACC
red *svaki* *dan!* [BCS]
line.SG.ACC every.MASC.SG day.SG
'*Write* us a few lines every day!'

g. ***Napišite*** / ***Pišite*** nam nekaj
write.PFV.IMP / write.IPFV.IMP we.DAT INDF.ADJ.MASC.SG.ACC
vrstic *svak* *dan!* [Sln]
line.SG.ACC every.MASC.SG day.SG
'*Write* us a few lines every day!'

h. ***Napíšte*** / ***Píšte*** nám nieco každý
write.PFV.IMP / write.IPFV.IMP we.DAT something every.MASC.SG
deň! [Slk]
day.SG
'*Write* us something every day!'

i. ***Napíšte*** / ***Píšte*** nám něco každý
write.PFV.IMP / write.IPFV.IMP we.DAT something every.MASC.SG
den! [Cz]
day.SG
'*Write* us something every day!'

j. ***Napisajće*** / ***Pisajće*** nam *kóždy* *dźeń*
write.PFV.IMP / write.IPFV.IMP we.DAT every.MASC.SG day.SG
něšto! [USor]
something
'*Write* us something every day!'

k. ***Napišćo*** / ***Pišćo*** nam *kuždy* *źeń*
write.PFV.IMP / write.IPFV.IMP we.DAT every.MASC.SG day.SG
něco! [LSor]
something
'*Write* us something every day!'

l. *Niech pan* *do* *nas* ***napisze*** /
PTCL gentleman.SG.NOM up to we.GEN write.PFV.3SG.PRES /
pisze *parę* *linijek* *każdego*
write.IPFV.3SG.PRES few.ACC line.PL.GEN every.MASC.GEN
dnia! [Pol]
day.SG.GEN
'*Write* us a few lines every day!'

The analysis in terms of the east-west aspect theory is the same as for habitual repetition in the indicative (cf. the analysis in 1.1): in the western languages, in which the pf signals totality, the pf aspect is available for an imperative urging the habitual completion of an action, because each individual action (i.e., on the micro-level of a single instance) is conceptualized as completed. In the eastern languages, in which a situation must be uniquely locatable in time relative to other situations to be coded pf, the pf is unavailable (cf. Fortuin and Pluimgraaff 2015: 224–225). In both groups of languages, the temporal indefiniteness of habitually repeated actions (i.e., the open-ended macro-level of all the repeated situations) renders the impf acceptable. Though Polish tends to pattern with the eastern group, it occasionally patterns with the western group, as in this case; the assumption here is that the semantic network of the Polish pf is polycentric, with a node of temporal definiteness, but also a salient minor node of totality, which is accessed in certain usage types.

In the other uses that Benacchio examines, in which there is variation in the aspectual coding of imperatives, the difference between the pf and the impf involves pragmatic effects.[4] However, they evince the east-west Slavic aspect

---

4 Benacchio (97–104) also treats differences in the aspectual coding of imperatives focusing

DICKEY

division: the impf is regularly employed in East Slavic, acceptable to varying degrees in Bulgarian and Polish, and only marginally acceptable or completely unacceptable in the western languages and BCS.

It is impossible in an article to discuss all the cases that Benacchio analyzes. However, we can distinguish the following main types (which, however, are not organized as such in her treatment). Russian, Bulgarian, Polish and Czech are taken as representative of the overall trends.

A. Requests for the addressee to carry out an action immediately, in a context in which it is clear or made clear by the speaker that it is time to do so (cf. the examples in Benacchio 2010: 105–120; 129–131). A representative case is given in the examples in (7), where the speaker preliminarily points out that conditions are such that it is time for an action to be carried out.

---

on the manner of action (e.g., *Open the door slowly! It creaks and the children might wake up*) without reference to pragmatic effects, considering it a case the process of an action. In East Slavic and Polish, the impf is the norm, cf. (i); in South Slavic languages as well as Czech, Slovak, Upper and Lower Sorbian the pf is the norm and impf imperatives are only used to stress the duration of the action or are only marginally acceptable, as shown in Czech example (ii) and BCS example (iii).

(i)   *Otkryvajte*   / *Otkrojte*   *dver'*   *medlenno! Ved' ona*
     open.IPFV.IMP / open.PFV.IMP door.SG.ACC slowly   PTCL she.NOM
     skripit,   *a*   *deti*   *mogut*   *prosnut'sja.*   [Rus]
     creak.3SG.PRES and child.PL.NOM can.3PL.PRES wake up.INF
     '*Open* the door slowly! You know, it creaks, and the children might wake up.'

(ii)   *Otevřete*   / *Otvírejte*   *ty*   *dvěře*   *pomalu, protože*
     open.PFV.IMP / open.IMPF.IMP that.FEM.PL.ACC door.PL.ACC slowly   because
     vržou,   *a*   *děti*   *by*   *se*   *mohly*   *vzbudit.*   [Cz]
     creak.3PL.PRES and child.PL.NOM AUX.SJV.3PL REFL can.PCP wake up.INF

(iii)   *Otvorite*   / *??Otvarajte*   *polako ta*   *vrata,*   *zato što*
     open.PFV.IMP / open.IPFV.IMP slowly that.NEUT.PL.ACC door.PL.ACC because
     škripe.   *Djeca*   *se*   *mogu*   *probuditi.*   [BCS]
     creak.3PL.PRES child.PL.NOM REFL can.3PL.PRES wake up.INF

Benacchio explains the difference as reflecting the fact that the imperfective aspect South Slavic as well as Czech, Slovak, Upper and Lower Sorbian is infelicitous for quick actions (like opening a door), requiring that the action have some longer duration. While the explanation in terms of duration may be accurate for South Slavic, Czech, Slovak, Upper and Lower Sorbian (or some of these languages), Šatunovskij (2009: 252) only discusses impf usage in repeated imperatives, as in *Otkrojte dver'! Tol'ko otkryvajte medlenno: ona skripit* (open.PFV.IMP door.SG.ACC only open.IPFV.IMP slowly she.NOM creak.3SG.PRES) '*Open* the door! Only *open* [it] slowly: it creaks'. inasmuch as this is true, it is subject to the analysis proposed here—see section 3.

(7) a. *Xvatit   provetrivat'. **Zakryvajte   / Zakrojte***
suffice.PRES ventilate.INF close.IPFV.IMP / close.PFV.IMP
okno!   [Rus]
window.SG.ACC
'Enough ventilating. *Close* the window!'

b. *Stiga   se   provetrjava. **Zatvorete   /***
suffice.PRES REFL ventilate.PRES close.PFV.IMP /
***?Zatvarjajte** prozoreca!*   [Blg]
close.IPFV.IMP
'Enough ventilating. *Close* the window!'

c. *Wystarczy   tego   wietrzenia.   Robi*
suffice.PRES that.NEUT.SG.GEN ventilating.SG.GEN make.PRES
*se   zimno. Niech pan   **zamknie**   /*
REFL cold   PTCL gentleman.sg.nom close.PFV.3SG.PRES /
***?zamyka**   okno!*   [Pol]
close.IPFV.3SG.PRES window.SG.ACC
'Enough ventilating. It's getting cold. *Close* the window!'

d. *Už   bylo   dost   toho*
already br.neut.sg.past enough that.NEUT.SG.GEN
*větrání.   **Zavřete   / *Zavirejte**   okno!*
ventilating.SG.GEN close.PFV.IMP / close.IPFV.IMP window.SG.ACC
                                                        [Cz]
'Enough ventilating. *Close* the window!'

In East Slavic, the impf is acceptable and preferred (and the pf, while possible, is not felt to be natural in the context). In Bulgarian and Polish, it is marginal, i.e., ordinarily infelicitous. In Czech and the other western languages as well as BCS it is unacceptable. Note that these judgments concern speech to a single interlocutor with whom one is on formal terms; in the South and West Slavic languages, the impf is acceptable with someone with whom one is on informal terms.

B. Cases in which the speaker wants to assist the addressee and urges the addressee to accept that assistance, or gives well-intentioned advice to the addressee; in both cases the speaker urges the addressee to do something that is to his/her own benefit (cf. Benacchio 2010:120–125). An example is asking someone (e.g., an elderly person) to hand over a suitcase that is too heavy, shown in (8).

DICKEY   141

(8) a. **Davajte**   / **Dajte**   mne   čemodan,   on
         give.IPFV.IMP / give.PFV.IMP I.DAT suitcase.SG.ACC he.NOM
         tjažëlyj!   [Rus]
         heavy.MASC.SG.NOM
         'Give me the suitcase, it's heavy!'

     b. **Dajte**   / ***Davajte**   mi   kufara,
         give.PFV.IMP / give.IPFV.IMP I.DAT suitcase.DEF
         težak   *e!*   [Blg]
         heavy.MASC.SG.NOM be.3SG.PRES
         'Give me the suitcase, it's heavy!'

     c. *Niech pan*   mi   **odda**   /
         PTCL gentleman.SG.NOM I.DAT give.PFV.3SG.PRES /
         ***oddaje**   walizkę,   walizkę,
         give.IPFV.3SG.PRES suitcase.SG.ACC be.3SG.PRES
         jest   *ciężka!*   [Pol]
         heavy.FEM.SG.NOM
         'Give me the suitcase, it's heavy!'

     d. **Dejte**   / ***Davejte**   mi   kufr,   je
         give.PFV.IMP / give.IPFV.IMP I.DAT suitcase.SG.NOM be.3SG.PRES
         těžký!   [Cz]
         heavy.MASC.SG.NOM
         'Give me the suitcase, it's heavy!'

In East Slavic, the pf is possible, but very neutral, whereas the impf communicates close attention to and empathy for the addressee. In the West and South Slavic languages, the pf is the only possible choice when the interlocutors are on formal terms. Between interlocutors on informal terms, the only language outside of East Slavic that allows the impf is Polish (cf. Benacchio 122–123).

C. Gruff orders by an authority. In (9) the context is of a policeman ordering a citizen to produce their papers (cf. Benacchio 2010: 125–127)

(9) a. **Pokažite**   / **Pokazyvajte**   dokumenty!   [Rus]
         show.PFV.IMP / show.IPFV.IMP papers.PL.ACC
         'Show your papers!'

b. *Pokažete* / *??Pokazvajte* si *dokumentite!* [Blg]
show.PFV.IMP / show.IPFV.IMP REFL.DAT papers.PL.DEF
'*Show* your papers!'

c. *Niech pan* *pokaże* /
PTCL gentleman.SG.NOM show.PFV.3SG.PRES /
?pokazuje *papers.PL.ACC* [Pol]
show.IPFV.3SG.PRES dokumenty!
'*Show* your papers!'

d. *Ukažte* / **Ukazujte* *doklady!* [Cz]
show.PFV.IMP / show.IPFV.IMP papers.PL.ACC
'*Show* your papers!'

The pf is generally felicitous in East Slavic, inasmuch as pf imperatives are formal requests and thus appropriate as neutral and polite orders (but see the discussion of military orders in section 2.2); in contrast, an impf order is more insistent and the impf in (9a) is according to Benacchio (52, 125) insistent, expressing a raw assertion of power. In Bulgarian the impf is marginal, unless among interlocutors on informal terms; the same can be said about Polish.[5] In the western languages and BCS, the impf is simply unacceptable.

D. Forceful/rude requests (often repeating a request). Some examples of this type arguably represent a subcase of type A, in particular if a request implies that the addressee has been told to do something before (e.g., *Open the window! Didn't you hear me?*), and forceful orders can also be considered to be the same phenomenon. However, forceful/rude requests are worth singling out, because they seem to be common in all Slavic languages except the western languages (Slovene, Czech, Slovak, Upper and Lower Sorbian), at least in informal speech situations (cf. Benacchio 2010: 129–135). A simple example is telling someone to go away, shown in (9).

(10) a. *Uxodite* / *Ujdite* *otsjuda!* [Rus]
go away.IPFV.IMP / go away.PFV.IMP from here
'*Go away!*'

---

5 Benacchio's example, as pointed out, occurs between a policeman and a citizen. It is unclear how such an order could be given to an interlocutor with whom one is on informal terms. I shall not pursue this issue here, and assume that orders are *sui generis* interactions occurring between individuals in some kind of formal relationship. See section 2.2 on military orders.

DICKEY 143

b. ***Maxajte***   / ***Maxnete***   *se*   *ot*   *tuk!*   [Blg]
move.IPFV.IMP / move.PFV.IMP REFL from here
'*Go away!*'

c. *Niech pan*   *stąd*   ***wychodzi***   /
PTCL gentleman.SG.NOM from here go out.IPFV.3SG.PRES /
wyjdzie!   [Pol]
go out.PFV.3SG.PRES
'*Go away!*'

d. ***Odejděte***   / ****Odcházejte***   *odtud!*   [Cz]
go away.IPFV.IMP / go away.PFV.IMP from here
'*Go away!*'

In East Slavic, the pf is acceptable, but in fact polite; as a blunt request, the impf is more natural. In Bulgarian, Macedonian and Polish the impf is more appropriate, but the pf is likewise acceptable. In the western languages, the impf is basically unacceptable.

E. Granting Permission. In this type, the addressee has asked for permission to do something, and the speaker responds with an imperative. Examples are given in (11–12), which respond to the question *May I open the window?* in the respective languages.

(11) a. ***Otkryvajte!***   [Rus; gruff acquiescence]
open.IPFV.IMP
'*Open* it!'

b. ***Otkryvajte,***   *konečno!*   [Rus; strong encouragement]
open.IPFV.IMP of course
'*Open* it, of course!'

c. ***Otkrojte!***   [Rus; acquiesence]
open.PFV.IMP
'*Open* it!'

d. ***Otkrojte,***   *konečno!*   [Rus; mild encouragement]
open.PFV.IMP of course
'*Open* it, of course!'

(12) a. **Otvorete** *go* / ***Otvarjajte** *go!* [Blg]
open.PFV.IMP he.ACC / open.IPFV.IMP he.ACC
'*Open* it!'

b. *Niech pan* **otworzy** /
PTCL gentleman.SG.NOM open.PFV.3SG.PRES /
***otwiera!** [Pol]
open.IPFV.3SG.PRES
'*Open* it!'

c. **Otevřete** / ***Otvírejte!** [Cz]
open.PFV.IMP / open.IPFV.IMP
'*Open* it!'

In East Slavic, the impf is preferred, and can signal gruff acquiescence (10a) or empathetic encouragement (10b). The pf can express acquiescence (10c) or mild encouragement (10d) but is distanced/formal in tone. In all other Slavic languages, the impf is unacceptable, even among interlocutors on informal terms (cf. Benacchio 2010: 139–143).

F. Invitations. These include *ad hoc* invitations (*Come to my place tomorrow!*) and *pro forma* invitations (*Come on in! Take off your coat!*). Examples of the latter are given in (13), taken from Benacchio (2010: 145–149).

(13) a. *Požalujsta,* **vxodite** / ***vojdite,** **razdevajtes'** / *
please enter.IPFV.IMP / enter.PFV.IMP undress.IPFV.IMP /
razden'tes', **sadites'** / ***sjad'te!** [Rus]
undress.PFV.IMP sit down.IPFV.IMP / sit down.PFV.IMP
'Please, *come in, take off* your coat, *sit down!*'

b. *Molja,* **vlezte** / **vlizajte,** **sâblečete** **se** /
please enter.PFV.IMP / enter.PFV.IMP undress.IPFV.IMP REFL /
sâbličajte **se,** **sednete** / **sjadajte!** [Blg]
undress.PFV.IMP REFL sit down.PFV.IMP / sit down.IPFV.IMP
'Please, *come in, take off* your coat, *sit down!*'

c. *Proszę, niech pan* **wejdzie** / *
please PTCL gentleman.SG.NOM enter.PFV.3SG.PRES /
wchodzi, **zdejmie** / *
enter.IPFV.3SG.PRES take off.PFV.3SG.PRES /

> *zdejmuje*   *plaszcz*   *i*   *usiądzie*
> take off.IPFV.3SG.PRES raincoat.SG.ACC and sit down.PFV.3SG.PRES
> */ siada!*   [Pol]
> / sit down.IPFV.3SG.PRES
> 'Please, *come in, take off* your coat, *sit down!*'

> d. *Vstupte*   / **Vstupujte*   *prosim, odložte*   /
> enter.PFV.IMP / enter.IPFV.IMP please undress.PFV.IMP /
> **odkládejte*   *si*   *i*   *posad'te*   *se*   /
> undress.PFV.IMP REFL and set down.PFV.IMP REFL /
> **sedejte*   *si!*   [Cz]
> and sit down.IPFV.IMP REFL.DAT
> 'Please, *come in, take off* your coat, *sit down!*'

In East Slavic, such invitations can only be coded impf; the pf is a command. In all other Slavic languages, the pf is the regular aspect of such invitations. However, Bulgarian allows the impf as well to express one's affinity for the interlocutor, and such impf invitations are also common in the speech of women (cf. Benacchio 2010: 146). In all other Slavic languages, the impf is impossible, with the sole exception of impf *sjadać* 'sit down' in Polish, which is acceptable (cf. Benacchio 2010: 149)

According to Benacchio's analysis, impf imperatives refer to the onset of an action (Russian: *pristup k dejstviju*), whereas the pf refers to the completion/result of the action. She argues that this basic distinction in aspectual semantics is then metaphorically transferred to the domain of discourse relations. The result that the pf is more formal/distant (corresponding basically to the wide scope of the conceptualizer regarding the action) and thus expresses negative politeness (i.e., it maintains a polite distance), whereas the impf is more casual/intimate (corresponding to the perspective of the conceptualizer as proximal, within the action) and thus expresses positive politeness (i.e., it decreases the discourse distance between the interlocutors). The politeness effects of impf imperatives also depend on whether the action is in the interest of the addressee or not (cf. the bluntness of 8a, in which producing one's papers is not in the interest of the addressee, versus the kindheartedness of 7a, in which giving up the suitcase is in the interest of the addressee).

I will not further discuss Benacchio's semantic analysis, as I prefer the approach of Šatunovskij (2009), which I believe provides a descriptive framework for a synchronic and diachronic analysis of the aspectual usage patterns in Slavic imperatives described above in terms of subjectivity and intersubjectivity. Section 1.3 provides a brief outline of Šatunovskij's approach.

1.4 *Šatunovskij's (2009) Theory of Aspectual Choice with Russian Imperatives*

Šatunovskij (2009: 245–291) presents a detailed analysis of aspectual usage in Russian imperatives, discussing the differences between impf and pf imperatives in a wide array of contexts. As with Benacchio (2010), a quick summary cannot do his analysis justice and address many finer points. However, his basic hypothesis is extremely useful for organizing an approach to aspectual usage not only in Russian, but also in other Slavic languages.

Šatunovskij distinguishes two semantic oppositions of aspect in Russian imperatives. The first is that between processuality and repetition on the one hand and a single completed action on the other: the former is expressed by impf imperatives (cf. [5a] and [6a]), the latter by pf imperatives (cf. [4a]). The second is that which is active in cases beyond basic aspectual semantics, when pf and impf imperatives are both possible but have differing pragmatic effects (cf. [7a, 8a, 9a, 10, 12a]). To explain the effects of aspect in such cases Šatunovskij (2009: 254–255) divides the requests expressed by imperatives (hereinafter: imperative requests) into two types: (1) imperative requests preceding the decision by the addressee to carry out the requested action, and (2) imperative requests that in fact occur after the addressee's decision to carry out the requested action. In the first type, the pf is used, and in the second type, the impf. The following examples are illustrative:

(14) a. ***Skažite***   / ****Govorite,***   *požalujsta, kak proexat'*   *na*
say.PFV.IMP / say.IPFV.IMP please   how drive.PFV.INF onto
Mjasnickuju   *ulicu!*   [Rus]
Mjasnickij.FEM.SG.ACC street.SG.ACC
'*Tell* me, please, how to get to Mjasnickaja Street!' (Šatunovskij 2009: 258)

b. ***Streljaj***   / ****Vystreli!***   [Rus]
shoot.IPFV.IMP / shoot.PFV.IMP
'*Fire!*' (Šatunovskij 2009: 260)

In (14a), the speaker addresses a random passerby with a request for directions; in this situation, the addressee cannot conceivably have already decided to do so, and the impf aspect is according to Šatunovskij "completely anomalous." In (14b), the speaker gives a command to someone who has already taken aim (i.e., made the decision to shoot), and is awaiting the signal to do so; due to the prior choice on the part of the addressee to carry out the request action, the pf is according to Šatunovskij impossible.

DICKEY 147

Let us now take a brief look back at the impf exx. (7a, 8a, 9a, 10a, 11a–b, 13a), repeated here as (15–20), to see how Šatunovskij's theory applies to them. (I will not comment on the pf variants, inasmuch as the pf imperative, in recognizing the addressee's decision-making role, is possible one way or another as an alternative, neutral, distanced, and formally appropriate imperative request.)

(15) *Xvatit   provetrivat'.* **Zakryvajte**   *okno!*   [Rus]
suffice.PRES ventilate.INF close.IPFV.IMP window.SG.ACC
'Enough ventilating. *Close* the window!'

In this case, closing the window is in the addressee's interest and therefore s/he is ready (has decided) to do it, but only under certain circumstances. The speaker informs him/her that the circumstances are present, and with the impf imperative only requests that the addressee carry out the action (cf. Šatunovskij 2009: 268).

(16) **Davajte**   *mne   čemodan,   on   tjaželyj!*   [Rus]
give.IPFV.IMP I.DAT suitcase.SG.ACC he.NOM heavy.MASC.SG.NOM
'*Give* me the suitcase, it's heavy!'

Šatunovskij does not comment specifically on this kind of request, which is an offer to assist someone, but it falls under his category of instructions (*ukazanija*, cf. Šatunovskij 2009: 272). In this case the speaker advises the addressee to do something that is in his/her interest and that the addressee may be assumed to be ready to do given the chance (here: handing over a suitcase because of difficulty in carrying it). The presumed readiness of the addressee to carry out the action motivates the impf.

(17) **Pokazyvajte**   *dokumenty!*   [Rus]
show.IPFV.IMP papers.PL.ACC
'*Show* your papers!'

In this case a policeman orders a citizen to show their papers. Note that the neutral and respectful order is the pf (cf. [9a]). Šatunovskij (2009: 270) argues that the choice on the part of the addressee has been conditioned not by his/her volition, but by an awareness that they are supposed to perform the action under the circumstances.

(18) *Uxodite   otsjuda!*   [Rus]
go away.IPFV.IMP from here
'*Go away!*'

The impf here is quite brusque, as opposed to the pf variant (cf. [10a]), which even if uttered in a forceful tone is nevertheless formal and proper. Šatunovskij (2009: 270–271) analyzes this case basically the same way as (17)—the addressee is aware of what is proper for them to do, and the impf here has a kind of deontic modal force.

As pointed out earlier, there are two possible functions of the impf imperative in granting permission—gruff acquiescence (19a) and friendly encouragement (19b).

(19) *Možno   otkryt'*   *okno?*
possible open.PFV.INF window.SG.ACC
'May I open the window?'

    a. *Otkryvajte!*   [Rus]
       open.IPFV.IMP
       '*Open* it!'

    b. *Otkryvajte,*   *konečno!*   [Rus]
       open.IPFV.IMP of course
       '*Open* it, of course!'

According to Šatunovskij (2009: 263–265) both functions of the impf imperative derive from the presupposition that the addressee has already decided to carry out the action. In (19a) the gruff acquiescence or resignation is based on the view of the speaker that, since the addressee has already decided to carry out the action, there is nothing to be done, and thus s/he signals that s/he will not stand in the way of the action itself—the addressee may proceed. In (19b) the speaker approves of the addressee's prior decision and supports it, and again, all that is left to do is signal to the addressee to proceed with the action. In other words, the two versions of the impf imperative reflect two opposing attitudes toward the addressee's prior decision on the part of the speaker.

The last case, polite invitations, is a defining feature of East Slavic aspectual usage:

(20) *Požalujsta, vxodite,*   *razdevajtes',*   *sadites'!*   [Rus]
please   enter.IPFV.IMP undress.IPFV.IMP sit down.IPFV.IMP
'Please, *come in, take off* your coat, *sit down!*'

Such invitations are often *pro forma* and occur in script situations (e.g., a visit to someone's home). In such cases, the speaker can be sure of the intentions of the addressee based on the script, and according to Šatunovskij (2009: 261–262) the impf is felicitous precisely because the addressee has already chosen to carry out the actions involved in the script situation. The speaker knows it and simply gives the signal for the addressee to carry out the actions.

Space considerations prevent a more detailed presentation of Šatunovskij's analysis. However, this brief overview provides the background necessary for a slight revision of his theory, presented in section 2, which will allow an analysis of the aspectual functions of Slavic imperatives in terms of subjectivity and intersubjectivity, notions that are discussed in the next section.

1.5 *(Inter)subjectivity (and Objectivity), and (Inter)subjectification*

This analysis employs the pragmatic concepts of subjectivity, intersubjectivity, and to a lesser extent objectivity, developed by Traugott and Dasher (2001) and Traugott (2010) to the analysis of aspectual usage in Russian and Slavic imperatives. The three concepts are briefly discussed here and are utilized in the analysis of imperatives developed in section 3.

Subjectivity has a long history which cannot be detailed here (for a short overview, cf. Traugott 2010). According to Traugott and Dasher (2001: 20, citing Finegan 1995: 1), subjectivity "involves the expression of self and the representation of a speaker's ... perspective or point of view in discourse—what has been called a speaker's imprint." Traugott (2010: 32) is more succinct, defining subjectivity as a semantic meaning encoded in expressions that "index speaker attitudes or viewpoint." A simple example of such a speaker attitude would be the use of deontic modals, e.g., *You must leave at once*, where the source of the obligation is the speaker (cf. Traugott and Dasher 2001: 113 ff.). Another example would be the Latin use of the demonstrative pronoun *ille* 'that' to communicate the speaker's respect, as in *Socrates ille* 'the illustrious Socrates' (cf. Carlier and De Mulder 2010: 243).

According to Traugott and Dasher (2001: 22), intersubjectivity is most commonly the "explicit, coded expression of [the speaker's] attention to the image or "self" of [the addressee] in a social or an epistemic sense," the latter referring to the addressee's beliefs about what is said. Markers of politeness and honorifics are expressions of intersubjectivity. However, Carlier and De Mulder (2010: 266) consider the orientation of the speaker towards the addressee's knowledge set that occurs in article-like uses of the demonstrative pronoun *ille* in Late Latin to be a case of intersubjectivity. Such orientation on the part of the speaker represents a more general concept, involving "the strategic interaction between speaker and hearer and reflect[s] the active role of the speaker to orient and to guide the hearer in his interpretational tasks" (Carlier and De Mulder 2010: 269). Similarly, Narrog (2012: 45) interprets the concept less narrowly than

150 THE ASPECT OF IMPERATIVES IN SLAVIC LANGUAGES

TABLE 6.3   The continuum of (inter)subjectivity

non-/less subjective –	subjective –	intersubjective
ideational –	interpersonal	

attention to the face needs and attitudes of the addressee, considering it the "orientation towards the interlocutor in general." Here I follow Carlier and De Mulder and Narrog and consider intersubjectivity to be the expression of the speaker's orientation toward the attitudes and knowledge of the addressee.

Objectivity, according to Traugott and Dasher (2001: 22), is a relative phenomenon and is a feature of expressions that require the fewest inferences on the part of the speaker and addressee. While no utterances are truly objective, objective utterances are those that describe a state of affairs in a relatively neutral way (in the most ideational terms), and with the fewest inferences necessary for them to be understood.

Objectivity, subjectivity, and intersubjectivity are synchronic concepts, and are considered to exist on a continuum from most objective (or less subjective) to subjective and on to intersubjective, as shown in Table 6.3 (cf. Traugott 2010: 34).

The diachronic counterparts of subjectivity and intersubjectivity are subjectification and intersubjectification. As Traugott (2010: 34–35) points out, the synchronic continuum shown in Table 6.3 is based on a pattern of diachronic development. Thus, according to Traugott (2010: 35) the meanings of ideational expressions are first recruited by speakers to encode and regulate the speaker's attitudes and beliefs in the process of subjectification. Subsequently, subjectified meanings may be recruited to encode meanings centered on the addressee in the process of intersubjectification.

According to Traugott's theory of subjectification and intersubjectification, the former ordinarily precedes the latter. An easy example taken from Traugott (2003: 130; cited in Carlier and De Mulder 2010: 267) is the development of *let's*, shown in (21).

(21) a. Let us go, will you? (imperative = 'allow us'; objective/less subjective)
 b. Let's go, shall we? (hortative = 'I propose'; subjective)
 c. Let's take our pills now, Roger. (mitigator/marker of 'care-giver register'; intersubjective).

Another example is that investigated by Carlier and De Mulder (2010): initially, *ille* 'that' is simply a distal demonstrative pronoun, whereupon it undergoes subjectification and acquires the meaning of 'speaker respect', and finally undergoes intersubjectification to become an instruction for the addressee to identify a referent based on the context and his/her background knowledge.

In sections 2–4 it is argued that different functions of the imperfective imperative represent subjectified and intersubjectified versions of its original meaning of an open-ended process, and that intersubjectification is the last stage, which has not occurred in all Slavic languages.

2 A Modification of Šatunovskij (2009)

Šatunovskij's (2009) theory of the relevance of the prior choice to carry out an action for the aspectual coding of Russian imperatives explains most of the aspectual usage in Russian imperatives. To recapitulate, when the speaker urges the addressee to first make a choice to carry out an action and then carry it out, the pf is used; when the addressee has already made the decision, the speaker merely urges the addressee act on the decision and the impf is used. The rationale for this distinction is that the pf refers to the action as a complete whole (including the decision to carry it out), whereas the impf refers to only part of the entire action, the process itself and not the prior decision. Another way of thinking about it is that the pf signals that the speaker's perspective is external to the situation, and thus the situation is apprehended in its entirety; in contrast, the imperfective signals that the speaker's perspective lies within the situation described i.e. between the initial decision and the action itself (cf. Isačenko 1962: 347, according to whom the pf views the action from without, as when a parade is observed from the reviewing stand, whereas the impf views it from within, as when a parade is seen by a participant.)

The only area where Šatunovskij's analysis runs into problems is in contexts when the imperative is adversarial, i.e., the addressee does not want to perform the action, and the imperative has a pushy and/or authoritative force, as in (17–18) above. Šatunovskij resorts to broadening the idea of the *choice to perform an action* to include an *awareness on the part of the addressee that s/he should perform the action* (i.e., deontic modality). In my view, a simpler and better approach is to assume that in some cases the impf signals that the decision/choice has not been made by the addressee, but by the speaker.

Thus, a modified version of Šatunovskij's theory of aspectual usage in the Russian imperative is as follows:

The pf aspect is employed in the following cases:

(Pf1) when the speaker urges the addressee to make the choice to carry out a *single* specific action and then carry it out, achieving some desired result.

This covers virtually all the cases when pf imperatives are employed; (4a) and (14a) are typical examples.

The impf aspect is employed in the following cases:

(Impf1) when the speaker urges the addressee to engage in an open-ended activity (either commencing it or resuming it), or to repeatedly carry out an action. The situation may require a preliminary choice to perform the action.

Examples (5a) and (6a) are typical.

(Impf2) when the speaker urges the addressee to carry out a single action to completion, but does *not* urge the addressee to first make the choice to carry out the action. Requests of this nature occur in two basic kinds of situations:

A. Due to a position of authority, or a close relationship with the addressee, or due to some perceived (extreme) urgency, *the speaker has gone ahead and chosen what the addressee should do* (Urgency may occur in combination with authority and close relationships).

B. Either due to objective factors in the situation or script knowledge, *the speaker knows or infers that the addressee has already chosen to carry out the action.*

Cases Impf2A and Impf2B are discussed in more detail in the following sections.

2.1   *The Speaker Has Made the Decision for the Addressee (Impf2A)*

The simplest case of the speaker making a decision for the addressee is that of an emergency, when one of two coequals perceives some impending danger and signals that the other must act immediately to avoid death, harm, or some other negative outcome.

(21) —*Ostorožno,*— *govorju*   *ja.*—   **Beregis'!**
          careful   say.IPFV.1SG.PRES I.NOM protect oneself.IPFV.IMP

Petrovič otdergivaet   ruku,   no pozdno.   [Rus]
Petrovič jerk away.IPFV.3SG.PRES hand.SG.ACC but late
'"Careful," I say, "*Watch out!*" Petrovič jerks his hand away, but too late.'
(RNC)

In (21), the speaker sees that Petrovič will be hurt by a teakettle that is about to explode. There is no time to allow the addressee to think it through—only perhaps time for action, and thus the speaker chooses the action the addressee should carry out to avoid harm. This example occurs between people on informal terms, and was chosen for its simplicity; the aspectual usage is the same for people on formal terms.

The second case involves situations where the speaker has some kind of control over the fate of the addressee—the speaker commands the addressee to do something, and due to the situation to addressee has no decision-making power.

(22) *Pjat'   gitlerovcev   vybrosilis'   s*
five.NOM Hitlerites.PL.GEN jump out.PFV.PL.PAST with
parašjutami   i   skrylis'   v lesu.   Ix
parachute.PL.INST and hide.PFV.PL.PAST in wood.SG.LOC they.ACC
našli   po   sledam,   ocepili,
find.PFV.PL.PAST along tracks.PL.DAT surround.PFV.PL.PAST
kriknuli: "Sdavajtes'!"   Odin   za
shout.PFV.PL.PAST give up.IPFV.IMP one.MASC.SG.NOM after
drugim   pojavilis'   četvero,   derža
another.MASC.SG.INST appear.PFV.PL.PAST four.COLL.NOM hold.GER
ruki   vverx.   [Rus]
hand.PL.ACC upward
'Five Hitlerites jumped out with parachutes and hid in the woods. They tracked and located them, surrounded them and shouted: "*Surrender!*" Four appeared one after the other with their hands up.' (RNC)

In (22), the Russians command the Germans to surrender under threat of overwhelming force. They are not giving them any choice in the matter, under the assumption that the Germans want to avoid being killed. Similarly, the well-known command to Germans upon surrender, ***Davaj časy!*** (give.IPFV.IMP watch.ACC) '*Hand over* the watch!' is impf because the Russian soldier is in a position of absolute control, and makes the choice for the prisoner.

Other impf imperative requests such as (18) above, in which the speaker tells the addressee to go away, are rude because the speaker has made the decision for the addressee, without giving them the freedom of choosing to do so on their own. Note that with a more expressive/vulgar verb, e.g., *ubirat'sja^i/ubrat'sja^p* 'clear [oneself] off', the impf is the only option, as shown in (23), cf. Benacchio (2010: 61) and the references cited there.

(23) **Ubirajsja** / *Uberis'!* [Rus]
　　clear off.IPFV.IMP / clear off.PFV.IMP
　　'*Get lost!*'

The unacceptability of the pf in (23) stems from the incompatibility of the offensive word choice with the respect shown to someone by giving them the opportunity to choose to carry out an action; since the speaker has suspended the addressee's right to choose, the impf is the only possible choice.

　　Making a decision for someone often occurs when the speaker is in an adversarial relationship with the addressee. However, sometimes it occurs out of concern for someone, as in (18), in which the speaker uses an impf imperative to urge an elderly person to give over a suitcase in order to ease that person's burden. In cases such as (18), it is difficult to speak exclusively of subjectivity, because the speaker's overall orientation towards the condition of the addressee is intersubjective. As with so many things, we cannot always divide discourse usage into tidy categories.

　　The last major case of the speaker making the choice for the addressee is that of formalized structures of authority, e.g., the hierarchies of military or police command. This case differs from the previous two, in that the command is not necessarily made under the threat of impending harm or as an implicit threat, but in well-established hierarchies of authority. One example of this kind of usage, example (17), has already been discussed in section 1.3. It is repeated here as (24).

(24) **Pokazyvajte** *dokumenty!* [Rus]
　　show.IPFV.IMP papers.PL.ACC
　　'*Show* your papers!'

Although the impf is acceptable here, the pf is more proper, presumably due to the fact that under the rule of law a policeman is supposed to show some modicum of respect towards citizens. The forceful and dictatorial effect of the impf is easily explained as a consequence of the fact that the policeman is making the decision for the addressee instead of following a more measured behavior, allowing the addressee at least the appearance of some decision-making role.

　　However, in other hierarchies of authority the impf imperative is very common, because most imperative requests are made in the context of the hierarchy of authority, as in a military command structure. In the military, superiors regularly make decisions and order their subordinates not to think but to act. This mentality is illustrated in a remark by a commander in Svetlana Aleksievič's book *Zinky Boys*, which contains recollections of those who were involved in the Soviet invasion of Afghanistan.

(25) "*Tut   vy   dolžny   umet'   dve*
here you.PL.NOM should.PL be able.IPFV.INF two.FEM.ACC
vešči—   bystro   xodit'   i   metko   streljat'.
thing.PL.ACC quickly march.IPFV.INF and accurately shoot.IPFV.IMP
Dumat'   budu   ja",   govoril
think.IPFV.IMP FUT.AUX.1SG I.NOM say.MASC.SG.PAST
komandir.   [Rus]
commander.SG.NOM
'"Here you are supposed to be able to do two things—march quickly and shoot accurately. I will do the thinking," said the commander.' (CM)

Typical examples of military orders in the impf are given in (26).

(26) a. *V   kolonnu   po   dva   sta-a-anovis'!*   [Rus]
   into column.SG.ACC DIST two.MASC.ACC become.IPFV.IMP
   '*Form* a column in two files!' (RNC)

  b. *Razvoračivaj   orudie!*   [Rus]
   rotate.IPFV.IMP gun.SG.ACC
   '*Turn* the gun around!' (RNC)

  c. *Zanimaj   oboronu,   inžener ...   Fricy.*
   occupy.IPFV.IMP defence.SG.ACC engineer.SG.NOM Kraut.PL.NOM
   [Rus]
   '*Take* your defensive position, engineer ... Krauts.' (RNC)

  d. —*Pulemet   brosajte.   Zatvor*
   machingun.SG.ACC throw.IPFV.IMP bolt.SG.ACC
   vykin'te.   Lenty,   esli ostanutsja,
   toss away.PFV.IMP belt.PL.ACC if   remain.PFV.3PL.PRES
   zabirajte.   [Rus]
   take along.IPFV.IMP
   '"*Ditch* the machinegun. *Toss away* the bolt. If any ammo belts are left, *take* them *along*."' (RNC)

In these examples, (26a), which is yelled to recent recruits getting off an airplane, is forceful and gruff, much like (23) above, but is nevertheless "appropriate" in the code of conduct in the military. The same can be said about (26b), an urgent order given in combat. In contrast, (26c–d) are not yelled or rude. Examples (26b–d) may be terse, as the superiors wants things to be done quickly so their plans can proceed, but they are not "rude." (In fact, politeness simply does not really seem to be a factor in these contexts.) Example (26c) perhaps has a shade of urgency, as a German patrol is approaching. Example (26d) is interesting for the alternation of aspect: an impf imperative (*brosajte* 'ditch') followed by a pf imperative (*vykin'te* 'remove'), followed by another impf imperative (*zabirajte* 'take along'). These orders are given to two soldiers who are to stay behind and keep the German patrol at bay for a while by firing a machinegun, and then slip away. The first and third are typical orders in which the superior makes a decision and merely orders its implementation; both of these actions are those that "stand to reason," i.e., their necessity is self-evident. The soldiers cannot escape the enemy lugging the heavy machinegun, and army doctrine forbids leaving live ammunition to the enemy: those choices have already been made for the soldiers. The middle order is pf because the superior is backshifting the scene to before the machinegun is abandoned, and communicating that his subordinates must think ahead and make sure (i.e., choose to) remove the bolt from the machinegun so it will be unusable. Russian informants confirm that the middle pf imperative places more responsibility on the addressee than do the first and last.

In all of the impf imperatives discussed above, the speaker has made the choice that the action will be carried out for the addressee, either on an ad hoc basis (21–23), or as a part of some structure of authority (24, 26). In such cases, it is the impf aspect that communicates that the decision need not be made, and in this context the addressee infers it is the speaker who has made the decision. (Again, the pf would communicate a request for the addressee to make the choice to carry out the action.) Due to the fact that the impf signals that the decision regarding the necessity of the action has been made by the speaker in lieu of the addressee, such usage of impf imperatives is subjective. This case resembles the subjective uses of deontic modality, when the source of the modality is the speaker (cf. Traugott and Dasher 2001: 114 and Narrog 2012: 26).

It is important to point out that the subjectivized use of the impf imperative is not inherently polite or impolite—the politeness effects depend on whether the speaker's decision imposes unduly on the addressee or not in the particular situation. Likewise, whether the action is in the interest of the addressee

DICKEY 157

or not is not directly relevant to aspectual coding. In many cases, e.g., military orders, it is even difficult to determine definitively whether an action is in the addressee's interest or not.

2.2 The Speaker Knows or Infers That the Addressee Has Already Chosen to Carry out the Action (Impf2B)

The first type, discussed frequently in the literature, is that of polite invitations in script situations, e.g., (20), repeated here as (27).

(27) *Požalujsta, vxodite, razdevajtes', sadites'!* [Rus]
please enter.IPFV.IMP undress.IPFV.IMP sit down.IPFV.IMP
'Please, *come in, take off* your coat, *sit down!*'

The analysis here is that of Šatunovskij (2009: 261–262): the impf is felicitous because the speaker knows that the addressee has already chosen to carry out the actions involved in the script situation, is oriented toward the addressee and simply gives him/her the signal to carry out the actions. That is to say, the speaker is acting on his knowledge of the addressee's knowledge and beliefs. Therefore, such impf imperative usage is intersubjective.[6]

Such polite invitations are well known, but there are many other kinds of intersubjective impf imperatives that are not expressly polite in nature. They may be "utilitarian" imperative requests in cases in which the speaker knows that the addressee intends to carry out an action when certain circumstances arise, as in (15) above (cf. Šatunovskij 2009: 268), or also cases where the speaker acquiesces to a request, as in (19) above, or (28).

(28) *V zemljanku zagljadyvaet štabnoj*
into dugout.SG.ACC look into.IPFV.3SG.PRES staff.ADJ.MASC.SG.NOM
pisar' [...]. *Sprašivaet, kak s zelenym*
clerk.SG.NOM ask.IPFV.3SG.PRES how with green.MASC.SG.INST
jaščikom byt'— vezti ili sžigat'.
drawer.SG.INST transport.IPFV.INF or burn up.IPFV.INF
Kapitan govoril kak-to, čto sžeč'
captain.SG.NOM say.IPFV.3SG.PAST somehow that burn up.PFV.INF
by ne mešalo,— tam net ničego
SJV NEG hinder.NEUT.SG.PCP there be.NEG.PRES nothing.GEN

---

6 I am grateful to Il'ja Borisovič Šatunovskij for drawing to my attention the intersubjectivity of such invitational impf imperatives in personal communication.

| *nužnogo.* | — *Sžigaj* | *k* | *allaxu!* |

nužnogo.   — ***Sžigaj***   *k*   *allaxu!*
necessary.NEUT.SG.GEN   burn up.IPFV.IMP   to   Allah.DAT
Polgoda   *vozim*   *za*   *soboj*
half-year.SG.ACC transport.IPFV.1PL.PRES behind REFL.INST
èto   *baraxlo.*   ***Sžigaj!***   [Rus]
this.NEUT.SG.ACC junk.SG.ACC burn up.IPFV.IMP

'The staff clerk looks into the dugout [...]. He asks what is supposed to happen to the green strongbox—should they take it along or burn it? The captain said it wouldn't hurt to burn it,—there wasn't anything we need in it.'

     ' "*Burn* it, by Allah! We've been lugging that crap around with us for half a year. *Burn* it!" ' (RNC)

It is clear from the context that the speaker is acting on his knowledge of the addressee's attitudes and desires, and is okaying them.

Example (15), repeated here as (29), treated by Šatunovskij as involving the prior choice of the addressee, is in fact less clear cut than (19) or (28).

(29) *Xvatit*   *provetrivat'.*   ***Zakryvajte***   *okno!*   [Rus]
      suffice.PRES ventilate.INF close.IPFV.IMP window.SG.ACC
      'Enough ventilating. *Close* the window!'

While it is true that a prior arrangement is in effect, i.e., that the addressee has already in principle chosen to carry out the action at some point, it is the speaker who is choosing the precise time when the action is to be carried out, and with actions, timing is everything. Thus, this kind of imperative, in which the timing is decided by the speaker, is arguably subjective in essence, and is assumed to be so here.

The same thing can be said about repeated imperatives, such as (30), taken from Benacchio (2010: 30), in which a pf imperative is repeated after inaction on the part of the addressee (and intervening discourse or silence) by an impf imperative (cf. similar examples in Šatunovskij 2009: 269–270).

(30) **Zapišite**[p] moj adres! [...] **Zapisyvajte**[i], požalujsta, ja očen' toropljus'!
      '*Write down* my address! [...] *Write* it *down*, please, I'm in a real hurry!'
                                              [Rus]

While the addressee has presumably signaled the willingness to carry out the action either explicitly or implicitly, the prodding by the speaker regarding an event that s/he originally requested indicates that the speaker is the source of the decision of regarding the timing. The repeated imperative in the impf aspect should be considered subjective as much as it is intersubjective.

As in the case of subjective impf imperatives, intersubjective impf imperatives may be expressly polite (27) or not (15, 28). Examples (19a–b) are a case in point: in both utterances, the speaker knows of the addressee's intention (choice) to enter; in (19a) the speaker grudgingly approves it, and in (19b) s/he wholeheartedly endorses it, with a polite effect. Politeness is an effect that arises sometimes when the speaker takes the addressee's knowledge and mindset into account, but not always. Most cases involve actions that the addressee considers to be of benefit to him-/herself, and the speaker is in one way or another accommodating the addressee. The cases discussed above that resemble intersubjective impf imperatives, i.e., (29–30), but have been analyzed as subjective are those in which the speaker is not accommodating the addressee but prompting/prodding.

The next section takes the analysis of (inter)subjectivity, and applies it to the comparative Slavic data discussed above in section 1.2.

3   A Cross-Slavic Analysis in Terms of Subjectivity and Intersubjectivity

Let us now take the examples of types of imperatives analyzed in section 1.2, i.e., (7–13), and apply the (inter)subjectivity analysis presented in section 2 to the data. Here it must be pointed out that the data presented in 1.2 are representative of the overall trends at work, but are not complete; while I do believe all of it can be accounted for with the approach taken here, a comprehensive discussion of the data that Benacchio (2010) presents cannot be attempted in the space of a single article.

Table 6.4 summarizes the facts of aspectual use for the data represented by (7–13). Column 1 gives the examples in English; column 2 shows whether the type of imperative is subjective or intersubjective, and columns 3–7 indicate the acceptability of the impf aspect in Russian (East Slavic), Bulgarian, Polish, BCS and Czech/Slovak respectively,[7] for imperatives directed at single addressees with whom the speaker is on formal terms (Formal) and addressee(s) with whom the speaker is on informal terms (Informal). A plus sign (+)

---

7   Upper and Lower Sorbian are omitted from the data due to space considerations; they pattern very closely to Czech. Ukrainian and Belarusian are also both omitted, as they pattern identically with Russian to constitute the East Slavic type.

indicates that the impf is acceptable and common, a question mark (?) indicates that the impf is not preferred/marginal, and a minus sign (–) indicates that the impf is simply unacceptable, according to Benacchio's (2010) informants. The types of imperatives are listed in order of presentation, and not according to whether they were analyzed as subjective or intersubjective. The (inter)subjectivity judgments present no issues except for types A and B. Type A, e.g., *Enough ventilating. Close the window!*, has been analyzed by Šatunovskij in terms of the addressee's prior choice, but as pointed out above, it is the speaker that is calling the shots and therefore this type is considered subjective here. In contrast, type B, e.g., *Give me the suitcase, it's heavy!*, can be analyzed as subjective in terms of the speaker's decision. However, in this case the speaker's decision is made based on his/her orientation towards the addressee's well-being, and is thus here considered to be ultimately intersubjective—the speaker is oriented toward the addressee and assumes that the addressee would choose to give up the suitcase if given the opportunity.

Two interacting tendencies are in evidence in Table 6.4. First, outside of East Slavic impf imperatives that have been analyzed as subjective are generally more acceptable than those that have been analyzed as intersubjective. This is clear from counting the number of plus signs for the imperatives marked as subjective versus those marked as intersubjective in the languages other than Russian: the total number of plus signs for subjective vs. intersubjective impf imperatives is 12 : 3. Second, outside of East Slavic, informal subjective and intersubjective impf imperatives are more common than formal ones. Thus, in a given category of (inter)subjectivity, there are more informal plus signs than formal: the ratio of formal vs. informal subjective plus signs is 3 : 9, and the ratio of formal vs. informal intersubjective plus signs is 1 : 2.

What do these tendencies mean? Let us examine the subjective uses first. We can conclude that in East Slavic the subjective (and intersubjective) uses of impf imperatives are major usage patterns, acceptable in all discourse situations, i.e., with interlocutors with whom the speaker is on formal or informal terms. That is to say, in East Slavic subjective impf imperatives are not as such impolite. In South and West Slavic, the subjective uses of impf imperatives are marginal in discourse situations with interlocutors with whom the speaker is in formal terms. The reason for this can only be that such usage is felt to be impolite in a formal discourse situation, i.e., that it is inappropriate for the speaker to suspend the listener's choice in formal discourse situations. The contrasting higher acceptability of subjective impf imperatives in informal discourse situations in South and West Slavic can be explained as a consequence of the fact that it is less of a transgression to suspend the choice of an interlocutor whom the speaker knows well enough for the barriers of formal

TABLE 6.4 Summary of Bennachio's (2010) data presented in section 1.2 in respect of (inter)subjectivity

1. Type of Imperative	2. (Inter) subjectivity	3. Impf in Rus?	4. Impf in Blg?	5. Impf in Pol?	6. Impf in BCS?	7. Impf in Sln?	8. Impf in Cz/Slk?
A. 'Enough ventilating. *Close* the window!'	Subj. (Intersubj.)	Formal: + Informal: +	Formal: ? Informal: +	Formal: ? Informal: +	Formal: – Informal: +	Formal: – Informal: ?	Formal: – Informal: +
B. *Give* me the suitcase, it's heavy!	Intersubj. (Subj.)	Formal: + Informal: +	Formal: – Informal: –	Formal: – Informal: +	Formal: – Informal: –	Formal: – Informal: –	Formal: – Informal: –
C. *Show* your papers!	Subj.	Formal: + Informal: +	Formal: ? Informal: +	Formal: – Informal: +	Formal: – Informal: –	Formal: – Informal: –	Formal: – Informal: –
D. *Go away!*	Subj.	Formal: + Informal: +	Formal: + Informal: +	Formal: + Informal: +	Formal: + Informal: +	Formal: – Informal: –	Formal: – Informal: –
E. May I open the window? *Open* it!'	Intersubj.	Formal: + Informal: +	Formal: – Informal: –	Formal: – Informal: –	Formal: – Informal: –	Formal: – Informal: –	Formal: – Informal: –
F. Please, *come in, take off* [your coat], *sit down!*	Intersubj.	Formal: + Informal: +	Formal: + Informal: +	Formal: – Informal: –	Formal: – Informal: –	Formal: – Informal: –	Formal: – Informal: –

conduct to have been removed. In such cases, the listener trusts and accepts the judgment of the speaker to some degree.

The paradigm case of a subjective impf imperative is type D, *Go away!*, which is impolite yet always felicitous because the suspension of the addressee's choice by the speaker is routine in such an adversarial discourse situation. Table 6.4 shows that type D is the type of subjective impf imperative that is most acceptable in South and West Slavic, and more so in informal discourse situations than in formal ones, for the reasons mentioned above. Confirmation of the relatively high acceptability of subjective impf imperatives in across the Slavic languages is the acceptability of another kind of subjective impf imperative, urging a sleeping interlocutor to get up. Due to the fact that the addressee is asleep, the choice for the action to be carried out at the particular time is made by the speaker alone.[8] Thus, *Get up!* is necessarily subjective. As can be seen in (31), taken from Fortuin and Pluimgraaff (2015: 229) all Slavic languages except Slovene allow the impf in *Get up!* (the examples are taken from a Russian novel, from a scene in which a sleeping person is told to get up, and its translations into other Slavic languages).[9]

---

8   A prior arrangement by the interlocutors just not change the fact that the addressee has not consciously chosen to get up at the time of waking.

9   Fortuin and Pfluimgraaff misidentify BCS *ustaj* 'get up' as pf; it is impf.

(31) a. *Da*   ***vstavaj***   *že,*   *kolera!*—
PTCL get up.IPFV.IMP EMP cholera.SG.NOM
trjas   *ego*   *za*   *plečo*
shake.IPFV.MASC.SG.PAST he.ACC behind shoulder.SG.ACC
Salomyga.—   *Pozdno uže,*   *pora*   *načinat'.*   [Rus]
Salomyga.NOM late   already time.SG.NOM begin.IPFV.INF
'"*Get up*, you bum," Salomyga was shaking him by the shoulder. "It's
already late, time to start."'

b. —***Stavaj,***   *bre,*   *djavol*   *te*
get up.IPFV.IMP EMP devil.SG.NOM you.SG.ACC
vzel—   *rastârsvaše*   *go*   *za*
take.PCP.MASC.SG shake.IPFV.3SG.IPF he.ACC behind
ramoto   *Salomiga.* — *Kâsno e*   *veče,*
shoulder.SG.DEF Salomyga   late   be.3SG.PRES already
vreme   *e*   *da* *počnem.*   [Blg]
time.SG.NOM be.3SG.PRES CNJ begin.PFV.1SG.PRES
'"*Get up*, you bum," Salomyga was shaking him by the shoulder. "It's
already late, time for me to start."'

c. —***Wstawajże,***   *cholero!*—   *trząsł*
get up.IPFV.IMP.EMP cholera.SG.VOC shake.IPFV.MASC.SG.PAST
go   *za*   *ramię*   *Sałomyga.*— *Już*   *późno,*
he.ACC behind shoulder.SG.ACC Salomyga.NOM already late
czas   *zaczynać* [...]   [Pol[10]]
time.SG.NOM begin.IPFV.INF
'"*Get up*, you bum," Salomyga was shaking him by the shoulder. "It's
already late, time to start [...]"'

d. —*Ta,*   ***ustaj,***   *kolero,*   *drmusao*
PTCL get up.IPFV.IMP cholera.SG.VOC shake.IPFV.MASC.SG.PCP
ga   *je*   *Salomiga. Kasno je već,*   *vreme*
he.ACC AUX.3SG Salomyga late   be.3SG.PRES already
je   *da* *se* *počinje.*   [BCS]
be.3SG.PRES CNJ REFL begin.IPFV.3SG.PRES
'"*Get up*, you bum," Salomyga was shaking him by the shoulder. "It's
already late, time to start."'

---

10   The Polish equivalent is taken from a translation of the novel available online at: http://
chomikuj.pl/krutszy/Teatr/ROSYJSKA+LITERATURA/Ostrowski+Miko*c5*82aj+-+JAK+
HARTOWA*c5*81A+SI*c4*98+STAL,4296574889.rtf.

DICKEY   163

e. *"Tak **vstani**   že,   kolera,"   ga   je*
   PTCL get up.PFV.IMP already cholera.SG.NOM he.ACC AUX.3SG
   Salomiga   tresel   za   ramo.
   Salomyga.NOM shake.IPFV.MASC.SG.PCP behind shoulder.SG.ACC
   "Pozno je,   čas   bo,   da
   late   be.3SG.PRES time.SG.NOM be.3SG.FUT CNJ
   začnemo."   [Sln]
   begin.PFV.1PL.PRES
   '"*Get up* already, you bum," Salomyga was shaking him by the shoulder.
   "It's late, it'll be time to start."'

f. *"Tak **vstávej**,   ty   cholero,"*
   PTCL get up.IPFV.IMP you.SG.NOM cholera.SG.VOC
   třasl   jím   Salomyga.   "Je
   shake.IPFV.MASC.SG.PAST he.INST Salomyga.NOM be.3SG.PRES
   už   pozdě, musíme   začít."   [Cz]
   already late   must.1PL.PRES begin.PFV.INF

It should be pointed out that the impf outside of East Slavic is not triggered by
a rude attitude. This is shown by comparable BCS and Czech examples in (32)
in which the speaker has an empathetic attitude.

(32) a. *Ustaj   sine,   majka   zove,*
        get up.IPFV.IMP son.SG.VOC mother.SG.NOM call.IPFV.3SG.PRES
        ustaj   *sine,   zora   je.*   [BCS]
        get up.IPFV.IMP son.SG.VOC dawn.SG.NOM be.3SG.PRES
        '*Get up*, son, you mother's calling, *get up*, son, day is breaking.' (folk
        song)

   b. *"Vstávej,   prosím   tě,"*
      get up.IPFV.IMP ask.IPFV.1SG.PRES you.SG.ACC
      budila   mě.   [Cz]
      wake.IPFV.FEM.3SG.PAST I.ACC
      "Get up, please," she said, waking me. (CzNC)

Moreover, as shown in (33), such impf imperatives are also felicitous when the
speaker is on formal terms with the addressee.

(33) a. [...] *evo   glasa,   koji   me*
        DEM.PTCL voice.SG.GEN REL.PN.SG.MASC.NOM I.ACC

<table>
<tr><td>budi</td><td>oprezno, Ustajte,</td><td>doba</td></tr>
</table>

wake.IPFV.3SG.PRES carefully get up.IPFV.IMP time.SG.NOM

<table>
<tr><td>je</td><td>da se pođe...</td><td>[BCS]</td></tr>
</table>

be.3SG.PRES CNJ REFL go.PFV.3SG.PRES

'[...] there's a voice that is waking me cautiously, *Get up*, it's time to go ...' (V: 541)

b. **Vstávejte,** *pani Lucie, vy dneska*

get up.IPFV.IMP lady.nom Lucie.nom you.PL.NOM today

nejste k probuzení! [Cz]

NEG.be.2PL.PRES to waking up.SG.DAT

'*Get up*, Miss Lucie, you don't feel like waking up today!' (CzNC)

Similar evidence is provided in data adduced by von Waldenfels (2012: 145), in which all Slavic languages except Croatian, Czech and Slovene code a stern order (similar to *Show your papers!*) as impf. The examples are taken from the Russian original of Mixail Bulgakov's *The Master and Margarita* and its translations into other Slavic languages (the data are presented as given by von Waldenfels). The situation is Pilate's interrogation of Jesus, and his impatient order for him to answer a question.

(34) a. [...] *ty kogda-libo govoril čto-nibud'*

you.SG.NOM ever say.IPFV.MASC.PAST anything.ACC

o velikom kesare?

about great.MASC.SG.LOC Caesar.SG.LOC

Otvečaj! [Rus]

answer.IPFV.IMP

'[...] have you ever said anything about the great Caesar?'
    'Answer!'

b. **Otgovarjaj!** [Blg]

answer.IPFV.IMP

'Answer!'

c. **Odpowiadaj!** [Pol]

answer.IPFV.IMP

'Answer!'

d. **Odgovaraj!** [Serb]

answer.IPFV.IMP

'Answer!'

DICKEY   165

e. **Odgovori!**   [Cro]
   answer.PFV.IMP
   'Answer!'

e. **Odgovori!**   [Sln]
   answer.PFV.IMP
   'Answer!'

f. **Odpověz!**   [Cz]
   answer.PFV.IMP
   'Answer!'

These data show that only the western periphery of Slavic is likely to code a subjective imperative as pf. The differences in the coding between (32), in which only the Slovene translation employs the pf, and (33), in which Croatian, Slovene and Czech employ the pf show how complex a comparative analysis of aspectual usage in Slavic imperatives can be. (Note that the difference between Serbian and Croatian confirms that the difference is an east-west phenomenon.) The variation between (31) and (34) is due to differences in the assessment on the part of a translator regarding the role of speaker in suspending the decision-making power of the addressee in the translated episode combined with degree to which the translator relies on default usage in the context in the target language. Nevertheless, the data above show that all Slavic languages except Czech and Slovene show a tendency to accept subjective impf imperatives. That is to say, they are in principle willing to code the speaker's suspension of the choice of the addressee to carry out an action with an impf imperative.

However, even if Slovene seems particularly resistant to subjective impf imperatives, they are still attested, as in the following example given by Fortuin and Pluimgraaff (2015: 222), in which a driving instructor shouts to avert an accident:

(35) *Inštruktor*   *vpije*   *voznici:*   *zavijaj,*
     instructor.SG.NOM shout.PFV.3SG.PRES driver.SG.DAT turn.IPFV.IMP
     zavijaj!   [Sln]
     turn.IPFV.IMP
     'The instructor shouts to the driver: *turn, turn!*'

The instructor decides on a moment's notice what the addressee needs to do and cannot wait for the driver to make a decision; thus, this example is subjective.

TABLE 6.5 Slavic languages on the continuum of the (inter)subjectivity of impf
imperatives

		Polish	Russian
Upper Sorbian			Ukrainian
Lower Sorbian			Belarusian
Czech		Bulgarian	
Slovak		Macedonian	
Slovene	BCS		

non-/less subjective — subjective — intersubjective

The vacillation in the coding of subjective imperatives contrasts with the situation regarding intersubjective impf imperatives, where the western languages and BCS prohibit the impf and require the pf. Bulgarian and Polish show some tendency to employ the impf aspect to code the intersubjectivity of an imperative, but not nearly as consistently as East Slavic. The data are clear in this regard, and no further discussion is necessary.

If we recall that imperatives referring to open-ended situations (processes) are coded impf in all Slavic languages (cf. [5]) and that the impf is available for imperatives referring to habitual repetition (cf. [6]), and that these uses of the impf imperative are relatively objective, we can place the Slavic languages on the cline of (inter)subjectivity with respect to their usage of impf imperatives.

Before turning to diachronic issues, let us propose a preliminary analysis of the cross-Slavic situation with respect to the east-west aspect division. As observed in section 1.2, a request to carry out a single action and produce a concrete result represents a clear case of totality in the western system, and a case of temporal definiteness in the eastern languages, cf. the discussion of (4). Further, a request to carry out an open-ended process represents a case of temporal indefiniteness in both aspectual systems—the situation cannot be reduced to a single conceptual point in time. A request to continue or resume an open-ended process is a case of temporal indefiniteness in the western system (the situation continues for more than one conceptual moment in time), as well as in the eastern system (an open-ended situation is not located uniquely in time relative to other states of affairs), cf., the discussion of (5).

The main case of aspectual variation that does not involve pragmatic effects is that of habitual repetition, cf. the discussion of (6). As shown, East Slavic and Bulgarian (the eastern group) require the impf, whereas the pf is acceptable or preferred in Czech, Slovak, Upper Sorbian, Lower Sorbian and Slovene (the western group) as well as BCS, Macedonian and Polish (languages that are transitional between the two groups). In the western languages, in which the pf signals totality, the pf aspect is available for an imperative urging the habitual completion of an action, because each individual action (i.e., on the micro-level of a single instance) is conceptualized as completed. As pointed out in 1.2, Polish patterns with the western languages for this parameter. In the eastern languages, in which a situation must be uniquely locatable in time relative to other situations to be coded pf, the pf is unavailable. Differences in aspectual usage in imperatives referring to habitually repeated situations resemble the parameters examined by Dickey (2000) and Dickey and Kresin (2009), i.e., they can be analyzed as resulting from the interaction of the temporal metrics of the predicate with the semantic meanings of aspect in the individual languages.

The variations in aspectual usage in the remaining cases discussed in the previous sections all involve pragmatic effects in an imperative request to carry out a single, completable action. They cannot be explained as interactions between the temporal metrics of the situation in question. Thus, it seems that in such imperative usage a comparative explanation must involve mechanisms specific to imperatives. Alvestad (2014) tries to explain such differences with the assumption that imperfective morphology is sometimes "fake." Her analysis must be rejected here, because in the cognitive linguistic approach of this analysis, morphological form is to be taken at face value, i.e., if a verb looks like an imperfective and patterns as such in diagnostic tests (e.g., combinability with phase verbs), then it is an imperfective.[11]

According to the analysis presented above, pf and impf Slavic imperatives operate in the different languages basically on the same principles. Pf imperatives prototypically contain a covert request for the addressee to make the choice to carry out the desired action, as shown in Figure 6.3.

Again, this configuration will produce the pf of totality in the western languages, in which the verb profiles the decision and the total action, as well as in the eastern languages, in which the causal sequencing of distinct situations provides the relations needed for the schema of temporal definiteness in Figure 6.4.

The schema for (inter)subjective impf imperatives is given in Figure 6.4:

---

11   I should also point out that, as a basis for her hypothesis, Alvestad relies on Grønn's (2004: 192) view that the Russian impf can be distinctly presuppositional, i.e., referring to a previous mention of the predicate. In Dickey (2018) I argue that Grønn's approach is incorrect and that "presuppositional" impf past-tense usage in Russian has another motivation. This issue cannot be taken up here.

FIGURE 6.3 Pf imperatives in Slavic

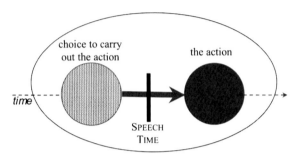

FIGURE 6.4 (Inter)subjective impf imperatives in Slavic

As pointed out previously, the motivation for the impf in the configuration above is that, as Šatunovskij (2009: 254) suggests, the choice to carry out an action can be considered its earliest phase. The oval outline indicates that the choice to carry out the action and the action itself form a complex whole. If the time of speech occurs between the two then we are "inside" the event and the perspective is internal, thus motivating the impf aspect. Whether the decision/choice to carry out an action should be considered the earliest phase of the action for aspectual usage outside of imperatives is a question that cannot be addressed here (for some discussion, see Šatunovskij 2009: 250). Nevertheless, this view makes eminent sense for the analysis of imperatives, as any discourse strategy aimed at urging an addressee to carry out an action must somehow involve an attitude on the part of the speaker regarding the addressee's choice to do so.

Given the analysis of the difference between pf imperatives and (inter)subjective impf imperatives advanced above, the differences between the Slavic languages lie in the degree to which impf imperatives have undergone subjectification and intersubjectfication. The east-west difference, evident in tables 6.4 and 6.5, is due to the fact that the eastern languages (Russian, Ukrainian, Belarusian Bulgarian) allow both subjective and intersubjective impf imperatives to a relatively high degree. Within the eastern group, East Slavic has established subjective and intersubjective impf imperatives as major usage patterns, which is evident in their acceptability in formal discourse situations. Bulgarian allows them to a lower degree, and in some cases primarily in informal discourse situations.[12] The western languages (Czech, Slovak, Upper Sorbian, Lower Sorbian, Slovene) only allow subjective impf imperatives as a minor usage pattern, with Slovene appearing to be the least tolerant in this regard, and do not allow intersubjective impf imperatives at all. BCS and Macedonian form a transitional zone; they generally pattern with the western languages, though they seem to allow subjective impf imperatives somewhat more than the latter. Polish, also a transitional language, patterns closer to the eastern group: it allows subjective impf imperatives to a relatively high degree (a major usage pattern), and allows some intersubjective impf imperatives, though they should still be considered a minor usage pattern in this language.

These synchronic differences raise the question of their diachronic origin. This question is addressed briefly in the next section.

4 Diachronic Implications

This section only considers the development of subjective and intersubjective impf imperatives in Slavic, and does not consider possible aspectual changes in imperatives referring to habitually repeated situations.

In section 1.4 it was pointed out that the continuum of (inter)subjectivity is based on a pattern of diachronic development (cf. Traugott 2010: 34–35 for a concise statement, as well as her analyses of the changes undergone by various linguistic units present her other work, e.g., Traugott and Dasher 2001). That is to say, a recurrent pattern of the development of linguistic units is from relatively objective/non-subjective content (i.e., communicated content that requires relatively few inferences on the part of the addressee) to subjective content (indexing speaker attitude/viewpoint; subjectification), and finally to intersubjective content (expressing orientation toward the attitudes and knowledge of the addressee; intersubjectification). According to this theory of (inter)subjectification, the most plausible development is that Slavic impf imperatives first underwent subjectification, followed by intersubjectification in some languages. This chain of developments is shown in Table 6.6.

Given that the data presented by Benacchio (2010) and Fortuin and Pluimgraaff (2015) show that subjectivized impf imperatives are attested to some

---

12 As pointed out in 1.1, East Slavic is the core of the eastern aspectual type, and Bulgarian is slightly peripheral.

170 THE ASPECT OF IMPERATIVES IN SLAVIC LANGUAGES

TABLE 6.6 The (inter)subjectification of Slavic imperfective imperatives

non-/less subjective	> subjectification	> intersubjectification
Impf imperatives refer to open-ended processes and habitually repeated events	Impf imperatives communicate that the speaker has suspended the addressee's decision-making role and is acting on his/her own decision that the action must be carried out	Impf imperatives communicate that the speaker is acting on his/her knowledge of the fact that the addressee has chosen to carry out the action

degree in all Slavic languages except Czech, Slovak, Upper Sorbian and Lower Sorbian, it seems likely that the subjectification process encompassed all of Slavic, and may date back to the Common Slavic period. The lack of subjectivized impf imperatives in the extreme western languages may be due to prolonged German language contact (see below).

It is not easy to find examples of subjective impf imperatives in Old Church Slavic (OCS; the Slavic language that most closely resembles Late Common Slavic) corresponding to the data presented above, due to the nature of the texts, which date from the 10th–11th centuries AD. However, one example from the Gospel of St Matthew (chapter 25, verse 6) seems to be a case of this:

(36) *Se   ženix"   grędet".   isxodite   v"*
behold groom.SG.NOM come.3SG.PRES go out.IPFV.IMP into
srětenie   ego.   [OCS]
meeting.SG.ACC he.ACC
'Behold, the groom approaches. *Go out* to meet him.' (10th cent.; PCOCSG)

The context is as follows: 10 women are supposed to meet a bridegroom at a nighttime wedding, but they all fall asleep, and when the groom is approaching, someone calls out to rouse them, telling them to go out and meet him. Since the women are asleep and must be roused, this example resembles (31), in which a sleeping soldier is told to get up. The simplest analysis is that the impf is used because the speaker has made the decision for the women that they need to go out to meet the groom at this particular time, and thus it is a subjective impf imperative.

Thus, (36) appears to put the beginnings of the subjectification of Slavic impf imperatives in the Common Slavic period, relatively early. However, the process must have been slow. Further, the time of the intersubjectification of impf imperatives in the eastern group and Polish is difficult to pinpoint precisely without an extensive investigation of older texts. However, Russian usage from the late 18th century indicates that intersubjective impf imperatives occurred as polite invitations at that time, cf. (37).

(37) *Sadis'*   *požaluj,* [...] *ne*   *xočeš'*   *li*
      sit down.IPFV.IMP please   NEG want.IPFV.2SG.PRES INT
      čego-nibud'   *vypit'?*   [Rus]
      anything.GEN drink.PFV.INF
      'Take a seat, please, [...] don't you want something to drink?' (1782; RNC)

It is difficult to prove a negative, but a preliminary examination of Old Church Slavic and Old East Slavic corpora indicates that intersubjective impf imperatives are not to be found in these languages.[13] In older Slavic texts, the pf aspect predominates in imperatives, and the impf occurs in the expression of open-ended processes and habitually repeated predicates and occurs occasionally under negation.

The hypothesis presented above differs from that proposed by Benacchio (2010: 71, 183), who assumes the opposite development: pragmatically motivated impf imperatives (including those analyzed here as intersubjective) were once widespread in Slavic, and have been lost. She bases her opinion on remarks by Dokulil (1948: 72), who, citing Travniček (1923: 321), assumes that polite imperatives in Old Czech were more widespread than in the modern

---

13   The problem with utilizing the Torot Corpus (https://nestor.uit.no) for Old Church Slavic or the Russian National Corpus (http://www.ruscorpora.ru/search-old_rus.html#) for Old East Slavic is that neither corpus allows searches by aspect, limiting one to searching simply for imperative verb forms. For Old Church Slavic, Torot yields 3,104 hits, and the RNC yields 4,110 for Old East Slavic. A complete search of these data sets would take an enormous amount of time, and could not be carried out for this article. In any case, the verbs 'sit down' (pf *sěsti*, impf *sědati/saditi sja*) and 'go/come in' (pf *v"lěsti/v"niti*, impf *v"lězati/v"xoditi*), which are likely to occur in invitations, are not attested in the imperative mood in the impf aspect in either corpus as invitations, which further suggests that the impf imperative had not undergone intersubjectification in Old Church Slavic or Old East Slavic. Assuming the relatively chronology of subjectification and intersubjectification given in Table 6.6, it makes sense that, if subjective impf imperatives are not common in Old Church Slavic, intersubjective impf imperatives should be absent in that language.

language. The problem is that both Travniček and Dokulil only refer to negated impf imperatives, and not polite affirmative impf imperatives. Thus, their observations are irrelevant for the issue at hand,[14] and I respectfully disagree with Benacchio.

However, Benacchio (2010: 181) must be correct in her conclusion that German interference has led to an expansion of pf imperatives and a reduction of impf imperatives in Slovene, Czech, Slovak, Upper Sorbian and Lower Sorbian. It seems unlikely to be a coincidence that it is the western periphery of Slavic—the languages that have had the most intense contact with German for a millennium—that is most resistant to subjective impf imperatives. It is quite possible that at some point in the distant past subjective impf imperatives were more common in the extreme western Slavic linguistic territory, and were eliminated due to the morphological similarity between aspectless German prefixed verbs and prefixed pf verbs in Slavic. I have argued (Dickey 2015b) that it is likely that German interference has affected the aspectual coding of performatives in the western Slavic languages, and imperatives, like performatives, are speech acts that would be susceptible to change due to interference by a high prestige contact language. If German linguistic inference caused the loss of subjective impf imperatives in the western periphery of Slavic, there would have not have been a situation conducive to the intersubjectification of impf imperatives in these languages.

Conversely, the reason why the (inter)subjectification of impf imperatives has occurred most thoroughly in East Slavic is probably that the East Slavs were mostly under the rule of the Russian Empire after the defeat of the Mongols (the late 15th century), and the power of the Russian Empire likely provided a stable environment in which Slavic linguistic developments proceeded unimpeded.

5   Conclusions

This article has attempted to construct a cross-Slavic analysis of the aspectual coding of imperatives. It has been recognized (e.g., by Benacchio 2010) that East Slavic, Bulgarian and Polish display the highest frequency of impf imper-

---

14   I believe that negated impf imperatives are subjective impf imperatives, as they occur primarily as prohibitions, and prohibitions generally involve an authority suspending someone's decision-making power. Negated imperatives require additional analysis, which cannot be undertaken here.

atives, whereas Slavic languages farther to the west show a preference for the pf aspect, reaching a maximum in Slovene, Czech, Upper Sorbian and Lower Sorbian.

The analysis offered here has argued that this variation is another east-west parameter of aspectual usage, similar to those analyzed in Dickey (2000) and Dickey and Kresin (2009). All Slavic languages employ the pf aspect as a default in imperatives referring to single, completed actions when the speaker requests that the addressee make the choice to carry out the action. Conversely, all Slavic languages employ the impf in imperatives referring to open-ended processes. Imperatives referring to habitually repeated actions are where variation in aspectual coding starts to show: in the western languages, BCS and Polish the pf is common, whereas the eastern languages require the impf. This variation is to be explained by assuming that the meaning of the western pf, totality, is acceptable in such imperatives when the individual repetitions are viewed as completed events; the meaning of eastern pf, temporal definiteness, is incompatible with habitual repetition, and therefore impf is used for such imperatives in the eastern languages.

The main focus of the article has been on impf imperatives referring to single, completable actions. Following Šatunovskij (2009), I have argued that when such impf imperatives occur in Slavic, it is because the imperative does not communicate a request for the addressee to choose to carry out the action, but merely to carry it out. Slightly altering Šatunovskij's approach, I have suggested that such impf imperatives occur in two contexts: (1) when the speaker suspends the role of the addressee to make the choice to carry out an action and makes the choice him/herself, and (2) when the speaker knows or infers that the addressee has already chosen to carry out the action.

Following the approach of Elizabeth Traugott (e.g., Traugott 2010), impf imperatives signaling that the speaker makes the choice without giving the addressee the option are considered to be subjective, and impf imperatives signaling that the speaker knows or infers that the addressee has already chosen to carry out the action are considered to be intersubjective. The cross-Slavic data show that in East Slavic both subjective and intersubjective impf imperatives are major usage types, whereas the languages farther to the west do not employ subjective impf imperatives on widespread basis (doing so only when the speaker is clearly impatient), and with the exception of Bulgarian and Polish completely lack intersubjective imperatives.

Further, it has been argued that the differences represent the result of the tendency for objective/non-subjective linguistic content to first undergo subjectification and then intersubjectification. Thus, the subjectification of impf imperatives occurred relatively early (its beginnings are apparent in the Common Slavic period), whereas the subsequent intersubjectification occurred only in the eastern languages. German language interference has probably produced the current resistance to subjective and intersubjective impf imperatives in the extreme western languages.

References

Alvestad, Silje Susanne. 2014. Fake imperfective imperatives in Slavic. *Oslo Studies in Language* 6(1). 1–14.

Benacchio, Rosanna. 2010. *Vid i kategorija vežlivosti v slavjanskom imperative: Sravnitel'nyj analiz*. Munich: Verlag Otto Sagner.

Carlier, Anne & De Mulder, Walter. 2010. The emergence of the definite article: *Ille* in competition with *ipse* in Late Latin. In Davidse, Kristin & Vandelotte, Lieven & Cuyckens, Hubert (eds.), *Subjectification, intersubjectification and grammaticalization*, 241–277. Berlin: Mouton de Gruyter.

CM = Aleksievič, Svetlana. 1989. *Cinkovye mal'čiki*. Moscow: Molodaja gvardija. (Available at: http://lib.ru/NEWPROZA/ALEKSIEWICH/aleksiewich.txt.)

Comrie, Bernard. 1976. *Aspect*. Cambridge: Cambridge University Press.

Dickey, Stephen M. 2000. *Parameters of Slavic aspect: A cognitive approach*. Stanford: Center for Language and Information.

Dickey, Stephen M. 2015a. *Parameters of Slavic aspect reconsidered: The East-West aspect division from a diachronic perspective*. In Schrager, Miriam & Andrews, Edna & Fowler, George & Franks, Steven (eds.), *Studies in accentology and Slavic linguistics in honor of Ronald F. Feldstein*, 29–45. Bloomington: Slavica.

Dickey, Stephen M. 2015b. On the aspectual development of performatives in Slavic. *Zeitschrift für slavische Philologie* 71(2). 248–303.

Dickey, Stephen M. 2018. Thoughts on "The typology of Slavic aspect". *Russian Linguistics* 42(1): 1–35.

Dickey, Stephen M. & Kresin, Susan H. 2009. Verbal aspect and negation in Russian and Czech. *Russian linguistics* 33(2). 121–176.

Dokulil, Miloš. 1948. Modifikace vidového protikladu v rámci v imperativu v spisovné češtině a ruštině. In Grund, Antonín & Kellner, Adolf & Kurz, Josef (eds.), *Pocta Fr. Trávníčkovi a F. Wollmanovi*, 71–88. Brno: Komenium.

Finegan, Edward. 1995. Subjectivity and subjectivisation: An introduction. In Stein, Dieter & Wright, Susan (eds.), *Subjectivity and subjectivisation in language*, 1–15. Cambridge: Cambridge University Press.

Fortuin, Egbert, & Pluimgraaff, Heleen. 2015. Aspect of the imperative in Slovene as compared to Russian. In Benacchio, Rosanna (ed.), *Glagol'nyj vid: Grammatičeskoe značenie i kontekst*, 216–230. Munich: Otto Sagner.

Grønn, Atle. 2004. *The semantics and pragmatics of the Russian factual imperfective.* PhD dissertation: University of Oslo.

Isačenko, Aleksandr Vasilevič. 1962. *Die russische Sprache der Gegenwart, I: Formenlehre.* Halle: Max Niemayer.

Israeli, Alina. 2001. The choice of aspect in Russian verbs of communication. *Journal of Slavic Linguistics* 9(1). 49–98.

Kamphuis, Jaap. 2014. Macedonian verbal aspect: East or West? In Fortuin, Egbert & Houtzagers, Peter & Kalsbeek, Janneke & Dekker, Simeon (eds.), *Dutch contributions to the Fifteenth International Congress of Slavists, Minsk, 20–27 August 2013: Linguistics,* 127–153. Amsterdam: Rodopi.

Leinonen, Marja. 1982. *Russian aspect, "temporal'naja lokalizacija" and definite-ness/indefiniteness.* PhD dissertation: University of Helsinki.

Mehlig, Hans Robert. 1977. Sind mögliche Intensitätsgrade des russischen Imperativs aspektbedingt? In Scholz, F. (ed.), *Commentationes linguisticae et philosophicae Ernesto Dickenmann lustrum claudenti quintum decimum,* 213–222. Heidelberg: Carl Winter Uiversitätsverlag.

Narrog, Heiko. 2012. *Modality, subjectivity and semantic change.* Oxford: Oxford University Press.

PCOCSG = Kamphuis, Jaap. Unpublished manuscript. *Parallel Corpus of Old Church Slavic Gospel Texts.*

Šatunovskij, Il'ja Borisovič. 2009. *Problemy russkogo vida.* Moscow: Jazyki russkix kul'tur.

Traugott, Elizabeth Closs. 2010. (Inter)subjectivity and (inter)subjectification: A reassessment. In Davidse, Kristin & Vandelotte, Lieven & Cuyckens, Hubert (eds.), *Subjectification, intersubjectification and grammaticalization,* 29–71. Berlin: Mouton de Gruyter.

Traugott, Elizabeth Closs & Dasher, Richard B. 2001. *Regularity in semantic change.* Cambridge: Cambridge University Press.

Travníček, František. 1923. *Studie o českém vidu slovesném.* Prague: Náklad České akademie věd a umění.

von Waldenfels, Ruprecht. 2012. Aspect in the imperative across Slavic: A corpus driven pilot study. *Oslo Studies in Language* 4(1). 141–154.

CHAPTER 7

To the Roots of Fake Tense and 'Counterfactuality'

Adeline Patard

1   Introduction

It is a well-known fact that past tenses may convey modal meanings in various languages, this is why linguists have long been interested in the connection between past tense and modality (see for instance Steele 1975, Lyons 1977, Langacker 1978, James 1982). However, it is only more recently that grammatical aspect has been fully recognized as a determining parameter for the modal interpretations of past tenses (notably imperfects) and investigated as such (see for instance Mellet 1988, Martin 1991, Fleischman 1995 or, more recently, Arregui 2007, Boogaart and Trnavac 2011 or Patard 2014). The present chapter fits into this line of research by focusing on the link between grammatical aspect (imperfectivity but not only) and the 'counterfactual' interpretations of past tenses.

In a number of languages, past tenses may convey what is often called 'counterfactuality' (although the term is confusing, as will be argued later). It can be illustrated by the following examples from English where the past form refers to a contrary-to-fact situation (1) or to an unlikely situation (2):

(1)   *if JFK **had** not **been assassinated**, he would obviously have been re-elected.* (*The Spectator*)

(2)   *And if you **left** me I would suffer a great deal.* (R. Jaffe, *After the reunion*)

Such 'counterfactual' uses may be puzzling to the linguist because, despite the past morphology, the interpretation is non-past. As the past tense does not (overtly) express pastness, the phenomenon is dubbed "fake tense" after the term coined by Iatridou (2000).

Fake tense and 'counterfactuality' have recently received extensive attention, notably in the domain of formal semantics informed by logics and philosophy (see among the most recent works: Ippolito 2013; Ogihara 2013; Romero 2014; Schulz 2014; Koo 2015; F. Martin 2015, forthcoming; Teelings 2016; MacKay 2017), thus renewing the discussion on the interrelations between tense and modality. Yet, the old issue of whether the past tense in such contexts is inter-

© KONINKLIJKE BRILL NV, LEIDEN, 2019 | DOI:10.1163/9789004401006_008

preted temporally or modally (see the earlier works by Lyons (1977), Langacker (1978), James (1982), Palmer (1986) or Fleischman (1989)) is still largely open.

According to the first temporalist view (advocated within the formal linguistics framework but not exclusively), past tense has a basic temporal meaning and fake tense in 'counterfactuals' only reflects the proposition-external scope of the tense morpheme: put simply, the past tense does not directly bear on the situation denoted by the proposition, but on some modal operator directly scoping over the proposition (see amongst others Gosselin 1999; Ippolito 2004, 2013; Arregui 2005, 2009; Caudal 2011; Patard 2011, 2014; Romero 2014, F. Martin 2015).[1] The discussion within this view generally surrounds the nature of the modal operator under the immediate scope of the past tense (possibility, epistemic evaluation/state, necessity, metaphysical conditional etc.), the pragmatics of the 'counterfactual' interpretation (role of presuppositions and (scalar) implicatures), and the semantic contribution of the past tense (present perfect or (imperfective) past).

As for the second non-temporal view, it is based on the idea that past tenses have an underspecified non-temporal meaning that subsumes past and modal interpretations (see among others Iatridou 2000, Karawani 2014, Schulz 2014, Mackay 2017). For instance, in her well-known proposition, Iatridou (2000) suggests that the past tense denotes an exclusion feature that may quantify over *times* or *worlds*. Consequently, the past tense may be interpreted temporally (the event is excluded from the *utterance time*) or modally (the event is excluded from the *actual world*). In the latter case, the interpretation is counterfactual. Such approaches interestingly echo the cognitive grammar view according to which past tenses are epistemic in nature and exclude the situation from the speaker's immediate reality, i.e. the speaker's here-and-now. Accordingly, past tenses may contextually license a temporal interpretation that is past (the situation is excluded from the present reality) or a modal interpretation that is unreal (the situation is excluded from actual reality) (see for instance Langacker 1978, 1991; Cutrer 1994, Doiz-Bienzobas 2002, De Mulder et Brisard 2006, Brisard 2010).

In the line of a previous work (Patard 2014), the present contribution aims to make a case for the temporalist view on fake tense and 'counterfactuality' by investigating their diachronic origin in discourse. In doing so, it concentrates on contexts with a simple past (an imperfect or a preterit)—the so-called 'one-past counterfactuals', and disregards contexts with a perfect past—the so-

---

1 One of the first formulations of this idea can be found in Dudman 1983, 1984.

called 'two-past counterfactuals'. The aim of the paper is two-fold. It first seeks to demonstrate that past tenses may locally implicate two types of 'counterfactuality' (designated as ¬p and ¬πp[2]) that are respectively triggered by imperfective pasts (i.e. exclusively imperfects) and unbounded past (i.e. imperfects or preterits) (section 4). Within the proposed model, a first origin of fake tense would be the marked contexts that enable the implicature ¬πp to arise. The paper further explores, on the basis of a diachronic model *à la* Heine and empirical data, the emergence of 'counterfactuality' in French. This suggests that fake tense could also be the result of the bleaching of past tenses due to the conventionalization of 'counterfactuality' (section 5). Before formulating my proposal, I explain some choices in regards to the terminology, the theory and research orientation (section 2) and expose background hypotheses on the semantics of past tenses (section 3).

2　Rationale

2.1　'Counterfactuality'

I would like to argue that the widespread term 'counterfactuality' is confusing because it refers to two different interpretations conveyed by distinct constructions, only one of which can be said to be truly counterfactual. I thus make the distinction between two epistemic interpretations pertaining to what the speaker knows or believes at the time of utterance: (i) the contrary-to-fact interpretation of proposition p—the genuine counterfactual interpretation—(cf. (1)), and (ii) the interpretation according to which p's realization is unlikely (cf. (2)). Examples (1) and (2) are repeated below:

(1)　*if JFK **had not been assassinated**, he would obviously have been re-elected.* (*The Spectator*)
$\Rightarrow \neg p$ (counterfactuality)

(2)　*And if you **left** me I would suffer a great deal.* (R. Jaffe, *After the reunion*)
$\Rightarrow \neg\pi p$ (unlikelihood)

I henceforth note the 'true' counterfactual interpretation $\neg p$ ('it is not the case that p') and the unlikelihood interpretation $\neg\pi p$ ('it is not probable that p is the case'). For the sake of convenience, and in accordance with a frequent usage in linguistics, I will continue to use the term of 'counterfactuality' with quota-

---

2　'it is not probable that p is the case' (π stands for 'probability').

TO THE ROOTS OF FAKE TENSE AND 'COUNTERFACTUALITY' 179

tion marks when referring to both interpretations, but use ¬*p* and ¬*πp* to refer individually to one or the other interpretation.

At first sight, one may think that the distinction between ¬*p* and ¬*πp* reflects a morphological difference between 'two-past' and 'one-past' contexts (see again (1) and (2)). However data from Romance languages show that 'simple' imperfects (i.e. imperfective pasts) may also license ¬*p*, notably within indicative conditionals of the type [if *pluperfect/imperfect, imperfect*]. Here are examples from Italian, French and Spanish:[3]

(3) Se **arrivavi**   prima, **vedevi**   il film
     If **arrive.IPFV.PST** earlier **see.IPFV.PST** the movie
     dall'inizio.   [Ita]
     from the beginning
     'If you **had arrived** earlier, you **would have seen** the movie from the beginning.' (Ippolito 2004)

(4) Si je n'étais pas intervenu,   ça **se finissait**
     If I not intervene.**PRF.IPFV.PST**, it end up.**IPFV.PST**
     au couteau.   [Fre]
     with stabbing
     'If I hadn't intervened, it **would have ended up** with stabbing' (Patard 2007)

(5) Si lo sabía,   venía.   [Spa]
     if it **know.IPFV.PST come.IPFV.PST**
     'If I **had known** that, I **would have come**.' (Martínez-Atienza 2012)

These examples attest that the interpretation ¬*p* is not only met in 'two-past' contexts, but may also be found in 'one-past' contexts. I will argue in section

---

3 According to Dessi Schmid (2010), such conditionals are substandard both in Italian and Spanish, though more common in Italian than in Spanish. In both languages, the standard counterfactual conditional is of the type [*if subjunctive pluperfect, perfect conditional*]. As a native speaker, I would say that conditionals like (4) in French are also sub-standard, but this should be confirmed by empirical data. Note that, in French, the standard counterfactual conditional does not use a subjunctive imperfect in the protasis (like Italian or Spanish), but an indicative pluperfect: [if **pluperfect**, *perfect conditional*].

In Spanish, the imperfect may also frequently occur in conditionals with a subjunctive imperfect in the protasis ([if *subjunctive imperfect*, **imperfect**]): ex. *Si tuviera dinero, me **compraba** una moto* (Briz 2004: 49). In this case, the interpretation is not counterfactual, but 'potential' (Dessi Schmid 2010: 53), i.e. what I refer to as ¬*πp*.

4 that 'one-past' counterfactuality can only be conveyed by imperfects (imperfective pasts), hence its absence in a Germanic language like English.

Finally, I must signal that, *contra* a common conception in the formal literature, I do not consider that, in *irrealis* examples like (6) and (7), the fake tense licenses ¬*p* (*counterfactuality*):

(6)   *if I **had** longer arms I would push the clouds away.* (Task Force)

(7)   *I wish he **was** dumb. I wish he **was** deaf. I wish he **was** blind.* (C. Dickens, *Master Humphrey's clock*)

My argument is that fake tense conveys ¬π*p* (*unlikelihood*) just like in the previous example (2). If, however, an *irrealis* reading is obtained, it is because fake tense enables it: an unlikely situation may prove counterfactual without contradictions, and, crucially, because it is inferred from the speaker's world knowledge and the stative aspect of the predicate (cf. [*I have longer arms*], [*he be dumb*], [*he be deaf*] etc.) (see R. Martin 1991, Gosselin 1999, Iatridou 2000 or Arregui 2007 for more detailed analyses). In contrast, contexts of epistemic ignorance/future reference and/or telic predicates generally license *unlikelihood* (and not *irrealis*) (cf. (8) and (9)). These are examples known as '*Future Less Vivid*':

(8)   *If you **missed** the last bus, you would walk home.*

(9)   *Mary wishes that Peter **could come** to her birthday party next week.*

These observations show that the modal interpretation of fake tense in 'one-past' contexts—whether *irrealis* (cf. (6) and (7)) or *future-less-vivid* (cf. (8) and (9))—is not coded in the past morphology but is co(n)textually implicated. I will detail the inferential process in section 4.2.

2.2   *A Functional and Diachronic Perspective*

Contrary to the recent works in formal semantics, I will not attempt to define the truth conditions of fake tenses, nor utilize the Kripkan notion of possible worlds. The reason for that is double. First, I claim that it is quite possible to give an operational description of the semantics and pragmatics of fake tense without using the formalism of modal logics, provided the description is based on an adequate formal apparatus including a precise metalanguage. Second, I consider that the semantics of modal constructions in natural languages (such as the ones responsible for fake tense and 'counterfactuality') is not reducible

TO THE ROOTS OF FAKE TENSE AND 'COUNTERFACTUALITY'   181

to their truth conditions, which may either be too inclusive (some aspects of their truth conditions do not pertain to their semantics proper) or too exclusive (some aspects of their semantics cannot be formalized in terms of truth conditions). Crucially for the present issue, the epistemic category of *unlikelihood* ($\neg \pi p$), which is fundamental in my view to account for examples such as (2) (see section 4), cannot be easily captured (if at all) by quantification over possible worlds.[4] I thus adopt a more functional point of view and will be concerned with how linguistics structures serve to communicate information. The present paper will consequently aim at understanding how (fake) past tenses may contribute to evoke 'counterfactual' situations in discourse.

I further approach fake tense from a diachronic perspective with the usage-based underlying idea that "language structure emerges from language use" (Tomasello 2003: 5). Hence, the paper seeks to answer the question: *how have fake tense and counterfactuality emerged from the (normal) usage of past tenses?* This very research question comes up with a few common but nontrivial observations. First, in language with temporal and modal usages of past tense, the default and prototypical interpretation is the temporal one. Second, cross-linguistic studies show that the past tense alone generally fails to convey 'counterfactual' interpretations, unless it is combined with modal markers such as *if* and *would* in English counterfactual conditionals (cf. James 1982, Fleischman 1989, Van linden and Verstraete 2008). Third, as emphasized by James (1982) (see also Dahl 1997 and Hogeweg 2009), temporal uses of past tenses are 'regular and productive' and thus predictable while modal uses are 'irregular and idiosyncratic' and consequently less prone to predictions. Indeed, there seems to be considerable variation in the way languages express 'counterfactuality' with past tense morphology (see for instance Van Linden and Verstraete 2008, Boogaart and Trnavac 2011).

From these observations, I hypothesize that (i) fake tenses have developed from 'real' tense uses and (ii) surfaced with the creation of (idiosyncratic) constructions whose meaning is not compositional but derives from conventionalized implicatures. Thus, the particular structures of these constructions, which I assume to be responsible for fake tense and 'counterfactuality', are (at least partly) determined by the initial conditions at the time of their emergence, i.e. the TAM paradigms of the language in question and their ongoing evolutions. According to these hypotheses, one cannot strictly predict from the synchronic TAM paradigms which verbal forms (whether subjunctive or past

---

4   See for instance Price's (1983) arguments against a truth-conditional treatment of 'probably'. However attempts to account for what I call '*unlikely* conditionals' can be found in Kartunen and Peters 1979 or von Fintel 1998.

indicative) will serve to express 'counterfactuality' (see for instance Ippolito 2009 or Karawani 2014 for such predictions). Indeed, the diachrony of the language in question should also be taken into account (cf. the diachronic analysis of French and Latin data in section 5). However, predictions can be made from the proposed inference-based analysis as to the semantics of past tenses with which 'counterfactuality' may (or may not) obtain. Thus, I will argue in section 4 that (i) $\neg p$ (the 'true' counterfactual interpretation) is only licensed by unbounded pasts and that (ii) $\neg \pi p$ (the unlikely interpretation) cannot be found with perfective pasts. The proposal is based on a neo-Reichenbachian conception of past tenses which is elaborated in the next section.

3 Background Hypotheses

3.1 *Past Tenses Encode Past*
Following the temporalist view, my first hypothesis is that past tenses encode anteriority to the time of speech; their meaning is fundamentally temporal, not epistemic (*contra* Iatridou (2000) and the Cognitive Grammar view). This approach is supported by the facts recalled in the preceding paragraph: past is the default and prototypical interpretation and is found in contexts that are regular, productive and predictable, whereas the modal interpretations are only obtained with additional modal markers, in contexts that are irregular, idiosyncratic and thus much less predictable.

Another fact is that the modal readings carried by past tenses may be cancelled by the subsequent context. Cancellation proves possible in conditionals yielding $\neg \pi p$ (cf. (10)), as has been amply shown in the logical literature (see Anderson 1951 or Stalnaker 1975), as well as in 'imperfective paradox' contexts yielding $\neg p$ (cf. (11)):

(10) *If the patient **had** the measles, he would have exactly the symptoms he has now. WE CONCLUDE, THEREFORE, THAT THE PATIENT HAS THE MEASLES.* (Iatridou 2000)

(11) *Paul se **noyait**.*IPFV.PST *lorsqu'un sauveteur a plongé pour le sauver. MAIS PAUL S'EST NOYÉ QUAND MÊME.* [Fre]
'Paul **was drowning** when a rescuer dived in to save him. BUT PAUL DROWNED ALL THE SAME.'

In (10), the preterit conveys a sense of unlikelihood (measles is considered as unlikely), which is cancelled afterwards by the speaker's conclusion (*WE CON-*

CLUDE, THEREFORE, THAT THE PATIENT HAS THE MEASLES). Similarly, in (11), the French imperfect insinuates that the drowning finally did not happen, but this interpretation is overridden by the following sentence (*MAIS PAUL S'EST NOYÉ QUAND MÊME*). The possibility to cancel the modal readings in such contexts suggests that the modal meaning is not asserted but conversationally implicated[5] (see again Anderson 1951 or Stalnaker 1975).

I would like to argue now that the cancellability of the modal interpretation (hence the fact that it is an implicature) is incompatible with the non-temporal and monosemous approach defended by Iatridou (2000) or cognitive grammarians. In these theories, past tenses encode a non-temporal abstract meaning (cf. Iatridou's exclusion feature) from which one could contextually derive a past or modal interpretation. On this view, the final interpretations of past tenses are specific instantiations of the abstract meaning, elaborated thanks to contextual information. Then, when the (specific) modal interpretation is canceled by the following context, one may expect that the abstract meaning encoded by the past tense is reinterpreted differently. How then would it contribute to the revised interpretation? The theory would predict that the past tense should either yield the default reading, i.e. the past interpretation (cf. Brisard 2010), or possibly induce an underspecified reading whereby the domain on which the exclusion feature operates would remain undetermined.

However this is not exactly what happens in the quoted examples. In the revised reading of (10), there is no exclusion to be interpreted, be it from the 'actual time' (the speaker's 'present reality') or from the 'actual world' (the speaker's 'actual reality'): the topic time/world just coincides with the actual time/world and does not exclude it (*WE CONCLUDE, THEREFORE, THAT THE PATIENT HAS THE MEASLES*). This leads us to the nihilist conclusion that the past tense has no semantic content but only carries implicatures, which one may not want to. Example such as (11) is also problematic for the aforementioned theories, but for a different reason. In (11), the imperfect initially licenses both a past and modal interpretation (the denoted drowning is past

---

5 I will argue later that $\neg p$ and $\neg \pi p$ indeed first arose as conversational implicatures, but that they conventionalized in some constructions, thus losing the ability to be canceled in certain contexts (see section 5).

 Note that conditionals constitute a very specific case in at least two regards. First, the cancelation test does not work equally for $\neg \pi p$ and $\neg p$: contrary to $\neg \pi p$, $\neg p$ may indeed resist cancelability, notably when expressed by an imperfect (see Ippolito 2004). Second, it is generally considered in the (logical) literature that the epistemic status of the denoted eventualities is never asserted in 'counterfactual' conditionals; what is asserted is the 'conditional' relation between the protasis and the apodosis (see Anderson 1951 or Stalnaker 1975).

and counterfactual: it did not happen in the past) before being reinterpreted as expressing past only (the drowning effectively took place in the past). On the non-temporal view, such an example would suppose that, at first, the past morphology is interpreted twice, *licensing past AND modality*, as though there was two layers of past tense marking as in 'two-pasts counterfactuals' (e.g. *If Paul **had drowned**, Marie would have been inconsolable*). But then how come a single tense morpheme is used to convey *past AND modality*? The theory should explain this exception to the complexity principle of iconicity, i.e. why is a complex meaning expressed by a simplex morphology (and not by a complex one)? Furthermore, the possibility to cancel the modal interpretation in contrast to the past interpretation (see below) rather hints at a different semantic status of the past and modal interpretations. While the modal reading appears as a cancelable implicature derived from the context, the default past reading definitely has another status which has to be accounted for.

Indeed, pastness conveyed by simple past morphology proves very difficult (if not impossible) to eliminate. When a non-past reinterpretation is possible, the validity of the situation is in fact extended beyond the past domain. As a result, the denoted situation may be interpreted to hold both in the past and in the present (12) or to have a generic validity (13):

(12) *The patient **was** sick, but, in fact, he still is.*

(13) *John **was** sick, but, in fact, he is always sick.*

In either case, the situation is still valid in the past, i.e. the past interpretation is maintained. Then, if modality can contextually be cancelled but not past reference, one should come to the conclusion that the past interpretation is not just a contextual elaboration of non-temporal core meaning *à la* Iatridou or *à la* Langacker, but that it is encoded by the past tense. I shall elaborate the proposed semantic description of past tenses in the following section that outlines the main points of a previous description (Patard 2014).

3.2 Meaning and Default Interpretation of Past Tenses

In the wake of Klein (1994) or Gosselin (1996) and adopting a Reichenbachian terminology (Reichenbach 1947), I take past tenses to express relations between three moments: the time of speech S, the reference time or reference interval R, and the eventuality or situation time E. Every past tense first encodes a deictic relation with the time of speech: R precedes S, i.e. the past tense refers to a moment or interval that is anterior to the time of speech. A second relation is

TO THE ROOTS OF FAKE TENSE AND 'COUNTERFACTUALITY'

optionally expressed by past tenses and corresponds to their aspectual import, it is the relation between R and E. In the case of imperfects, R is included within the duration of E (the so-called 'imperfective aspect'). In the case of preterits, the relation between R and E is left unspecified, which may be dubbed 'neutral aspect' (see Smith 1991/1997). The aspectual interpretation of the situation is then contextually determined, most often by the actionality of the predicate. The schematic meaning encoded by imperfects and preterits is summarized in (14) and (15):

(14) imperfects
   [R < S] [past time reference][6]
   [R ⊂ E] [imperfective aspect]

(15) preterits
   [R < S] [past time reference]
   [R ○ E] [neutral aspect]

In the proposed schematic meaning, R is an abstraction, an underspecified time point, but it can get specific instantiations in context. For instance, in the prototypical use of past tenses, R specifically refers to:

(i)   a past *topic time* (Tt) (see Klein 1994), i.e. the past moment about which the speaker says something or asks a question;

(ii)   the *aspectual vantage time* (Ap) from which the internal time of the eventuality is considered (e.g. from an inner perspective in the case of imperfective aspect).

In other contexts, R may instead instantiate:

(iii) an *epistemic evaluation point* (Ep):[7] this is another sort of vantage point from which the speaker vouches for the *validity of the proposition* or V (*it be true that* [*p*]) because of what she knows or believes at the time. V (*it be true that* [*p*]) can be viewed as a *meta-predicate* scoping over the predicate expressed in the proposition, it hence refers to a situation (one could say a 'meta-situation') that is located on the timeline and is seen from a certain aspectual perspective (just like 'normal' situations expressed by predicates). V can be regarded as a stative eventuality as it involves no change over time and possesses no intrinsic endpoint.

---

6   [x] indicates that meaning x is encoded by a form.
7   What I call Ep can be identified with Boogaart's *epistemic evaluation time* (Boogaart 2007) or MacFarlane's *assessment time* (MacFarlane 2011, Ippolito 2013).

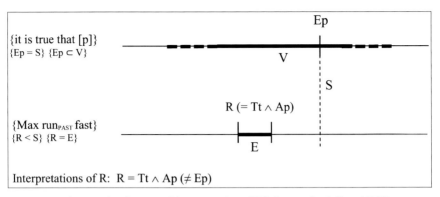

FIGURE 7.1 Aspectual and temporal interpretation of V (*it be true that* [p]) and E (*Max run fast*) in the utterance 'Max **ran** fast'.

By default, the speaker commits to V at speech time S: the speaker normally believes in the present that what she says is the case (={it is true that [p]}).[8] This is illustrated in example (16) with a prototypical past interpretation.

(16) *Max **ran** fast.*

The corresponding aspecto-temporal interpretation is diagrammed in figure 7.1.

The default interpretation in (16) is {it is true that [Max run.PAST fast]}. Thus, E (*Max run fast*) received the default interpretation of the preterit combined with a telic situation, i.e. the past and perfective interpretation: {R < S} {R = E}. As for V (*it be true that* [p]), it is given a present and imperfective characterization, i.e. it is assessed from an evaluation point Ep that coincides with the time of speech ({Ep = S}) and that is included within V ({Ep ⊂ V}).

However, in other contexts, the speaker does not commit to V at the time of speech but the validity of the proposition is endorsed in the past, which means that the evaluation point Ep is not present but past. Such contexts are discussed in the next paragraph.

---

8 This interpretation can be seen as a generalized conversational implicature attached to the indicative mood and derived from Grice's maxim of quality 'Be truthful' (see Gosselin 2010: 26).

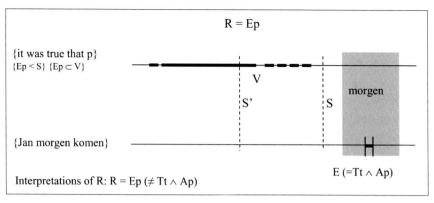

FIGURE 7.2 Aspectual and temporal interpretation of V (*it be true that* [p]) and E (*Jan morgen komen*) in the utterance '*Marie zei dat Jan morgen kwam*'.

3.3   Marked Interpretation of Past Tenses

Consider the following examples from Dutch where the preterit *kwam* is used in a past indirect speech to refer to a telic situation:

(17)   *Marie zei dat Jan* MORGEN *kwam*.PST.   [Dut]
        'Mary said that John **was coming** TOMORROW.'

In (17), the interpretation of the past tense is almost the reverse of the one obtained in (16): here V receives a past interpretation ({it was true that [p]}) whereas E gets a non-past interpretation (signaled by the adjunct *morgen* 'tomorrow'). Contrary to (16), the past R denoted by the past tense coincides with the evaluation point Ep (R= Ep): it is not the actual speaker who commits to the proposition's validity V but the past speaker (Marie). In other words, the past tense does not bear on the situation E anymore but applies to V.[9] This means that the past tense has a proposition-external scope, which is manifested by *fake tense*: despite the past morphology, the situation is not grounded in the past domain, but may occur in the present or future (because R ≠ Tt). It is easy to show that this type of context also licenses *fake aspect*. Take the French example with an imperfect:[10]

---

9   The proposed analysis crucially differs from the traditional view on 'sequence-of-tenses' as a phenomenon of morphological agreement (see for instance Ogihara 1989, Abusch 1994 or von Stechow 2009). I reject the idea that the embedded past tense is a vacuous reflex of the higher past tense used in the matrix clause. On the contrary, I consider the embedded past tense to be semantically meaningful and to denote the exact same relations between R, S (and possibly E) that it expresses outside 'sequence-of-tenses' contexts.

10 The English translations of (17) and (18) require the use of a past progressive (*was com-*

(18) *Marie a dit que Jean **restait**.IPFV.PST demain JUSQU'À QUATRE HEURES.*
[Fre]
'Marie said that John **was staying** tomorrow UNTIL FOUR O'CLOCK.'

Here, the imperfective morphology (*restait*) does not impose an internal perspective on the situation. That is why it is acceptable to use a delimitative adverbial licensing a perfective reading (*jusqu'à quatre heures* 'until four o'clock'). This shows that the past R denoted by the past tense is also dissociated from the aspectual vantage point Ap (R ≠ Ap), thus allowing for a perfective interpretation of imperfective morphology.

Fake tense and fake aspect may be indicative of the fact that past tenses do not scope over the proposition but over V, the validity of p. I will argue in section 4.3 that the unlikely conditionals illustrated in (2) are comparable to the preceding uses with regard to the functions of R: in those contexts, R crucially functions as an evaluation point Ep while its reference to a *topic time* (Tt) or an *aspectual vantage point* (Ap) is optional. In those contexts, it is the interpretation of R as Ep that originally triggers the unlikely implicature ¬πp.

4   The Pragmatic Origin of 'Counterfactuality'

In this section, I argue for the pragmatic origin of the interpretations ¬πp and ¬p that may be attached to simple past tenses—preterits or imperfects—in certain contexts. As underlined by Ziegeler (2003), such interpretations are not only licensed in conditionals (see (19) and (20)), which is probably the most frequently cited environment for the expression of 'counterfactuality', but they may also arise outside of them (see (21) and (22)):

(19) *And if you **left** me I would suffer a great deal.* (R. Jaffe, *After the reunion*)

(20) *Se **partivi**   domani, **incontravi**   mia sorella.*   [Ita]
if leave.IPFV.PST tomorrow meet.IPFV.PST my sister
'If you **had left** tomorrow, you **would have met** my sister'. (Ippolito 2004)

---

ing and *was staying*). Note however that the progressive does not express ongoingness in these particular contexts but futurity: the situation is posterior to a given reference time (here introduced by the verbum dicendi *said*). This type of use is not a central use of the progressive and some languages lack it (e.g. French, cf. De Wit and Patard 2013).

TO THE ROOTS OF FAKE TENSE AND 'COUNTERFACTUALITY'

(21) *Vertrok hij nu maar!*   [Dut]
    leave.PST he now but
    'I wish he **was leaving** now!' (Janssen 1994)

(22) *Une minute de plus et le train s'en allait   sans moi.* [Fre]
    One minute of more and the train **leave.IPFV.PST** without me
    'One more second minute and the train **would have left** without me'.
    (N. Castioni, *Vivement plus tard*)

4.1 Scalar Implicatures

The proposed analysis builds on the idea formulated in previous work (see for instance Ziegeler 2000, Ippolito 2004 or Verstraete 2006) that past tenses may locally give rise to scalar modal implicatures that are derived from Grice's quantity maxim: '*Do not make your contribution more informative than is required*'. Past tenses are seen as less informative than alternative tense forms that could be used in the same contexts, thus forming with them a scale of informativeness. The marked under-informative use of the past tense then triggers a Q-based implicature (Horn 1984, 1989), i.e. an 'upper-bounding' inference according to which the hearer should not interpret beyond what is said. The implicatum is not necessarily that anything beyond what is said does not hold (the strong implicature $\neg p$), but—and this is the main difference with the authors quoted above—the implicatum may also be that the unmarked alternative tense provides too much information considering what the speaker knows, i.e. the speaker is not certain about whether p is valid or not (the weak implicature p or $\neg p$).[11] It is the latter that is at the origin of the implicature $\neg \pi p$ conventionalized in the unlikely use of past tenses. I will further argue that the difference between the strong implicature $\neg p$ and the weak implicature p or $\neg p$ is dependent on the types of informativity scale the past tense forms with the alternative tense.

4.2 Strong Implicature $\neg p$

The strong implicature $\neg p$, which is the genuine counterfactual interpretation, is only obtained with imperfects, i.e. imperfective pasts, because it is triggered by the imperfective aspect. Indeed, imperfective pasts, or more generally unbounded pasts, form an informativity scale with 'bounded pasts' in

---

11   This echoes the distinction sometimes drawn between strong and weak counterfactuality (see Ippolito 2006, 2013 or Tellings 2016).

regards to the completion of the situation denoted by the predicate. What I call 'bounded pasts' are either perfective pasts (like the French *passé simple*) that give a global perspective on the unfolding of the situation including its boundaries, or perfects referring to anterior situations (like the French *passé composé*) that rather focus on the resulting state beyond the final boundary. In either case, bounded pasts assert or presuppose that the situation has reached its natural endpoint and is completed. By contrast, unbounded pasts (like imperfects) focus on subintervals of the situation excluding its boundaries (R ⊂ E in our terminology), thus giving an inner perspective on the situation that is blind to its outcome. As a consequence, nothing is said about whether the situation has reached its natural endpoint. Bounded pasts are thus more informative than unbounded pasts as to the *completion of the denoted situation*. Hence the scale of informativity:

(23) Scale of informativity I (completion of the situation)
⟨ unbounded past, bounded past ⟩

By virtue of (23), the use of an imperfect may contextually implicate the negation of the content conveyed by an alternative bounded past. Thus, when using a less informative imperfect, the speaker signals that the use of a bounded past would be over-informative and that (s)he is not in a position to endorse the completion of the past situation. The speaker then implicates $\neg p_{\text{bounded past}}$: it is not the case that p, with p using a bounded past. Hence the following characterization of the strong implicature $\neg p$:

(24) Strong implicature
⟨ unbounded past, bounded past ⟩
unbounded past ⇒ $\neg p_{\text{bounded past}}$

As a Q-based implicature, $\neg p_{\text{bounded past}}$ is locally derived in marked contexts where the unmarked alternate could not have been used appropriately (Horn 2004: 16). The markedness of the context in our case is due to the unusual combination of an imperfect with a telic predicate. In their unmarked use, imperfects apply to atelic predicates (states or activities) and entail that the situation was the case in the past (Fre *Pierre courait* 'Pierre was running' → *Pierre a couru* 'Pierre ran'). When combined with a telic predicate (achievement or accomplishment), one comes up with 'the imperfective paradox' (Dowty, 1979): the imperfect does not entail that the situation occurred (Fre *Pierre courait le marathon* 'Pierre was running the marathon' ↛ *Pierre a couru le marathon* 'Pierre ran the marathon'), thus implicating that the situation did not occur (⇒

Pierre n'a pas couru le marathon 'Pierre did not run the marathon'). Hence, the counterfactual implicature is only triggered in the marked context of 'imperfective paradox':

(25) Strong implicature
⟨ unbounded past, bounded past ⟩
unbounded past ⇒ $\neg p_{\text{bounded past}}$ / 'imperfective paradox'

The following utterance from Spanish is a typical example of Romance imperfect triggering implicature $\neg p$:

(26) *Salía*.IPFV.PST (vs *salí*.PFV.PST) *del trabajo, cuando el jefe me llamo.* [Spa]
'I **was leaving** work when the boss called me.' (Ferraro and Ortiz Lopez 2002)

The imperfect *salía* ('was leaving') signals that the scalar alternative *sali* ('left'), which is a perfective past, is too informative. As a consequence, *salía* implicates $\neg$*salí*: the speaker finally did not leave work.

This implicature is also found in the so-called 'counterfactual use' of the French imperfect:

(27) *Une seconde de plus il [le taureau] l'éventrait*.IPFV.PST (vs *éventra*.PFV. PST). [Fre]
'One more second and the bull **would have gored** (/ **gored**) him.' (G. Flaubert, *Un cœur simple*)

Éventrait ('was goring') here indicates that the alternative perfective past *éventra* ('gored') conveys too much information and therefore implicates $\neg$*éventra*. I will argue in section 5.2 that the implicature $\neg p$ has conventionalized in such use.

The proposed analysis leads to the prediction that pasts that are not unbounded—i.e. perfective pasts, anterior perfects but also preterits (that can get a bounded interpretation)—cannot convey implicature $\neg p$ because they cannot produce an 'imperfective paradox'. However, this does not mean that their use in counterfactual contexts is excluded, only they cannot contribute to counterfactuality. However, for this very reason, one may predict that unbounded pasts will be preferred to bounded pasts in counterfactual contexts.

4.3 *Weak Implicature p or ¬p and Implicature ¬πp*

Implicature ¬πp is contextually derived from the weak implicature that the speaker is not certain about the validity of p, i.e. does not know whether *p or ¬p*. This weak implicature is itself obtained with both imperfects and preterits because it is triggered by the past meaning. I will argue that the weak implicature is licensed by the proposition-external scope of the past morpheme (manifested in fake tense and fake aspect, see *supra* 3.3) in contexts presenting similarities with indirect speech.

I should remark at this point that perfective pasts do not allow for a proposition-external-scope reading. Let us consider the following French translation of example (17):

(28) *Marie a dit que Jean venait.*IPFV.PST (*vint.PFV.PST) *demain.*   [Fre]
    'Marie said that Jean **was coming** (*came) tomorrow.'

The imperfect *venait* does not scope over p (both tense and aspect are fake) but over p's validity: the coming of Jean is endorsed by Marie in the past. The French past perfective *vint* is unacceptable in the context because it immediately scopes over p (the situation is past and viewed in its entirety), which is incompatible with the future adjunct *demain* 'tomorrow'. This example illustrates that perfective pasts are never fake, they can never get a higher scope above the proposition. I suggest the reason is because V (p's validity) is a state-like situation (see *supra*) *the evaluation of which (Ep) requires an imperfective viewpoint* (Ep ⊂ V, see *supra* again). This would predict that imperfective pasts (like imperfects) and aspectually-unspecified past (like preterits) can get a proposition-external-scope reading, but not bounded pasts (like the French perfective past or the French perfect). Consequently, only imperfects and preterits should allow for the weak implicature *p or ¬p* (the speaker is not certain about the validity of p) and hence for the implicature ¬πp it may lead to.

Non-perfective pasts with a proposition-external scope form an informativity scale with present tenses as to the *present evaluation of p's epistemic validity*. Non-perfective pasts are less informative because p's validity is not endorsed in the present but in the past (Ep < S) while, with present tenses, the speaker vouches for the situation's present validity (Ep = S). Hence the informativity scale:

(29) Scale of informativity I (evaluation of p's validity)
    ⟨ non-perfective past, present ⟩

TO THE ROOTS OF FAKE TENSE AND 'COUNTERFACTUALITY' 193

By virtue of (29), the use of a non-perfective past indicates that a present tense would be too informative, that the speaker is not in position to commit to p's validity in the present or, put differently, that (s)he is not certain about p's present validity. Thus, a less informative past implicates $p_{present}$ or $\neg p_{present}$, that the present validity of the situation is uncertain. Crucially, $p_{present}$ or $\neg p_{present}$ might contextually implicate *unlikelihood*: because the speaker does not endorse the situation's validity in the present, (s)he may suggest believing that the situation is unlikely ($\neg \pi p_{present}$).[12] Hence the following characterization of the weak implicature *p or ¬p*:

(30) Weak implicature *p or ¬p*
$\langle$ non-perfective past, present $\rangle$
non-perfective past $\Rightarrow p_{present}$ *or* $\neg p_{present}$ ($\Rightarrow \neg \pi p_{present}$)

Like the strong implicature, the implicature $p_{present}$ *or* $\neg p_{present}$ is only locally obtained in contexts where the non-perfective past is marked, but where the unmarked alternate could not have been appropriate to convey the targeted meaning. The markedness of the configuration here lies in the unusual use of a past tense to refer to a non-past situation in contexts where past is fake (and so is aspect). These marked contexts are characterized by a proposition-external scope of the past tense which bears on the epistemic validity of p (cf. section 3): the past R denoted by the past tense functions as an evaluation point Ep (R= Ep), which means that the validity of the situation is endorsed in the past and not, as it is expected in normal communication, in the present. We have seen previously that the scoping over V corresponds to a proposition-external scope of the past tense as met in indirect speech (which may be manifested by fake tense and fake aspect). Hence the final characterization of the weak implicature *p or ¬p*:

---

12 In a first bulk of temporalist analyses (see for instance Dahl 1997, Ziegeler 2000, Hogeweg 2009) generally based on a branching futures model (notably Tedeschi 1981), past tenses may convey 'counterfactuality' because they allow referring to a past 'choice point' when the course of events took an alternative path (Dahl 1997) or to past predictions that could still be true (Ziegeler 2000, but see also Dudman 1983,1984 and Romero 2014). My line of explanation sides with other temporalist analyses that are slightly different (see Ippolito 2004, 2013 or F. Martin 2015, forthcoming): for them, past tenses enable the speaker not to endorse the situation's validity in the present, thus implicating it may not be valid. However, my account differs from the latter (but converges with some of the former analyses) in that past tenses are fake because past reference has bleached with the conventionalization of the 'counterfactual' implicature.

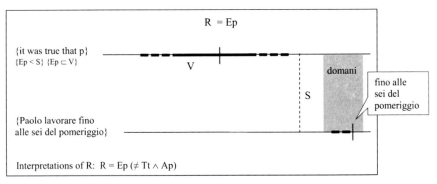

FIGURE 7.3 Aspectual and temporal interpretation of V (*it be true that* [p]) and E (*Paolo lavorare fino alle sei del pomerrigio*) in the utterance '*Domani Paolo lavorava fino alle sei del pomeriggio*'.

(31) Weak implicature *p or ¬p*
⟨ non-perfective past, present ⟩
non-perfective past ⇒ p_{present} *or* $¬p_{\text{present}}$ ($⇒¬\pi p_{\text{present}}$) / proposition-external scope

Such configuration is typically found in evidential contexts presupposing a past source. Here is an example from Italian:

(32) *Domani Paolo lavorava*.IPFV.PST (vs *lavora*.PRS) *fino alle sei del pomeriggio*. [Ita]
'Tomorrow Paolo was supposed to work until six p.m.'

With the use of the imperfect *lavorava*, the speaker refers to some past evidence attesting the validity of a non-past situation. More formally, the imperfect refers to a past evaluation point (R = Ep) from which p's validity is considered (Ep < S and Ep ⊂ V). Thence, as the imperfect does not directly scope over p, tense is fake: the situation is localized in the future thanks to the adjunct *domani* ('tomorrow'). And so is aspect: the delimitative adjunct *fino alle sei del pomeriggio* ('until six p.m.') allows for a perfective interpretation of the imperfect. Formally, one gets: R ≠ Tt ∧ Ap, which means that R does not coincide with topic time and the aspectual vantage point. The aspectuo-temporal analysis of example (32) is shown in figure 7.3.

By using the imperfect *lavorava*, the speaker signals that the alternative assertion with the present tense (*lavora*) is beyond what (s)he can vouch for and hence implicates that the validity of $p_{\textit{lavora}}$ is uncertain: it is not sure whether Paolo is going to work until 6 p.m. This type of context is also well attested for the imperfect Spanish (see Leonetti and Escandell-Vidal 2003) and, to a lesser extent, for the French imperfect (see Patard 2012).

In conclusion, the 'counterfactual' interpretation of past tenses can be viewed as two distinct implicatures of scalar origin that are invited in discourse to meet specific communicative aims: to refer to a counterfactual situation or to convey the speaker's belief that the situation is unlikely. These implicatures are drawn from different informativity scales and obtained in different contexts of markedness. Strong implicature $\neg p$ (or genuine *counterfactuality*) is triggered by imperfects in contexts where a bounded past is expected (the so-called 'imperfective paradox'). As for implicature $\neg\pi p$ (or *unlikelihood*), it is derived from the weak implicature $p \ or \ \neg p$ that is itself triggered by imperfects or preterits in contexts where a present tense is expected. In those contexts, tense (and aspect) may be 'fake' because of the proposition-external scope of the past tense.

In the next section, I will substantiate the proposed analysis by examining data concerning the French and Latin imperfect. I will further suggest a historical scenario whereby the conventionalization of the 'counterfactual' implicatures has led to the aspectuo-temporal bleaching of French imperfect in certain constructions, thus expanding the extent of fake tense and aspect to $\neg p$ contexts.

5 Conventionalization of Implicatures

I shall now attempt to show that 'counterfactual' implicatures attached to the French imperfect (henceforth *imparfait*) has conventionalized at the expense of its aspectuo-temporal meaning and that fake tense and aspect are not only found in $\neg\pi p$ contexts but have also extended to $\neg p$ contexts. This semantic evolution can be accounted for by means of a diachronic model *à la* Heine.

5.1 Diachronic Model

Adopting a diachronic model inspired by Heine's model for semantic change (Heine 2002), I hold that the semantic evolution of a grammatical item from one meaning to another is marked by two types of intermediate stages or contexts: *bridging contexts* and *switch contexts*. As Heine further assumes, I regard these contexts as traces of past semantic evolution(s) that may still be observed in synchrony, where they correspond to different uses of the same linguistic form.

The first intermediate stage (stage 2) is that of *bridging contexts*. It corresponds to contexts where the conventional meaning of the grammatical item

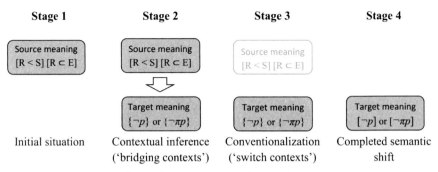

FIGURE 7.4 From past and imperfectivity to 'counterfactuality'

carries an inference which is invited by the speaker, i.e., which constitutes the very meaning the speaker wishes to convey with the grammatical item. Such contexts are characterized by semantic ambivalence in as far as the grammatical item is associated with two contiguous meanings: (i) the source meaning encoded by the linguistic form and (ii) the target meaning derived by means of inferencing. This step is a necessary condition for the subsequent semantic change. For the *imparfait*, bridging contexts corresponds to contexts where pastness and imperfectivity allow for 'counterfactual' inferences ($\neg p$ and $\neg \pi p$), so that the *imparfait* is contextually associated to 'counterfactuality'.

A more advanced stage (stage 3), and arguably the crucial step in semantic change, is that of *switch contexts*. It corresponds to contexts where (some aspects of) the source meaning (have/) has been backgrounded and consequently become inconsistent with the interpretation of the utterance. As a result, the inferred target meaning is the only meaning that remains focused in the interpretation. For the *imparfait*, switch contexts correspond to new contexts where pastness and imperfectivity have become partially or totally inconsistent: 'counterfactuality' has prevailed over tense and aspect. In other terms, tense and/or aspect are becoming fake since they are no longer interpreted.

Finally, the conventionalization of the target meaning is completed and the semantic change fully achieved in contexts where the source meaning is not interpreted anymore (stage 4). This reflects the fact that the target meaning is now considered to be the meaning encoded by the construction in the competence of the speakers. This corresponds, for the *imparfait*, to new contexts where the past and imperfective interpretation is not attainable anymore; 'counterfactuality' has become the very meaning of the construction. The different stages hypothesized are diagrammed in figure 7.4.

The following sections examine two 'counterfactual' constructions based on the French *imparfait*: the so-called 'counterfactual' use of the *imparfait*

TO THE ROOTS OF FAKE TENSE AND 'COUNTERFACTUALITY'   197

(also known as the use of 'thwarted imminence') and the conditional use in hypotheticals. The aim is (i) to assess in Modern French at which stage of conventionalization 'counterfactuality' stands in these constructions and (ii) explore the diachronic evolutions that may account for the situation in synchrony.

5.2   Counterfactual Use of the imparfait

5.2.1   Modern French

In Modern French, the *imparfait* in its counterfactual use is usually semantically ambivalent: the past imperfective meaning (source meaning) and implicature ¬*p* (target meaning) are contiguous in the interpretation. Let us consider again example (27) given under (33).

(33) *Une seconde de plus il [le taureau] l'éventrait.*IPFV.PST.   [Fre]
       'One more second and the bull **would have gored** him.' (G. Flaubert, *Un cœur simple*)

Here, the counterfactual situation denoted by *éventrait* (litt. 'was goring') can be interpreted as ongoing at a past reference time. As the *imparfait* is the only past marker in the utterance, one can conclude that the aspecto-temporal reading is by default still available (alongside ¬*p*). So, by default, the counterfactual use of the *imparfait* corresponds to bridging contexts where the source meaning and the implicature are conjoined.

However, when other contextual indicators exclude it, the past imperfective meaning is no longer possible, though the utterance is still acceptable with a counterfactual reading. (34) gives an illustration with a futurate reading (the speaker is referring to a future journey that could have taken place but will not):

(34) —*Seul ou avec Nadine, ça ne fait pas beaucoup de différence, dit-il avec mauvaise foi: puisque tu n'es pas jalouse d'elle. Ça fait toute la différence du monde! dit-elle d'une voix bouleversée. Seul, j'étais.*IPFV.PST *avec toi, nous restions.*IPFV.PST *ensemble. Le premier voyage d'après-guerre: tu n'as pas le droit de le faire avec une autre.*   [Fre]
       'Alone, I **would have been** with you, we **would have remained** together'.
       (S. de Beauvoir, *Les Mandarins in* Bres 2009)

Similarly, (35) is an example with a perfective and counterfactual reading (perfectivity is marked by the durative adjunct *en même pas deux heures* 'in less than two hours'):

(35) A father to his son who has just ridden up Mount Ventoux: [Fre]
—*Plus entraîné, tu le **montais**.*IPFV.PST [*Mount Ventoux*] *en même pas deux heures.*
'Better trained, you **would have climbed** it (Mount Ventoux) in less than two hours.' (conversation *in* Bres 2009)

In such contexts, pastness and imperfectivity are clearly ruled out or, put differently, tense and aspect have become fake. This points toward a more advanced conventionalization of the implicature whereby counterfactuality has prevailed over tense and aspect. Yet the conventionalization of ¬*p* is not fully completed in the construction in as far as the past and imperfective import of the *imperfect* still contributes to the default reading of the construction as in (33). To sum up, the semantic shift has attained the stage of switch contexts (with fake tense and/or aspect), but not the ultimate stage where counterfactuality has replaced past and imperfectivity in the competence of the speakers. Let us now explore the diachrony of this counterfactual construction.

5.2.2 Diachrony

The use of the *imparfait* in counterfactuals is first attested in Old French in the apodosis of conditionals (Patard and De Mulder 2014: 36):

(36) *Mes ne **poeie**.*IPFV.PST *a vos venir / Ne fors de mun païs esseir / Se vus ne m'**eussiez requis**.*SBJ.PQP. [OldFre]
'I **would** not **have been able to** (lit. **could not**) come to you, or even leave my country, if you **had** not **requested** me.' (M. de France, XIIth century)

However counterfactuality is not triggered here as a scalar implicature generated by the 'imperfective paradox'. The predicate *poeir venir* is not telic: it describes an ability to come that may be analyzed as a stative predicate since ability can be seen as a homogenous quality that does not change over time. Moreover, a perfective past like the *passé simple* is possible in the very same type of contexts with interpretation ¬*p* (37):

(37) *Se vos **fuissiés**.*SBJ.IMP *de tel aage / Qu'estoit li rois, ainc ne **vi**.*PFV.PST *rien / Qui autre resamblast si bien.* [OldFre]
'If you **had been** the same age as was the king, I **would have** never **seen** (lit. never **saw**) anyone who looked like him so well' (*Guillaume de Palerne*, XIIIth century *in* Wagner 1939: 252)

In fact, the motivation of past tenses (whether imperfective or perfective) in such counterfactual contexts is not modal but purely deictic: the past tense is used to anchor the situation in the past.[13] The $\neg p$ interpretation arises as a non-scalar implicature derived from contextual expressions and world knowledge about time that is asymmetrical. In (36) and (37), the $\neg p$ interpretation results from the combination of the hypothetical meaning conveyed by the subjunctive pluperfect/imperfect in the protasis (*eussiez requis* in (36) and *fuissiés* in (37)) and the past meaning of imperfect in the apodosis. Indeed, because of our practical experience of time, past is associated in our knowledge to the certain and known (and future to the possible and unknown). As a consequence, when a speaker makes a hypothesis about what happened in the past (which is normally known and certain), (s)he then implicates $\neg p$: the past hypothetical situation was not the case. Thence, the past tenses *poeie* and *vi* in (36) and (37) do indirectly contribute to counterfactuality, but not via scalar reasoning: they localize in the past a hypothetical situation, which is then implicated to be contrary-to-fact (because past is normally known and certain). These contexts may reflect the incipient semantic move of bridging contexts since tense, aspect and counterfactuality are contiguous in the interpretation.

Note that, in Old French, this type of use may have been favored because of the parallel evolution of subjunctive expressions. Indeed, the subjunctive form inherited from Latin to convey past counterfactuality in conditionals, namely the subjunctive imperfect (e.g. *fussiez* in (37)), has become temporally ambiguous in Old French: it could refer to a past counterfactual situation or to a non-past hypothetical situation (cf. Wagner 1939: 295, Yvon 1958: 166–167).[14] Given this fact, past indicative forms could have been attracted to the apodosis of past counterfactual conditionals to compensate for the temporal ambiguity of the subjunctive imperfect. It is also possible that past tenses were expressively exploited to emphasize the realization of the situation if the conditions described in the protasis have been met, as opposed to subjunctive forms that rather underlined the unreality of the situation (Wagner 1939).

---

13   These deictic uses of past tenses in counterfactual contexts are attested in both Romance and Germanic languages (Patard 2014: 90). Here is an authentic example from English with a preterit: *There was plenty of rumors about Angel floating around school, and if only half of them were true I was dead meat.* (M. Roeder, *Outfield menace*).

14   This is the case of its perfect equivalent, the subjunctive pluperfect, which, until the second half of the 13th century, mostly conveyed anteriority and not past reference (e.g. *eussiez requis* in (36)).

The scalar use of the *imparfait* to convey ¬*p* in the apodosis of past counterfactual conditionals is only documented from Middle French. Here is an example from the xvth century:

(38) [...] *et si le duc **eust marché**.*SBJ.PLU *cent pas, ils **passoient**.*IPFV.PST *oultre la rivière du Thesin.*   [MidFre]
'and if the Duke **had walked** a hundred steps, he **would have crossed** (lit. **was crossing**) the river Thesin.' (P. de Commynes, *Mémoires*, xvth century)

This type of contexts is marked for it exhibits an 'imperfective paradox': the *imparfait* bears on a telic predicate (*passer oultre la rivière Thesin* 'cross the river Thesin'). It then signals that a bounded past would be too informative and therefore implicates ¬*p_{bounded past}*: that the Duke never crossed the river. In the diachronic model proposed, this type of context should also be viewed as bridging contexts (like the aforementioned Old French contexts), since the aspecto-temporal meaning of the imperfect and implicature ¬*p* are conjoined in the interpretation. Nevertheless, one may consider that they represent a further step towards semantic change because the *imparfait* does directly express counterfactuality (through scalar reasoning), which was not the case in the Old French contexts. Furthermore, the perfective *passé simple* is not attested in such contexts (contrary to the Old French contexts), thus confirming predictions made in section 4.2.

My hypothesis is that the source construction of the Modern counterfactual use of the *imparfait* is constituted by past conditionals such as (38) that exhibit 'imperfective paradox'. Indeed, the two constructions show common properties: syntactically the structure is bipartite with a protasis and an apodosis [p, q],[15] the *imparfait* is used in the apodosis and it conveys counterfactuality. As for the constructional differences, they can be accounted for in terms of conventionalization of implicature ¬*p* (at the expense of pastness and imperfectivity, see previous section) and loosening of the [*si* p, q] construction inherited from Latin (*si*-clauses are no longer mandatory).

The *imparfait* may have first been attracted to the apodosis of past conditionals because of the counterfactual implicature it could trigger (see (38)). This attraction probably becomes stronger from the xviith century, when the

---

15   See Berthonneau and Kleiber (2003, 2006), and Bres (2006, 2009) for a detailed analysis of the counterfactual construction in Modern French, notably the bipartite structure [p, (et) q] and the linguistic features of the initial element p.

TO THE ROOTS OF FAKE TENSE AND 'COUNTERFACTUALITY' 201

subjunctive pluperfect, which had at that time replaced the ambiguous subjunctive imperfect to express counterfactuality, also starts declining.[16] Note that the unmarked form for counterfactuality in Modern French, namely the *conditionnel passé*,[17] starts expanding in past conditionals in place of the subjunctive pluperfect at this very period (Patard et al. 2015). It is plausible that, as a result, the more frequent use of the *imparfait* in past conditionals has entailed the constructionalization (Traugott and Trousdale 2013) of a new counterfactual construction of the form [p, *imparfait*] in which counterfactuality has prevailed over tense and aspect. Fake tense and aspect in this context are consequently the corollary of the conventionalization of ¬p as the meaning of the new construction.

5.3 *Conditional Use of the* imparfait

5.3.1 Modern French

When used in conditionals [si *p, q*] of the form [si *imparfait, conditionnel*], the *imparfait* is always fake: the interpretation is invariably non-past (because R ≠ Tt) and may be perfective as well (because R ≠ Ap):

(39) *Si Jean **terminait**.*IPFV.PST *sa thèse, il hériterait de la fortune de son oncle.* [Fre]
'If Jean **finished** his PhD, he would inherit the fortune of his uncle.' (Vet, personal communication)

This suggests that the *imparfait* has a proposition-external scope in the construction (or R = Ep), just as in marked indirect speech contexts evoked in section 3.3. The *imparfait* does not bear on the situation but on p's validity (V) or, put differently, the epistemic validity of the proposition is not asserted in the present but in the past. This is confirmed by the possibility to make V explicit by means of the expression *c'est vrai que* 'it was true that':

---

16 Note that French *a priori* seems to confirm Iatridou's (2009) prediction that a language that possesses a past tense and a non-past subjunctive (but no past subjunctive) uses the past tense to express counterfactuality. However, the past tense is not the unmarked form for counterfactuality in French, it is the *conditionnel passé*. It is the latter form that has gradually replaced the subjunctive pluperfect in past and counterfactual conditionals (Patard et al. 2015).

17 The use of a *conditionnel passé* in place of an *imparfait* in the counterfactual use can be considered as the standard configuration (ex. *Un seconde de plus et le taureau l'**aurait éventré**.* 'One more second and the bull **would have gored** him.').

(40) *Si Pierre était.*IPFV.PST *riche / Si c'ÉTAIT.*IPFV.PST *VRAI QUE Pierre est riche, il achèterait une voiture.* [Fre]
'If Pierre **was** rich / If IT **WAS** TRUE THAT Pierre is rich, he would buy a car'. (Gosselin 1999: 38)

The paraphrase of example (40) shows that the *imparfait* does not scope over the predicate *être riche*, which is in the present tense, but on *c'est vrai que* which is in the *imparfait*. Thus the *imparfait* does not apply to the situation but to its epistemic evaluation, it thence signals that the speaker does not vouch for p's validity in the present but rejects it in the past.

As maintained in section 4.3., such scalar use of a fake past tense in lieu of a present tense, which is tantamount to the speaker's non-commitment to p's validity, can trigger implicature ¬πp: the speaker implicates that (s)he is not certain about the situation's validity which is therefore viewed as unlikely. In Modern French, implicature ¬πp appears to have conventionalized in [si *imparfait, conditionnel*]. Indeed, as noticed earlier, the past reading with the reference to some previous speech or thought is usually not interpreted and the only focused meaning is the unlikelihood of the situation. This signifies that the aspectuo-temporal source meaning is being/ has been supplanted by the target 'counterfactual' implicature (stages 3 and 4).

The past reference displayed by utterance manipulations as in (40) is only an abstract remnant of the source meaning and does not normally receive any specific interpretation anymore (stage 3). Incidentally, past reference may be impossible and the use of *c'est vrai que* reveal hardly acceptable,[18] for instance in 'counterfactuals' à la Lewis (stage 4):

(41) *Si les kangourous n'avaient.*IPFV.PST *pas de queue / Si *c'ÉTAIT VRAI.*PFV.PST *que les kangourous n'ont pas de queue, ils tomberaient à la renverse.* [Fre]
'If kangaroos **had** no tail/ if *IT **WAS** TRUE THAT kangaroos have no tail, they would topple over.'

This impossibility further confirms the bleaching of tense and aspect and the conventionalization of 'counterfactuality' in construction [si *imparfait, conditionnel*].

---

18 In short, the use of *c'est vrai que* proves unacceptable because it contradicts our world knowledge about kangaroos. *C'est vrai que* signals that p's validity was endorsed in the past, i.e. there was a past moment when kangaroos had no tail, which one knows to be never the case (for having a tail is a definitional feature of kangaroos).

TO THE ROOTS OF FAKE TENSE AND 'COUNTERFACTUALITY' 203

Note, however, that there may still be some overt past reference in hybrid contexts mixing conditional morphosyntax and indirect speech. In such contexts, the protasis reports some anterior speech by means of the *imparfait*.[19]

(42) *Si, d'ailleurs, la valeur actuelle du couple franc-mark était.*IPFV.PST *si avantageuse pour l'Allemagne et si nuisible pour la France, nous devrions être très déficitaires dans nos échanges avec notre puissant voisin, or nous sommes largement excédentaires.* [Fre]
'Besides, if the current franc/mark exchange rate **was** so advantageous for Germany and so harmful for France, we should be in a serious deficit position in trading with our powerful neighbor, and yet we have a large surplus.' (*Le Monde* quoted by Bres 2005)

In (42), the *imparfait était* (as well as the comparative adverb *si* which presupposes a previous speech *si nuisible* (*qu'on le dit/l'a dit*) 'so harmful (as one says/has said)') refers to some anterior speech in which p is endorsed by another speaker (R = Ep). The non-commitment of the actual speaker in p's validity implicates that (s)he is doubting the reality of the situation against which (s)he is indeed arguing in (42). Thus, the aspectuo-temporal source meaning coexists with the target implicature it carries, which reflects stage 2 in our diachronic model. I hypothesized in a previous paper (Patard 2014: 92) that this type of hybrid context served as a 'point of penetration' (Givón, 1994: 318) for the extension of past tenses to ¬πp contexts. To verify this hypothesis, I shall now examine the origin of the conditional construction in Latin.

5.3.2   Diachrony
One can trace the origin of the French construction from the Latin period. Indeed, from Early Latin, the use of indicative pasts in the protasis of 'counterfactuals' (including perfects, imperfects and pluperfects) is possible, albeit marked (Ernout and Thomas 1953, Sabanééva 1996, Haverling 2010, 2013). The past tense generally serves to ground the situation in the past domain and it is said to underline the reality/factuality of the situation while 'counterfactuality' is expressed by the subjunctive in the apodosis. Interestingly, the imperfect, in the usually quoted examples, carries specific modal undertones and has an ambivalent scope. Typically, it evokes or presupposes some previous speech or

---

19   Similar hybrid contexts for English are reported in the literature, ex. *If you earned as much as you claim, you would not go around in that old car* (Dahl 1997: 108).

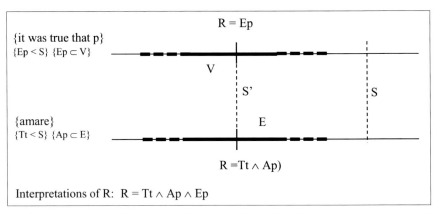

FIGURE 7.5 Aspectual and temporal of V (*it be true that* [p]) and E (*amare*) in the utterance '*Si amabat, rogas quid faceret?*'.

thought which the speaker seems to call into question on the basis of what (s)he knows (one could use *really* in the translation to emphasize the speaker's attitude):[20]

(43) —*Quid faceret?*—*Si* **amabat.**IPFV.PST, *rogas quid faceret? adseueraret dies nocteisque, in custodia esset semper.* [Lat]
'—What could he do?—You ask what he could do if he (really) **loved** her?—He should have watched over her nights and days, guarded her all the time.' (Plaute, IIIth century B.C. quoted by Haverling 2010)

The imperfect also shows a double scope:
– a proposition-internal scope: it bears on the predicate and thus gives a past (R = Tt) and imperfective (R = Ap) characterization of the situation (here the master's love for Palestra denoted by *amare*)
– a proposition-external scope: it also applies to p's validity V (R = Ep) by situating it in the past or, in other words, the reality's situation is not endorsed by the actual speaker but in a presupposed anterior speech (about the master's love for Palestra).

The corresponding aspecto-temporal interpretation is diagrammed in figure 7.5.

---

20 By contrast, with a perfect in the apodosis, the speaker seems to have no clue about the reality of the past situation: *Nemo si haec* **praeteriit***, postquam intro abii, cistella hic iaceret* 'For if no one **passed** by after I went inside, the casquet should be lying here' (Plaute, IIIth century B.C. quoted by Haverling 2010).

The external scope interpretation (over V) triggers implicature ¬πp: the speaker takes their distance with p's reality and, as a consequence, the situation is interpreted to be unlikely. This reading is confirmed by the apodosis in the subjunctive that describes what the master should have done if he really loved Palestra, namely he should have watched over her night and day, guarded her all the time. As the imperfect carries both the source meaning and the target implicature, these contexts can be viewed as reflecting the second stage of bridging contexts in my diachronic model.

According to Biraud et Mellet (2000), the interpretation licensed in (43) is typical of the Latin imperfect in indirect speech. According to the authors, the imperfect in past indirect speech usually stresses the presence of an anterior speaker while the subjunctive or the infinitive implies that the actual speaker is more committed to the content of the reported speech. Therefore one may think that the imperfect has been attracted to such hypothetical contexts (in comparison with the perfect) to express the fact that the speaker distances herself with the reality of the situation described in the protasis.

Indeed, implicature ¬πp (*unlikelihood*) appears to be conventionalized in the vith century with the emergence of new contexts with the same surface structure [si *indicative imperfect, subjunctive*] but where the source meaning is no longer available (R ≠ Tt ∧ Ap). Implicature ¬πp is the only interpretation that remains in the foreground. These new contexts hence correspond to the third stage of switch contexts in my diachronic model. (44) gives an illustration:

(44) *Melius mihi est mori quam vivere. Si **iubebas**.*IPFV.PST, [...] accederemus
   ad prilium cognuscebas, cui ex nobis sit utelitas an ignavia.   Lat
   '[...] If you **commanded** it, we would engage in combat you would see which one is brave, which one is a coward.' (*Chronicle of Fredegar*, viith century quoted by Sabanééva, 1996)

The aspecto-temporal interpretation is diagrammed in figure 7.6.

The interpretation of the imperfect is the same as in the Modern French construction: tense and aspect have become fake (the described command received a non-past and perfective interpretation) and the imperfect only signals that the situation is considered unlikely (the speaker doubts that the hearer will command to engage in combat).

This semantic evolution of construction [si *indicative imperfect, subjunctive*] must be connected to the parallel development, in Late Latin, of the subjunctive pluperfect in non-past counterfactuals (Thomas 1938, Sabanééva 1996). According to Sabanééva (1996: 144), the use of the imperfect could have been favored in conditionals to express what he calls 'possibility' (what I name ¬πp),

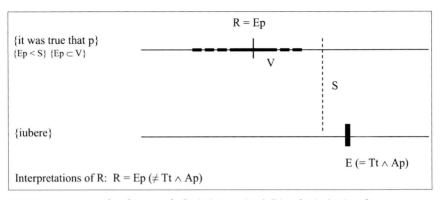

FIGURE 7.6 Aspectual and temporal of V (*it be true that* [p])) and E (*iubere*) in the utterance 'Si iubebas, accederemus ad prilium'.

i.e. the situation is unlikely but still possible, by opposition to the subjunctive pluperfect which carries strict counterfactuality ($\neg p$). This would explain why the imperfect in the protasis of unlikely conditionals has become unmarked in Old French and eventually become quasi-obligatory by Classical French.

5.4 Summing up the Diachronic Evolution

The following table maps the examples commented above with the different stages of the imparfait's evolution from past and imperfectivity to 'counterfactuality' hypothesized in our diachronic model (see *supra* figure 7.4).

	Stages	Counterfactual use of the *imparfait*
1	Initial situation	(36) OldFre Mes ne *poeie* a vos venir / Ne fors de mun païs esseir / Se vus ne m'eussiez requis. (xııth century)
2	Bridging contexts	(38) MidFre[...] et si le duc eust marché cent pas, ils **passoient** oultre la rivière du Thesin. (xvth century)
		(33) Fre Une seconde de plus il [le taureau] *l'éventrait*. (Modern French)
3	Switch contexts	(34) Fre —Seul ou avec Nadine, ça ne fait pas beaucoup de différence, dit-il avec mauvaise foi: puisque tu n'es pas jalouse d'elle. Ça fait toute la différence du monde! dit-elle d'une voix bouleversée. Seul, j'**étais** avec toi, nous **restions** ensemble. Le premier voyage d'après-guerre: tu n'as pas le droit de le faire avec une autre. (Modern French)
		(35) Fre A father to his son who has just ridden up Mount Ventoux: —Plus entraîné, tu le **montais**.ıPFV.PST [Mount Ventoux] en même pas deux heures. (Modern French)

(*cont.*)

Stages	Conditional use of the *imparfait*
2 Bridging contexts	(43) Lat —*Quid faceret?—Si **amabat**, rogas quid faceret? adseueraret dies nocteisque, in custodia esset semper.* (iiith century)
	(42) Fre *Si, d'ailleurs, la valeur actuelle du couple franc-mark **était** si avantageuse pour l'Allemagne et si nuisible pour la France, nous devrions être très déficitaires dans nos échanges avec notre puissant voisin, or nous sommes largement excédentaires.* (Modern French)
3 Switch contexts	(44) Lat *Melius mihi est mori quam vivere. Si **iubebas**, [...] accederemus ad prilium cognuscebas, cui ex nobis sit utelitas an ignavia.* (viith century)
	(39) Fre *Si Jean **terminait** sa thèse, il hériterait de la fortune de son oncle.* (Modern French)
	(40) Fre *Si Pierre **était** riche, il achèterait une voiture.* (Modern French)
4 Completed semantic shift	(41) Fre *Si les kangourous n'**avaient** pas de queue, ils tomberaient à la renverse.* (Modern French)

6 Conclusion

The aim of the paper is to offer a functional account of fake tense and 'counterfactuality' that is informed by diachronic reflection based on French and Latin data. In my proposal, 'counterfactuality' corresponds to two implicatures ($\neg p$ and $\neg \pi p$) of scalar origin. These are locally derived in discourse by the marked use of an imperfect or a non-perfective past respectively, in lieu of an unmarked bounded past or a present tense. As for fake tense and aspect, it is originally a possible manifestation of the past tense's proposition external scope that is constitutive of the marked contexts allowing for implicature $\neg \pi p$ (*unlikelihood*). Fake tense and aspect then becomes systematic due to the semantic bleaching of the past tense that parallels the conventionalization of $\neg \pi p$. In the case of $\neg p$, fake tense and aspect is exclusively the result of the conventionalization of the implicature at the expense of the aspectuo-temporal source meaning of the past tense. The diachronic study of French and Latin data further suggests that the increase of the marked contexts enabling the semantic change is not random but results from parallel macro-structural changes, namely the bleaching and decline of subjunctive forms that have created an expressive need for forms conveying 'counterfactuality'.

References

Abusch, Dorit. 1994. Sequence of tense revisited: Two semantic account of tense in intensional contexts. In H. Kamp (ed.), *Ellipsis, tense and questions*, DYANA deliverable R.2.2.B, University of Amsterdam, 87–139.

Anderson, Alan R. 1951. A note on subjunctive and counterfactual conditionals, *Analysis* 12: 35–38.

Arregui, Ana C. 2005. *On the Accessibility of Possible Worlds: The Role of Tense and Aspect.* Doctoral dissertation, University of Massachusetts: Amherst, USA.

Arregui, Ana C. 2007. When aspect matters: the case of "would" conditionals. *Natural Language Semantics* 15: 221–264.

Arregui, Ana C. 2009. On similarity in counterfactuals, *Linguistics and Philosophy* 32(3): 245–278.

Heine, Bernd. 2002. On the Role of Contexts in Grammaticalization. In Wischer, I. and Diewald, G. (eds), *New reflections on grammaticalization*, Amsterdam: John Benjamins, 83–101.

Berthonneau, Anne-Marie and Kleiber, Georges. 2003. Un imparfait de plus … et le train déraillait, *Cahiers Chronos* 11: 1–24.

Berthonneau, Anne-Marie and Kleiber, Georges. 2006. Sur l'imparfait contrefactuel, *Travaux de Linguistique* 53(2): 7–65.

Biraud, Michèle and Mellet, Sylvie. 2000. Les faits d'hétérogénéité énonciative dans les textes grecs et latins de l'Antiquité, *Cahiers Chronos* 5: 9–48.

Boogart, R. 2007. The past and perfect of epistemic modals. In L. de Saussure, J. Moescher and G. Puskas (eds), *Recent advances in the syntax and semantics of tense, aspect and modality*, Berlin and New York: Mouton de Gruyter, 47–69.

Boogaart, Ronny and Trnavac, Radoslava. 2011. Imperfective aspect and epistemic modality. In Patard, A. and Brisard, F. (eds), *Cognitive Approaches to Tense, Aspect, and Epistemic Modality*, Amsterdam: John Benjamins, 217–248.

Bres, Jacques. 2005. L'imparfait: l'un et/ou le multiple? À propos des imparfaits narratif et d'hypothèse, *Cahiers Chronos* 14: 1–32.

Bres, Jacques. 2006. Encore un peu, et l'imparfait était un mode, L'imparfait et la valeur modale de contrefactualité, *Cahiers de Praxématique* 47: 149–176.

Bres, Jacques. 2009. Sans l'imparfait, les vendanges tardives ne rentraient pas dans la jupe rhénane … Sur l'imparfait contrefactuel, pour avancer, *Syntaxe et sémantique* 10: 33–50.

Brisard, Frank. 2010. Aspects of virtuality in the meaning of the French imparfait, *Linguistics* 48(2): 487–524.

Caudal, Patrick. 2011. Towards a novel aspectuo-temporal account of conditionals. *Cahiers Chronos* 22: 179–209.

Cutrer, L. Michelle. 1994. *Time and tense in narrative and everyday language*. Doctoral Dissertation, University of California: San Diego, USA.

Dahl, Östen. 1997. The relation between past time reference and counterfactuality: a new look. In Athanasiadou, A. and Dirven, R. (eds), *On conditionals again*, Amsterdam: John Benjamins, 97–114.

De Mulder, Walter and Brisard, Frank. 2006. L'imparfait marqueur de réalité virtuelle, *Cahiers de Praxématique* 47: 97–124.

Dessi Schmid, Sarah 2010. 'Modal uses' of the Italian imperfetto and the Spanish imperfecto: a comparison. In M.G. Becker and E.-M. Remberger (eds), *Modality and Mood in Romance*, Berlin: De Gruyter, 39–66.

De Wit, Astrid and Patard Adeline. 2013. Modality, aspect and the progressive: The semantics of the present progressive in French in comparison with English, *Languages in contrast* 13(1): 113–132.

Dowty, David R. 1979. *Word meaning and Montague Grammar: The semantics of verbs and times in Generative Semantics and Montague's PTQ*, Kluwer: Dordrecht.

Dudman, V.H. 1983. Tense and time in English verb clusters of the primary pattern, *Australian Journal of Linguistics* 3: 25–44.

Dudman, Victor H. 1984. Conditional interpretations of if-sentences, *Australian Journal of Linguistics* 4: 143–204.

Ernout, Alfred and Thomas, François. 1953. *Syntaxe latine*, Paris: Klincksieck.

Ferraro, Marta I. and Ortiz Lopez, Jorge Fernando, 2002. La temporalidad verbal en español. In *Proceedings of the 2. Congreso Brasileño de Hispanistas*, San Pablo, São Paulo. Available from: http://www.proceedings.scielo.br/scielo.php?script=sci_arttext&pid=MSC0000000012002000100038&lng=en&nrm=iso.

Fleischman, Suzanne. 1989. Temporal distance: A basic linguistic metaphor, *Studies in Language* 13: 1–50.

Fleischman, Suzanne. 1995. Imperfective and irrealis. In J. Bybee and S. Fleischman (eds), Modality in grammar and discourse, Amsterdam/Philadelphia: John Benjamins, 519–551.

Givón, Talmy. 1994. Irrealis and the subjunctive, *Studies in Language* 18, 265–337.

Gosselin, Laurent. 1996. *Sémantique de la temporalité en français*, Louvain-la-Neuve: Duculot.

Gosselin, Laurent. 1999. Les valeurs de l'imparfait et du conditionnel dans les systèmes hypothétiques, *Cahiers Chronos* 4: 29–51.

Gosselin, Laurent. 2010. *Les modalités en français: la validation des représentations*, Amsterdam: Rodopi.

Grice, H. Paul. 1975. Logic and conversation. In P. Cole, and J.L. Morgan (eds), *Syntax and Semantics III: Speech Acts*, Academic Press: New York, 41–58.

Haverling, Gerd V. 2010. On tense, viewpoint and modality from Early to Late Latin. In P. Anreiter and M. Kienpointner (eds), *Latin linguistics today. Akten des 15. Internationalen Kolloquiums zur lateinischen Linguistik*, Innsbruck: Institut für Sprachen und Literaturen der Universität Innsbruck, 143–158.

Haverling, Gerd V. 2013. On tense and mood in conditional clauses from Early to Late Latin. In F. Josephson and I. Söhrman (eds), *Diachronic and Typological Perspectives on Verbs*, Amsterdam: John Benjamins, 13–56.

Hogeweg, Lotte. 2009. What's so unreal about the past: past tense and counterfactuals. In Tsangalidis, A. and Facchinetti, R. (eds), *Studies on English Modality in honour of Frank R. Palmer*, Bern: Peter Lang, 181–208.

Horn, Larry. 1984. Towards a new taxonomy for pragmatic inference: Q-based and R-based implicature. In D. Schiffrin (ed.), *Meaning, form, and use in context*, Washington, DC: Georgetown University Press, 11–42.

Horn, Larry. 1989. *A Natural History of Negation*, Chicago: the University Press of Chicago.

Horn, Larry. 2004. Implicature. In L.R. Horn and G. Ward (eds), *The Handbook of Pragmatics*, Blackwell Publishing: Malden, 2–28.

Iatridou, Sabine. 2000. The Grammatical Ingredients of Counterfactuality, *Linguistic inquiry* (31), 231–270.

Ippolito, Michela. 2004. Imperfect Modality. In J. Guéron and J. Lecarme (eds), *The Syntax of Time*, Cambridge: MIT Press, 359–387.

Ippolito, Michela. 2013. *Subjunctive Conditionals*, Cambridge: MIT Press.

James, Deborah. 1982. Past tense and the hypothetical. A cross-linguistic study, *Studies in Language* (6), 375–403.

Karawani, Hadil. 2014. *The Real, the Fake, and the Fake Fake in Counterfactual Conditionals, Crosslinguistically*, Doctoral dissertation, Universiteit Amsterdam: Amsterdam.

Langacker, Ronald W. 1978. The form and the meaning of the English auxiliaries, *Language* 54: 853–882.

Langacker, Ronald W. 1991. The Auxiliary: Grounding. In *Foundations of Cognitive Grammar* (vol. 2), Stanford: Stanford University Press, 240–281.

Leonetti, Manuel, Escandell-Vidal, Victoria. 2003. On the Quotative readings of Spanish Imperfecto, *Cuadernos de Lingüística* Vol. x: 135–154.

Lyons, John. 1977. *Semantics*, Cambridge: Cambridge University Press.

MacFarlane John. 2011. Epistemic Modals are Assessment-Sensitive. In A. Egand and B. Weatherson (eds), *Epistemic Modality*, Oxford: Oxford University Press, 144–178.

Martin, Fabienne. 2015. The imperfective in subjunctive conditionals: fake or real aspect? In T. Brochhagen, F. Roelofsen and N. Theiler (Eds.), *Proceedings of the 20th Amsterdam Colloquium*, Amsterdam: Universiteit Amsterdam, 266–275.

Martin, Fabienne. Forthcoming. 'The fake imperfective aspect in subjunctive conditionals is real', *Proceedings of NELS 46*.

Martin, Robert. 1991. Types de procès et systèmes hypothétiques; de l'aspect 'de re' à l'aspect 'de dicto', *Travaux de linguistique et de philologie* (22): 87–95.

Martínez-Atienza, María. 2012. Formas verbales en contraste en italiano y en español:

similitudes, diferencias y explicación, *Revista Electrónica de Lingüística Aplicada* 11: 69–86.

Mellet, Sylvie. 1988. *L'imparfait de l'indicatif en latin classique. Temps, aspect, modalité*, Leuven: Peeters.

Ogihara, Toshiyuki. 1989. *Temporal reference in English and Japanese*, Doctoral Dissertation, University of Texas: Austin.

Ogihara, Toshiyuki. 2013. Counterfactual conditionals and focus. *English Linguistics* 30: 509–539.

Palmer, Frank. 1986. *Mood and Modality*, Cambridge: Cambridge University Press.

Patard, Adeline. 2007. *L'un et le multiple. L'imparfait de l'indicatif en français: valeur en langue et usages en discours*, Doctoral dissertation. Université Paul-Valéry: Montpellier, France.

Patard, Adeline. 2011. The epistemic uses of the English simple past and French imparfait. In Patard, A. and Brisard, F. (Eds.), *Cognitive Approaches to Tense, Aspect, and Epistemic Modality*. Amstderdam: John Benjamins, pp. 279–310.

Patard, Adeline. 2012. Aspect, dialogisme et modalité. Théorie et analyse de quatre langues européennes. In J. Bres, A. Nowakowska, J.-M. Sarale and S. Sarrazin (Eds.), *Dialogisme: langue, discours*, Berlin: Peter Lang, 77–92.

Patard, Adeline. 2014. When tense and aspect conveys modality: reflections on the modal uses of past tenses in Romance and Germanic languages. *Journal of Pragmatics* (71): 69–97.

Patard, Adeline and De Mulder, Walter. 2014. Aux origines des emplois modaux de l'imparfait: Le cas de l'emploi hypothétique et de l'emploi contrefactuel. *Langages* (193): 33–47.

Patard, Adeline, Natalia Grabar and Walter De Mulder. 2015. Etude diachronique du conditionnel passé ou l'origine de la contrefactualité. *Journal of French Language Studies* 25(2): 189–211.

Patard, Adeline and Richard, Arnaud. 2011. Attenuation in French simple tenses. *Cahiers Chronos* (22): 179–209.

Reichenbach, Hans. 1947. *Elements of Symbolic Logic*. New York: Free Press.

Romero, Maribel. 2014. Fake tense in counterfactuals: A temporal remoteness approach. In L. Crnič and U. Sauerland (Eds.), *The Art and Craft of Semantics: A Festschrift for Irene Heim*, volume 2, *MITWPL* 71: 47–63.

Sabanééva, Margarita, 1996. *Essai sur l'évolution du subjonctif latin*. Louvain: Peeters.

Schulz, Katrin. 2014. Fake tense in conditional sentences: a modal approach. *Natural Language Semantics* 22:117–144.

Smith, Carlota. 1991/1997. The Parameter of Aspect, Dordrecht: Kluwer.

Stalnaker, Robert. 1975. Indicative conditionals. In Kasher, A. (Ed.), *Language in Focus: Foundations Methods and Systems*, Reidel: Dordrecht, 179–196.

Steele, Susan. 1975. Past and irrealis: just what does it all mean? *International journal of American linguistics* 41(3): 200–217.

Tedeschi, Philip J. 1981. Some evidence for a branching-futures semantic model. In Tedeschi, Z., and Zaenen, A. (Eds.), *Tense and Aspect* (Volume 14 of *Syntax and Semantics*). Academic Press: New York, 239–270.

Thomas, François. 1938. *Recherches sur le subjonctif latin. Histoire et valeur des formes*, Paris: Klincksieck.

Tomasello, Michael. 2003. *Constructing a Language: A Usage-Based Theory of Language Acquisition*, Cambridge: Harvard University Press.

Traugott, Elizabeth Closs, Trousdale Graeme. 2013. *Constructionalization and constructional changes*, Oxford: Oxford University Press.

Van linden, An and Verstraete, Jean-Christophe. 2008. The nature and origins of counterfactuality in simple clauses. Cross-linguistic evidence. *Journal of Pragmatics* 40: 1865–1895.

Verstraete, Jean-Christophe. 2006. The nature of irreality in the past domain: evidence from past intentional constructions in Australian languages. *Australian Journal of Linguistics* 26(1): 59–79.

von Fintel, Kai. 1998. The presupposition of subjunctive conditionals. In U. Sauerland and O. Percus (Eds.), *The Interpretive Tract* (vol. 25 of *MIT Working Papers in Linguistics*), MIT: Cambridge, pp. 29–44.

Wagner, Robert-Léon. 1939. *Les phrases hypothétiques commençant par "si" dans la langue française, des origines à la fin du XVIe siècle*. Paris: Droz.

Yvon, Henri. 1958. Supposition, subjonctif et conditionnel. *Le Français Moderne* 26(3): 161–183.

Ziegeler, Debra. 2000. *Hypothetical Modality. Grammaticalisation in an L2 Dialect*. Amsterdam/Philadelphia: John Benjamins.

Ziegeler, Debra. 2003. The Development of Counterfactual Implicatures in English: A Case of Metonymy or M-Inference? In: Panther, K.-U. / Thornburg, L.L. (Eds.), *Metonymy and Pragmatic Inferencing*. Amsterdam: Netherlands: Benjamins, 169–203.

CHAPTER 8

Le « récit de récit » à l'imparfait en italien : la piste évidentielle[*]

Laura Baranzini

1 Introduction

Dans cet article, nous examinons un groupe d'emplois de l'imparfait en italien que nous avons proposé de considérer (Baranzini & Ricci 2015) comme constituant une catégorie unitaire. La réflexion théorique sur le comportement de ces emplois dits « de récit de récit » concerne d'une part l'articulation entre ces derniers et un emploi bien plus connu et étudié de l'imparfait, à savoir l'imparfait narratif, et de l'autre la discussion à propos de la nature aspectuelle même de l'imparfait : tous les emplois étudiés se caractérisent en effet par la possibilité d'interpréter la forme verbale, typiquement associée à l'imperfectivité, comme imperfective ou comme perfective suivant le contexte et l'aspect lexical du verbe considéré (cf. Baranzini 2016).

La présente étude ne revient pas sur la discussion théorique ni sur la caractérisation de la sémantique de l'imparfait en italien ; nous chercherons plutôt, à partir de la réflexion existant autour de cette thématique, à tester une hypothèse récente de description de ces emplois en termes évidentiels, en présentant et en discutant les résultats d'une enquête menée auprès d'une centaine de locuteurs natifs de l'italien, afin de vérifier, dans les limites de phénomènes nuancés et difficiles à isoler, la validité de l'hypothèse. Les conclusions, nécessairement partielles, montrent que l'hypothèse évidentielle peut être maintenue à la lumière des résultats de l'enquête, tout en nécessitant un approfondissement et une restriction des phénomènes observés.

L'imparfait est ici observé dans ses effets de type évidentiel associés à sa nature aspectuelle ; en effet, les emplois discutés se définissent – sans que le paramètre temporel soit modifié – par une opposition aspectuelle au niveau textuel entre des narrations où des temps perfectifs sont présents et des narrations entièrement à l'imparfait. L'observation des données permet par exem-

---

[*] Ce travail s'inscrit dans le cadre du projet du Fonds national suisse de la recherche scientifique (FNS) intitulé « Modalité, évidentialité et prise en charge énonciative en italien » (projet 300P1_158397).

© KONINKLIJKE BRILL NV, LEIDEN, 2019 | DOI:10.1163/9789004401006_009

ple de mettre en lumière des liens entre les effets évidentiels et la possibilité de l'imparfait de s'insérer dans les contextes perfectifs, alors qu'elle exclut l'hypothèse d'une influence directe des traits modaux de la forme verbale.

2   L'articulation des emplois de l'imparfait en italien

Toutes les descriptions de l'imparfait qu'on rencontre dans la littérature consacrent une certaine attention à la grande diversité des emplois de cette forme. Les catégories recensées sont souvent hétérogènes et peuvent se baser sur des critères implicites relevant de la situation de communication ou du type de contenu exprimé. On peut alors parler d'imparfait « onirique », d'imparfait « ludique » ou d'imparfait « de politesse »[1], parmi beaucoup d'autres. En général, il semble que la nécessité de se référer à un type d'emploi distinct de l'imparfait soi-disant standard se présente dans des situations typiques d'écart entre un des traits considérés comme définitoires de la forme et son comportement dans des contextes spécifiques. Il arrive ainsi, par exemple, que ce temps du passé se réfère à une situation présente, comme c'est le cas pour l'imparfait de politesse ou pour l'imparfait de programmation[2] (Bazzanella 1990 ; Baranzini & Ricci 2015 ; Baranzini 2016), exemplifiés ci-dessous en 1 et 2 respectivement :

(1)[3] Salve le **chiedevo** se servite piatti a base di pesce e se siete aperti a pasqua[4].
       « Bonjour je (voulais) vous demander si vous servez des plats à base de poisson et si vous êtes ouvert à Pâques. »

(2)   Stasera **andavamo** a Roma ; che fai, vieni[5] ?
       « Ce soir nous (*pensions*) *aller* à Rome : qu'est-ce que tu fais ? Tu viens avec nous ? »

---

1   Un exemple d'imparfait onirique est donné en 8, tandis que 9 illustre l'imparfait dit ludique ou préludique. Pour l'imparfait de politesse, voir 1.

2   L'emploi de programmation a rarement reçu l'attention des linguistes ; la catégorie proposée par Bazzanella (1990) avec l'étiquette de « potential imperfetto » ne correspond pas à l'imparfait de programmation tel qu'il est exemplifié ici et dans Baranzini & Ricci (2015), puisque nous considérons que cet emploi n'implique pas une non réalisation du procès.

3   Les exemples, authentiques ou manipulés à partir d'énoncés authentiques, sont présentés dans leur forme originale, sans correction ou normalisation.

4   Tripadvisor.it (exemple repris de Baranzini & Ricci 2015 : 39).

5   Ask.fm (exemple repris de Baranzini & Ricci 2015 : 37).

Il arrive également que ce temps de l'indicatif passé permette de se référer à un procès non réalisé, qui reste à un niveau d'expression potentielle, comme dans l'imparfait contrefactuel:

(3)   Incidente aereo, Capirossi illeso. «Ho avuto paura, sì, tanta paura. Altri trenta secondi e non **c'ero** più.»[6]
Accident d'avion, Capirossi s'en sort indemne. «J'ai eu peur, oui, très peur. Trente secondes de plus et je n'étais plus là.»

Ou encore qu'un temps imperfectif d'arrière-plan narratif puisse être utilisé pour mettre un événement au premier plan dans une suite d'événements qui se succèdent, et être interprété comme perfectif: c'est le cas, bien connu, de l'imparfait narratif (pour le français, par exemple, Bres 2005a, b ou Saussure & Sthioul 2005):

(4)   La madre, due ore più tardi, ci **accoglieva** sorridendo, pronta a chiacchierare di tutto.
Della figlia diceva che era stramba[7].
«La mère, deux heures plus tard, nous accueillait en souriant, prête à discuter de tout. De sa fille, elle disait qu'elle était bizarre.»

La littérature sur l'italien s'intéresse à l'imparfait narratif dans des études plus vastes consacrées plus génériquement aux emplois (ou à d'autres emplois) de l'imparfait (Bertinetto 1986, 1991; Bazzanella 1990; Lo Duca 1995; Ronconi 1943, 1944-1945; Nannoni 2004, etc.). Dans Bertinetto (1986, 1991), ainsi que dans Bazzanella (1990), les multiples emplois normalement identifiés sont discutés et ordonnés, et il est question de leur réorganisation autour de deux grandes catégories: les emplois modaux d'une part, et les emplois dérivant des effets liés aux propriétés aspectuelles de l'autre. L'imparfait narratif – illustré par des cas comme (4) et des cas de «récit de récit»[8], comme nous le verrons dans ce qui suit – s'insère dans les emplois temporels. De façon analogue, Wiberg (2010) décrit l'imparfait comme une forme qui présente des caractères tout aussi bien temporaux que modaux. L'imparfait narratif est mentionné à l'intérieur d'une liste de manifestations aspectuelles (imparfait

---

6   Motograndprix.motorionline.com (exemple repris de Baranzini & Ricci 2015: 38).

7   Dacia Maraini, *L'età del malessere*, p. 55 (exemple repris de Wiberg 2010).

8   Mais remarquons que d'autres emplois que nous traiterons ici comme appartenant à la macro-catégorie des imparfaits «de récit de récit» (tels que l'imparfait onirique ou l'imparfait ludique) se retrouvent souvent parmi les emplois modaux.

progressif, habituel, continu, narratif), en opposition à la macro-catégorie suivante, qui est celle des emplois modaux.

Les critères considérés amènent de ce fait à un certain nombre de catégories hétérogènes, se définissant au niveau temporel, aspectuel ou modal, ou par une interaction particulière des trois niveaux. De plus, on voit que les critères plus «formels» sont accompagnés de catégorisations de nature différente, qui permettent une distinction supplémentaire en emplois plus spécifiques: il s'agit alors de considérations fonctionnelles (emploi *de politesse*) ou textuelles (emploi *onirique* ou *préludique*), qui ne considèrent plus uniquement la forme verbale et son interprétation tempo-aspectuelle, mais qui prennent aussi en compte des données de contenu ou de situation d'énonciation comme critères de classification.

Parmi ces emplois, certaines constructions plus définies, impliquant une articulation plus complexe au niveau syntaxico-sémantique ou textuel, ont bénéficié d'études plus approfondies, du moins pour ce qui concerne le français. C'est le cas, notamment, de l'imparfait contrefactuel (Berthonneau & Kleiber 2003, 2006; Bres 2006, 2009) et, comme nous l'avons évoqué plus haut, de l'imparfait narratif (nous rappelons, parmi d'autres, Bres 2005a, b; Berthonneau & Kleiber 1999, 2000; Saussure & Sthioul 1999, 2005; Vetters & Mulder 2003).

2.1 *L'imparfait narratif*

Nous avons vu que l'imparfait narratif n'est normalement pas inclus, dans la littérature portant sur l'italien, dans le domaine des «emplois modaux» de l'imparfait; son statut est plus souvent celui d'une variante aspectuelle de l'imparfait temporel standard. Toutefois, même en ne l'associant pas aux emplois modaux, on reconnaît à l'imparfait narratif la capacité, dans certains contextes et avec certains effets associés, d'exprimer des procès perfectifs, comme dans (4), ici repris sous (5):

(5) La madre, due ore più tardi, ci **accoglieva** sorridendo, pronta a chiacchierare di tutto.
Della figlia diceva che era stramba.
«La mère, deux heures plus tard, nous accueillait en souriant, prête à discuter de tout. De sa fille, elle disait qu'elle était bizarre.»

Ces cas d'imparfait sont normalement présentés comme une anomalie aspectuelle de nature pragmatique: la forme verbale, se trouvant dans un contexte qui demande une interprétation en termes de succession temporelle, est interprétée comme perfective, puisque le procès ne peut qu'être terminé. C'est notamment le cas avec la description de ce fonctionnement dans Vetters (1993, 2009) ou Caudal & Vetters (2005), où les auteurs en viennent à s'interroger sur le statut aspectuel de l'imparfait du français. La lecture perfective associée à l'imparfait narratif légitime en effet une hypothèse globale sur la nature aspectuelle sous-déterminée de cette forme verbale, qui est cependant finalement rejetée par les auteurs. L'imparfait n'est donc pas considéré comme aspectuellement ouvert, mais reste associé à un trait imperfectif. La même explication, en termes de lecture aspectuelle déterminée par le contexte perfectif, se retrouve le plus souvent dans les travaux sur le français déjà mentionnés ci-dessus.

L'interprétation perfective de l'imparfait est notamment favorisée par la nécessité d'une lecture bornée du procès lorsque celui-ci apparaît dans une série de procès en succession, ainsi que par l'association de la forme considérée comme typiquement imperfective à des procès lexicalement perfectifs : d'une part, la seule lecture pertinente d'une suite d'événements en succession implique la conclusion de chaque événement individuel, et, de l'autre, le conflit interprétatif attribuerait à l'aspect lexical (et aux éventuelles expressions adverbiales) plus de poids qu'à l'information aspectuelle véhiculée par le temps verbal.

L'emploi narratif, courant en littérature ou dans les récits historiques, pourrait donc être défini par les caractéristiques suivantes :
- il est interprété comme perfectif, aidé par le contexte et d'éventuels indices linguistiques ;
- il appartient à des genres textuels plus ou moins identifiables ;
- il exprime un procès ou une série de procès en succession à l'intérieur d'une narration plus étendue où la narration de premier plan est assurée par des temps perfectifs (notamment le passé simple).

Pour ce qui concerne le dernier point, nous avons vu que – surtout dans la littérature sur l'italien mais occasionnellement sur le français aussi – il est possible de rencontrer des exemples de narration où l'imparfait gère seul la progression des événements, sans qu'on explicite clairement la différence entre les deux cas de figure (une narration avec alternance de temps – ou au passé simple – où un « imparfait perfectif » intervient *vs* une narration moyennement étendue où l'on trouve seulement l'imparfait) ni les raisons de l'impossibilité de construire une nouvelle ou un roman entièrement à l'imparfait.

Comme nous avons essayé de le montrer dans Baranzini (2016), les faits présentés jusqu'ici sont également compatibles avec une description non imperfective de la forme même de l'imparfait de l'italien, qui serait en train de perdre son trait aspectuel fort en direction d'une sous-détermination aspectuelle. Une caractérisation de l'imparfait italien comme prétérit (hypothèse écartée pour le français, comme nous venons de le mentionner) permettrait d'offrir une description unifiée de tous les emplois de l'imparfait qui demandent une interprétation perfective. Cette interprétation, considérée comme déviante par rapport au trait aspectuel normalement associé à la forme, serait de ce fait parfaitement compatible avec sa sous-détermination aspectuelle.

2.2 *Les imparfaits en contexte non imperfectif*

Si l'imparfait narratif est cité et étudié, le rapprochement n'est pas toujours fait avec d'autres emplois de l'imparfait, qui cependant partagent au moins un trait important de son comportement, c'est-à-dire l'interprétation aspectuelle perfective. En effet, il ressort d'un regard synoptique sur les emplois traditionnellement identifiés de l'imparfait (cf. Baranzini & Ricci 2015) que ce qu'on peut appeler l'«anomalie aspectuelle» de l'imparfait ne caractérise pas que l'emploi narratif: l'interprétation – dans des conditions contextuelles et lexicales favorables – est perfective aussi dans l'emploi «journalistique»[9] (ex. 7), l'emploi «onirique» (ex. 8), l'emploi «ludique» (ex. 9), l'imparfait «de programmation» (ex. 2), l'imparfait «contrefactuel» (ex. 3) et, probablement, dans l'emploi «de politesse» (ex. 1). Or, si pour une partie de ces emplois il est possible de trouver des explications *ad hoc* de leur «perfectivité»[10], il reste néanmoins à rendre compte d'une vaste gamme de contextes où la caractérisation aspectuelle standard du temps verbal semble ne pas être respectée.

Dans des études plus étendues sur l'imparfait en français – nous pensons en particulier à Patard (2007) –, ainsi que dans plusieurs descriptions de l'italien, il est possible de trouver des exemples de narration «journalistique» dans la partie consacrée à l'imparfait narratif, ce qui reviendrait à une catégorisation unique de plusieurs cas qui nous intéressent ici.

---

9   Remarquons que l'emploi journalistique (ou historique) est souvent assimilé à l'emploi narratif. Un exemple prototypique d'emploi journalistique (ou historique) sans alternance de temps est celui cité par Roggia (2010): «*Nel giugno 2009 venivo chiamato dal dottor Turatto per dirmi di lasciare i locali dove avevo l'ufficio. Precisava che non sapeva chi fossi e cosa facessi, e nello spiegargli cosa facevo o, ancor meglio, cosa avevo fatto gli consegnavo il mio curriculum.*» [...] («La Repubblica» 26 febbraio 2010) (En juin 2009 j'être-IMP appelé par le docteur Turatto pour me dire de quitter les locaux où j'avais mon bureau. Il préciser-IMP qu'il ne savait pas qui j'étais ni ce que je faisais, et en lui expliquant ce que je faisais ou, mieux encore, ce que j'avais fait, je lui remettre-IMP mon cv.).

10 Il est par exemple possible de ramener à un état les procès exprimés à l'imparfait lorsque l'on est dans un contexte de programmation, contrefactuel ou de politesse, en postulant la référence à une phase temporelle passée où un état de choses donné était valable.

LE «RÉCIT DE RÉCIT» À L'IMPARFAIT EN ITALIEN

2.3   Une nouvelle catégorie?

Dans Baranzini & Ricci (2015) nous avons abordé la question relative à ces emplois de l'imparfait en italien afin d'isoler des traits nous permettant éventuellement de regrouper plusieurs de ces cas sous une seule macro-catégorie. Parmi les emplois présentant une lecture perfective de la forme à l'imparfait, nous avons donc isolé tous ceux qui permettent de gérer une narration complète par cette forme verbale, avec progression temporelle d'une suite d'événements. Ce deuxième critère, de nature textuelle, nous a permis d'exclure l'imparfait de politesse (normalement limité à une seule forme verbale, et fortement figé pour ce qui concerne les contextes d'emploi et le choix lexical du verbe) et l'imparfait narratif prototypique (qui est inséré dans une narration avec alternance de temps[11]), et de laisser momentanément de côté les emplois plus figés et moins étendus qui mériteraient une discussion spécifique, comme l'imparfait de programmation, ou l'imparfait contrefactuel. Les emplois répondant au double critère aspectuel et narratif sont donc, pour ce qui nous intéresse ici, le récit de film, de roman ou de documentaire (ex. 6), l'imparfait bureaucratique et journalistique (ex. 7), l'imparfait onirique (ex. 8) et l'imparfait ludique ou pré-ludique[12] (ex. 9):

(6)   [...] sul secondo canale aveva visto questo film dove una donna, in seguito a una specie di maleficio, **diventava** prima sorda poi muta poi cieca e alla fine **moriva**[13].

«[...] sur la deuxième chaîne il/elle avait vu ce film où une femme, suite à une sorte d'enchantement, devenait d'abord sourde, puis muette, ensuite aveugle et pour finir elle mourait.»

(7)   Durante il regolare pattugliamento il personale del Commissariato in servizio di vigilanza **notavano** un commerciante rossanese che, visibilmente adirato, **gridava** in viale dei Normanni di Rossano. Gli operatori di polizia si **fermavano** apprendendo che poco prima aveva subito un'aggressione da parte del Manzi Mario, il quale aveva cercato di estorcergli del danaro

---

11   Si dans Patard (2007), et d'autres travaux sur le français, nous pouvons déjà trouver une mise en discussion de l'idée que l'imparfait narratif soit toujours un imparfait «de rupture», nous en venons ici à exclure de notre nouvelle catégorie tous les cas où la narration n'est pas entièrement à l'imparfait.

12   Remarquons par ailleurs que les exemples de «narratif» entièrement à l'imparfait dans Patard (2007) sont justement des cas de «récit de récit» (des comptes rendus sportifs, en l'occurrence), tandis que tous les autres extraits resteraient pour nous des imparfait narratifs classiques.

13   Francesca Ramos, *Diciotto ossa rotte*, Baldini & Castoldi, 2014.

con la minaccia che se non pagava non poteva stare più in quella via a vendere carciofi con il suo mezzo altrimenti ci avrebbe messo suo figlio con il camion, e lo avrebbe ammazzato. Non ricevendo riscontro a tale richiesta estorsiva, il Manzi Mario **prelevava** dalla sua autovettura una mazza da baseball con la quale **aggrediva** la vittima, che, al fine di non essere percosso, **riusciva** a impossessarsi della mazza e, dopo una colluttazione, il Manzi Mario **cadeva** a terra e vistosi disarmato **si allontanava** a bordo della sua autovettura[14].

«Pendant la ronde régulière de la patrouille, le personnel du Commissariat en service de surveillance remarquaient un commerçant de Rossano qui, visiblement fâché, criait dans le Viale dei Normanni de Rossano. Les policiers s'arrêtaient et apprenaient que peu avant il avait subi une agression de la part de Manzi Mario, qui avait essayé de lui soutirer de l'argent en le menaçant : s'il ne payait pas, il ne pouvait plus rester dans cette rue-là pour vendre ses artichauts, sans quoi il y aurait placé son fils avec son camion et il l'aurait tué. Comme il n'obtenait aucun résultat par ce chantage, Manzi Mario sortait de sa voiture une batte avec laquelle il agressait la victime qui, pour éviter les coups, arrivait à s'emparer de la batte, et, après un corps à corps, Manzi Mario tombait par terre et, se voyant désarmé, s'éloignait dans son véhicule.»

(8) Ho sognato mio cugino che è morto tanti anni fa' era vivo ma poi **moriva** ancora cosa vuol dire??? [15]

«J'ai rêvé de mon cousin qui est mort il y a longtemps il était vivant mais ensuite il mourait encore une fois qu'est-ce que ça signifie?»

(9) Io **ero** un Principe a cui avevano rubato il trono e per questo **mi ero dato** alla vita piratesca, **salvavo** una principessa rapita dai pirati cattivi e **diventavo** ricco[16].

«Moi, j'étais un Prince à qui on avait volé le trône et à cause de ça je m'étais adonné à la vie de pirate, je sauvais une princesse enlevée par les méchants pirates et je devenais riche.»

---

14   Quicosenza.it.

15   Www.sogni.guru.

16   Claudio Madia, *L'isola della paura*, Feltrinelli.

LE « RÉCIT DE RÉCIT » À L'IMPARFAIT EN ITALIEN

3 La piste évidentielle : hypothèse[17]

3.1 L'imparfait « de récit de récit »

La nouvelle catégorie permet donc de ne pas opérer de distinction sur la base du contenu de la narration, ni sur celle de la situation d'énonciation, en se tenant aux deux traits définitoires formels déjà mentionnés, à savoir la lecture aspectuelle perfective (entraînant une interprétation en termes de succession temporelle), et la gestion globale de la narration.

Ce nouveau regroupement nous a amenées à constater que, dans tous ces emplois constituant la nouvelle catégorie, l'imparfait semble se présenter en italien lorsque la narration a pour objet un autre objet narratif « formellement » délimité. En d'autres termes, la narration exprimée à l'imparfait est le récit d'une narration précédente, qui doit déjà se caractériser la première fois comme un objet narratif construit. Ce dernier peut être de différentes natures ; comme nous l'avons vu, la première narration peut consister en un film, un roman (ou autre narration audio-visuelle), ou en un témoignage ; seuls les récits spontanés, qui ne peuvent pas être reconnus comme unités pré-existantes, n'admettent pas cette variante narrative.

Nous avons de ce fait avancé l'hypothèse qu'une catégorie d'ordre supérieur pouvait être actualisée, à partir du regroupement de catégories répondant à des critères distinctifs moins homogènes : l'étiquette proposée pour la nouvelle catégorie est celle d'imparfait « de récit de récit », et s'appliquerait au moins à l'imparfait bureaucratique, à l'imparfait journalistique, à l'imparfait onirique, ainsi qu'à l'imparfait de « résumé » d'œuvres narratives diverses ; le cas de l'imparfait préludique[18] peut également être ramené à la définition, bien que son statut prête plus facilement à discussion.

3.2 Imparfait et évidentialité

Si la caractérisation fonctionnelle proposée pour la catégorie prend en compte deux niveaux de narration, et qu'elle propose de voir dans ce groupe d'emploi un type de narration spécifique, à savoir la narration d'un objet-récit dont le locuteur a déjà été témoin une première fois, lorsque cette configuration contextuelle se réalise, la narration à l'imparfait ne s'impose pas, mais la possibilité se présente de l'utiliser comme alternative à la narration avec une distinction aspectuelle de type morphologique. Le locuteur peut en effet choisir de

---

17 Le travail présenté dans cet article a été mené en collaboration avec Claudia Ricci, aussi bien au niveau de la réflexion théorique qu'au niveau de la mise en place pratique de la récolte des données (Université de Neuchâtel).

18 Pour une étude détaillée de cet emploi en français, cf. Patard (2010).

focaliser la nature de double récit en employant la forme temporelle unique, ou de raconter les événements sans mettre en évidence ce cadre de double médiation narrative. Dans ce dernier cas, il va alterner les formes de l'imparfait pour les situations imperfectives avec des formes perfectives.

Nous remarquons de ce fait que la narration avec des imparfaits d'arrière-plan et des temps perfectifs de progression temporelle est *a priori* possible dans tous les emplois considérés; ceci signifie que toute considération à propos des effets dérivant d'une variante ou de l'autre va devoir être testée par des critères plus complexes et plus nuancés que la simple acceptabilité ou inacceptabilité dans un contexte donné.

Une description en ces termes a pour conséquence d'attribuer à l'imparfait, dans certains contextes déterminés *a priori*, un fonctionnement évidentiel : le choix d'une forme verbale là où une autre forme concurrente non marquée serait attendue pour des raisons aspectuelles identifierait le locuteur comme source seconde du contenu de l'énoncé, et une narration à laquelle le locuteur a déjà assisté comme source première. De ce fait, la morphologie verbale de l'imparfait italien aurait – au-delà de ses traits tempo-aspectuels – une possible fonction évidentielle directe (*source of knowing*) et indirecte (*mode of knowing*) (cf. Squartini 2001, 2008; Cornillie 2009 etc.).

4   Données préliminaires

Il apparaît assez clairement que l'hypothèse nous met face à des obstacles méthodologiques importants : d'une part, elle fait des prévisions en termes de choix de focalisation, et ne permet pas facilement, *a priori*, de trouver un nombre significatif de cas où un des deux types de narration ne serait pas admis. Une étude de corpus permettant de comparer des données quantitatives sur les contextes d'apparition de l'un ou de l'autre choix pourrait donc aider la compréhension du fonctionnement de cet usage verbal. D'autre part, cette hypothèse concerne des narrations assez rares, typiques de la langue écrite seulement dans les cas où l'emploi est fortement figé, et menacées par la forme concurrente particulièrement puissante qu'est le présent. La difficulté de repérage des occurrences rend pourtant l'analyse quantitative sur corpus quasiment impossible.

Afin de disposer d'un nombre de données minimal, nous avons décidé de baser une première phase de l'analyse non pas sur une recherche de corpus, mais sur une enquête menée auprès de locuteurs natifs, dans le but de comparer les taux d'acceptabilité obtenus. Les limites d'une telle approche sont évidentes, et nous serons d'autant plus prudents dans l'interprétation des résultats.

4.1 L'enquête

L'enquête se déroule sous forme de questionnaire en ligne: celui-ci est constitué de 27 énoncés[19] (ou suites d'énoncés ou dialogues) qui ont été soumis à environ 110 locuteurs natifs de l'italien de différentes régions linguistiques[20]. Les répondants ne connaissaient pas l'objet spécifique du questionnaire – bien qu'il ne soit pas impossible à reconstruire – et étaient invités à ne pas trop s'attarder sur chaque item: les réponses devaient être données spontanément, sans s'intéresser attentivement au contenu, et – si possible – sans revenir en arrière pour des changements. Pour chaque item, ils avaient à disposition trois jugements d'acceptabilité de niveau décroissant: *naturel, bizarre* ou *impossible*.

Les items sont construits sur la base d'exemples authentiques manipulés[21] afin d'obtenir des paires d'exemples où l'un des deux éléments présente des temps perfectifs ou une alternance de temps (l'imparfait dans les contextes imperfectifs et des temps perfectifs dans les contextes perfectifs) tandis que le deuxième élément maintient la même narration en exprimant tous les procès avec des formes verbales à l'imparfait. Le choix des narrations pour chaque paire a dû être opéré *a priori*, sur la base d'hypothèses à propos des paramètres potentiellement pertinents pour l'analyse. Les contextes sélectionnés correspondent à des emplois « non imperfectifs » narratifs de l'imparfait reconnus dans la littérature, auxquels nous avons ajouté un nombre restreint d'autres types de narration. Les paramètres que nous avons jugés potentiellement pertinents sont les suivants:

– le « paramètre modal »: nous avons opposé des cas où les événements racontés sont réels à d'autres où les événements sont fictionnels, et à des cas où des événements réels (par exemple historiques) sont insérés dans un contexte de fiction;

– le « paramètre évidentiel »: nous avons opposé des cas où les événements ont été vécus ou vus par le locuteur à d'autres où le locuteur rapporte des événements appris par une source tierce;

– le « paramètre situationnel »: nous avons opposé différentes situations de narration telles que le récit de rêve, l'exposition d'un scénario de jeu, la rédaction d'une chronique journalistique, etc.;

---

19   La liste complète des énoncés est disponible à l'adresse suivante: https://goo.gl/forms/rvoXbwrWOzCPWo2q1.

20   Le questionnaire a été diffusé par contacts personnels et via les réseaux sociaux, avec prière de le diffuser. Au premier niveau de diffusion il a été possible de favoriser la variation diatopique et de garantir une certaine présence de répondants sans formation en linguistique. L'attention accordée à ces deux paramètres est due à un simple souci de précaution, et ne découle pas d'une réflexion théorique plus spécifique.

21   Selon les cas, l'exemple authentique présente l'alternance des temps ou l'imparfait seul.

- le « paramètre textuel » : nous avons opposé des récits complets à des sous-parties de récits d'événements partiellement déjà connus par l'interlocuteur.

Nous illustrons les caractéristiques de chaque exemple dans le tableau suivant, afin d'avoir une vision globale de la structure du questionnaire :

TABLEAU 8.1   Description détaillée des énoncés insérés dans le questionnaire

Type de récit	Occurrences avec alternance des temps verbaux	Occurrences entièrement à l'imparfait
Récit spontané de faits réels vécus par le locuteur	1 (ex. 10)	1 (ex. 11)
Récit spontané d'un récit de faits réels vécu par une tierce personne	1 (ex. 12)	1 (ex. 13)
Récit de documentaire (faits réels spécifiques ; référence directe impossible)	1 (ex. 20)	1 (ex. 21)
Récit de documentaire (faits réels historiques ; référence directe possible)	1 (ex. 18)	1 (ex. 19)
Récit de roman (fiction ; référence directe aux événements impossible)	1 (ex. 29)	1 (ex. 30)
Récit de film (fiction ; référence directe aux événements impossible)	2 (ex. 24 et 26)	2 (ex. 25 et 27)
Récit de film (faits historiques ; référence directe aux événements possible)	1 (ex. 22)	1 (+1)[a] (ex. 23 et 28)
Récit de fin de film (vision du début partagée par les interlocuteurs)	1 (ex. 31)	1 (ex. 32)
Procès-verbal (police)	1 (ex. 14)	1 (ex. 15)
Article de journal (fait divers)	1 (ex. 16)	1 (ex. 17)
Récit de rêve	1 (ex. 33)	1 (ex. 34)
Scénario de jeu	1 (ex. 35)	1 (ex. 36)

a   Dans le cas du film basé sur des faits historiques, nous avons ajouté à la version à l'imparfait une variante avec incise (*non me lo ricordavo*, « je ne m'en souvenais plus »), qui pourrait favoriser, au moins pour le tout dernier prédicat, la référence directe aux événements historiques.

4.2 Premiers résultats

Dans ce paragraphe, nous illustrerons les premiers résultats issus de cette enquête, tout en rappelant la nécessité de disposer de données plus nombreuses et diversifiées pour pouvoir montrer des tendances fiables. Nous allons commencer par présenter un cas minoritaire, où l'une des deux variantes proposées a été massivement rejetée par les locuteurs italophones, et nous passerons ensuite aux nombreux cas où les deux variantes ont été acceptées, mais avec des pourcentages différents; lorsque l'opposition simple entre les deux configurations de temps verbaux n'est pas suffisamment productive, des comparaisons croisées entre couples d'exemples vont pouvoir nous offrir des éléments de réflexion importants pour l'enrichissement de notre hypothèse de départ.

Si cette hypothèse de départ prenait en compte une possible dimension évidentielle de ce type d'emploi de l'imparfait, il était central pour nous de vérifier, dès le départ, la possibilité de construire à l'imparfait un récit spontané à la première personne d'une suite d'événements réels. L'exemple minimal proposé dans le questionnaire était le suivant:

(10) L'anno scorso in vacanza **ho incontrato** un tipo simpaticissimo che mi **ha lasciato** il suo numero, e poi io **sono andata** a trovarlo[22].
« L'année passée pendant mes vacances je *rencontrer*.PC[23] un type vraiment sympa qui me *laisser*.PC son numéro, et après quelque temps je *aller*.PC lui rendre visite. »

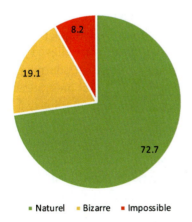

■ Naturel ■ Bizarre ■ Impossible

---

22 Pour tous les graphiques proposés, la valeur en vert correspond à la réponse « naturelle », la valeur en jaune à « bizarre », et la valeur rouge à « impossible ».

23 Pour chaque exemple, nous signalons si les formes verbales qui nous intéressent sont au passé composé (PC) ou à l'imparfait (IMP).

(11) L'anno scorso in vacanza **incontravo** un tipo simpaticissimo che mi **lasciava** il suo numero, e poi io **andavo** a trovarlo.
«L'année passée pendant mes vacances je *rencontrer*.IMP un type vraiment sympa qui me *laisser*.IMP son numéro, et après quelque temps je *aller*.IMP lui rendre visite.»

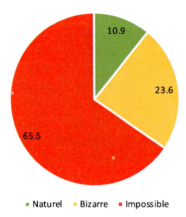

■ Naturel   ■ Bizarre   ■ Impossible

Les réponses concernant le récit spontané d'événements vécus par le locuteur sont nettes, et montrent que la variante naturelle pour l'expression des procès est, dans ce contexte, celle qui alterne l'imparfait avec des temps perfectifs. La narration entièrement à l'imparfait est massivement rejetée par les locuteurs.

Ce résultat – attendu et correspondant parfaitement aux intuitions *a priori* – permet de construire deux premières hypothèses brutes qui prennent en compte deux dimensions différentes, bien que reliées entre elles: d'une part, l'impossibilité d'exprimer ce type de narration à l'imparfait pourrait être due à la nature épistémique des événements racontés, qui sont présentés comme réels. D'autre part, il s'agit dans cet énoncé d'une narration directe à la première personne. La pertinence de cette dernière caractéristique de type évidentiel est testée avec une deuxième paire d'exemples, où la narration concerne toujours une suite d'événements réels racontés spontanément par le locuteur, mais où ce dernier explicite l'existence d'un passage narratif supplémentaire, mentionnant une source tierce qui serait à l'origine du récit:

(12) Ieri Marco mi ha raccontato che il mese scorso andando al lavoro **ha avuto** un incidente e **si è rotto** una gamba. Non lo sapevo proprio!
«Hier Marco m'a raconté que le mois passé, en allant au travail, il *avoir*.PC un accident et *se casser*.PC la jambe. Je ne le savais pas!»

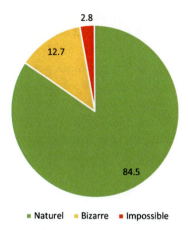

(13) Ieri Marco mi ha raccontato che il mese scorso andando al lavoro **aveva** un incidente e **si rompeva** una gamba. Non lo sapevo proprio!
«Hier Marco m'a raconté que le mois passé, en allant au travail, il *avoir*.IMP un accident et *se casser*.IMP la jambe. Je ne le savais pas!»

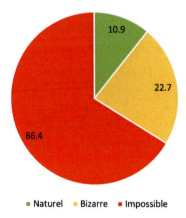

Si le paramètre évidentiel traditionnel, qui oppose des informations de première main à des informations de seconde main, jouait un rôle dans la sélection des temps verbaux, le pourcentage d'acceptation de l'énoncé où une source différente du locuteur est mentionnée devrait être sensiblement différent de celui relatif à l'énoncé précédent. Or, le questionnaire permet de montrer que ceci n'est pas le cas: en effet, environ 90% des locuteurs trouvent l'énoncé à l'imparfait impossible ou étrange en italien, tout comme pour la narration de première main.

À ce stade, il est donc possible d'écarter une hypothèse de type évidentiel « pur », et de redéfinir l'hypothèse en termes modaux : il est en effet légitime de tester si la nature épistémique des faits racontés joue un rôle dans la disponibilité des temps verbaux. Le cas échéant, les résultats obtenus pour les deux premières paires d'énoncés pourraient être expliqués par le fait que l'imparfait sélectionne des événements fictionnels, empêchant de ce fait son emploi exclusif (imperfectif *et* perfectif) lorsque les faits relatés sont réels.

Plusieurs réponses du questionnaire nous montrent cependant que le critère épistémique n'est pas en mesure d'expliquer l'alternance des temps verbaux : en effet, si son emploi est clairement bloqué pour les narrations spontanées, il est admis, bien qu'à des pourcentages d'acceptation significativement moins élevés par rapport à la variante préférée où il y a alternance avec les temps perfectifs, dans les procès-verbaux ou les rapports de police, qui relatent des faits réels, ainsi que dans les articles de journaux et dans les documentaires, comme le montrent les quatre exemples ci-dessous :

(14) Il querelante **ha notato** il comportamento sospetto del querelato e **ha provveduto** a segnalarlo alla polizia. In seguito alla segnalazione, il querelato **è stato interrogato** e **messo** sotto sorveglianza.
   « Le plaignant *remarquer*.PC le comportement suspect de l'accusé et il le *signaler*.PC à la police. À la suite du signalement, l'accusé *être interrogé*.PC et *mis* sous surveillance. »

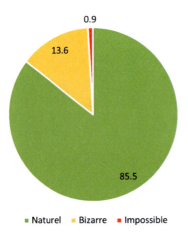

(15) Il querelante **notava** il comportamento sospetto del querelato e **provvedeva** a segnalarlo alla polizia. In seguito alla segnalazione, il querelato **veniva interrogato** e **messo** sotto sorveglianza.
   « Le plaignant *remarquer*.IMP le comportement suspect de l'accusé et il

le *signaler*.IMP à la police. À la suite du signalement, l'accusé *être interrogé*.IMP et *mis* sous surveillance. »[24]

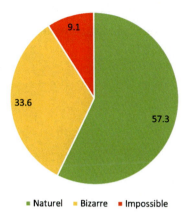

---

[24] Il est intéressant de remarquer que l'imparfait, dont la présence est souvent mentionnée comme étant un trait figé caractérisant les textes officiels/bureaucratiques au point de contribuer à une image caricaturale du genre, est considéré comme impossible ou bizarre par presque la moitié des locuteurs interrogés. Il s'agit en tout cas d'emplois figés, qui, bien que possibles, pourraient être considérés comme moins naturels et plus vieillis par rapport à la variante avec alternance (de plus, l'âge des participants à l'enquête pourrait être particulièrement peu élevé puisqu'une participation d'étudiants universitaires est vraisemblable, compte tenu du réseau de diffusion).

Malgré ces résultats, les exemples attestés de ce type d'emploi demeurent nombreux : l'imparfait constitue un trait caractérisque de ce genre textuel, à tel point qu'il peut arriver à pénétrer jusque dans le discours direct rapporté (alors que normalement, comme nous l'avons vu dans les premiers énoncés du questionnaire, il n'est pas possible de raconter à l'imparfait des événements vécus par le locuteur). Voici par exemple un extrait d'article de journal citant un rapport de police :

« *L'uomo, sempre in inglese, ci ordinava testualmente 'dateci il portafogli e i telefoni'* », *mette a verbale la ragazza, e poi* « *venivamo aggrediti dall'uomo che avevamo di fronte che subito colpiva* » *il ragazzo* « *al volto facendolo cadere a terra* ». *Dal buio, a quel punto, continua la polacca,* « *si materializzavano davanti a me prima due persone poi un terzo che mi immobilizzavano, buttandomi a terra, poggiandomi di schiena sulla sabbia e colpendomi con più colpi al volto, alla testa e sul corpo* ». (ilfattoquotidiano.it) [« L'homme, toujours en anglais, nous *ordonner*.IMP textuellement 'donnez-nous votre portefeuille et vos téléphones' », déclare la jeune femme dans le procès-verbal, et par la suite « nous *être*.IMP aggressés par l'homme qui était devant nous, qui *frapper*.IMP immédiatement » le jeune homme « au visage en le faisant tomber par terre ». Sortant du noir, à ce moment-là – continue la femme polonaise – « *se matérialiser*.IMP devant nous deux personnes d'abord, et ensuite une troisième, qui *m'immobiliser*.IMP, me jetant à terre, me poussant le dos contre le sable et me frappant à plusieurs reprises sur le visage, sur la tête et sur le corps. »]

(16) I quattro giovani, uscendo dalla discoteca, **hanno imboccato** l'autostrada contromano e **si sono scontrati** frontalmente con un tir, morendo sul colpo.
« Les quatre jeunes, sortant de la discothèque, *prendre*.PC l'autoroute à contresens et *entrer*.PC en collision avec un camion, mourant instantanément. »

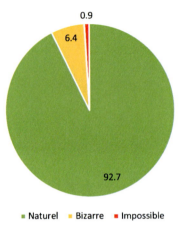

(17) I quattro giovani, uscendo dalla discoteca, **imboccavano** l'autostrada contromano e **si scontravano** frontalmente con un tir, morendo sul colpo.
« Les quatre jeunes, sortant de la discothèque, *prendre*.IMP l'autoroute à contresens et *entrer*.IMP en collision avec un camion, mourant instantanément. »

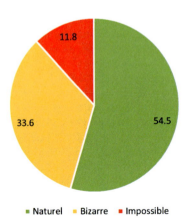

Les résultats sont plus nuancés dans le cas du documentaire : la narration à l'imparfait est acceptée, comme pour les rapports officiels et les articles de presse, mais elle atteint ici des pourcentages d'acceptation comparables ou supérieurs à ceux qui sont obtenus dans les variantes avec l'alternance des temps. Dans la mesure où il s'agit toujours d'événements réels, nous pouvons relever ici un premier indice dans la direction d'une caractérisation non pas par la nature épistémique des faits relatés, mais plutôt par le type de cadre narratif impliqué : le documentaire, en effet, constitue la narration première qui fait l'objet de la seconde narration du locuteur, tandis que dans les cas précédents la narration cadrée (procès-verbal, article, etc.) était la seconde et rapportait une suite d'événements moins strictement identifiée comme un objet narratif en soi.

(18) Ho visto un documentario sugli ultimi giorni di Mussolini. Si vedeva[25] che **ha tentato** di fuggire nascosto in un camion travestito da soldato tedesco, ma **è stato riconosciuto** e **fucilato** con la sua amante, e poi i cadaveri **sono stati appesi** a testa in giù a un distributore a piazzale Loreto, a Milano.
« J'ai vu un documentaire sur les derniers jours de Mussolini. On y voyait qu'il *essayer*.PC de s'enfuir en se cachant dans un camion déguisé en soldat allemand, mais il *être reconnu*.PC et *exécuté* avec sa maîtresse ; ensuite les cadavres *être pendu*.PC la tête en bas à un distributeur de Piazzale Loreto, à Milan. »

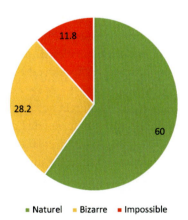

---

25   La possibilité de multiplier les énoncés dans un prochain test pour varier le verbe introducteur a été prise en considération dans le but d'éliminer – dans une direction ou dans l'autre – l'influence possible de la concordance des temps. Pour ce premier test nous avons choisi la forme la plus neutre d'introduction afin de minimiser autant que possible ce type de biais.

(19) Ho visto un documentario sugli ultimi giorni di Mussolini. Si vedeva che **tentava** di fuggire nascosto in un camion travestito da soldato tedesco, ma **veniva riconosciuto** e **fucilato** con la sua amante, e poi i cadaveri **venivano appesi** a testa in giù a un distributore a piazzale Loreto, a Milano.

« J'ai vu un documentaire sur les derniers jours de Mussolini. On y voyait qu'il *essayer*.IMP de s'enfuir en se cachant dans un camion déguisé en soldat allemand, mais il *être reconnu*.IMP et *exécuté* avec sa maîtresse ; ensuite les cadavres *être pendu*.IMP la tête en bas à un distributeur de Piazzale Loreto, à Milan. »

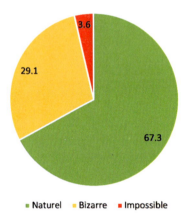

(20) Ho visto proprio poco tempo fa un documentario scioccante sui bambini e l'immigrazione : c'era questo bambino che **è partito** da solo dall'Africa, **è riuscito** ad arrivare in Italia con un barcone ma poi **è dovuto** andare a prostituirsi e vendere droga per pagare il tragitto agli scafisti ed **è finito** in un carcere minorile.

« Je viens justement de voir un documentaire choquant sur les enfants et l'immigration : il y avait cet enfant qui *partir*.PC tout seul de l'Afrique, *réussir*-PC à arriver en Italie sur un bateau mais *devoir*.PC ensuite aller se prostituer et vendre de la drogue pour rembourser le prix du trajet aux passeurs, et *finir*.PC dans un centre de redressement. »

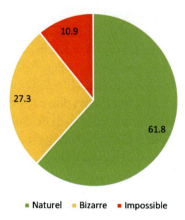

(21) Ho visto proprio poco tempo fa un documentario scioccante sui bambini e l'immigrazione: c'era questo bambino che **partiva** da solo dall'Africa, **riusciva** ad arrivare in Italia con un barcone ma poi **doveva** andare a prostituirsi e vendere droga per pagare il tragitto agli scafisti e **finiva** in un carcere minorile.

« Je viens justement de voir un documentaire choquant sur les enfants et l'immigration : il y avait cet enfant qui *partir*.IMP tout seul de l'Afrique, *réussir*.IMP à arriver en Italie sur un bateau mais *devoir*.IMP ensuite aller se prostituer et vendre de la drogue pour rembourser le prix du trajet aux passeurs, et *finir*.IMP dans un centre de redressement. »

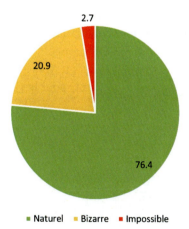

Nous pouvons remarquer à ce propos, en nous appuyant sur l'observation du type de narration concerné, que la différence est plus significative lorsque la narration d'un documentaire est basée non pas sur des faits historiques connus, clairement connotés comme faisant partie de l'histoire partagée, mais sur des événements ponctuels d'une histoire spécifique, privée, et qui ne sera connue par l'interlocuteur que par le biais de la narration même. Les deux types de récit de documentaire ont été soumis dans le questionnaire justement pour vérifier si la possibilité d'accéder cognitivement à la suite d'événements de manière directe pouvait rendre la variante avec alternance plus naturelle par rapport au cas où tous les événements n'existent que par le fait de constituer la narration objet du récit. Ces premiers résultats permettent de ne pas écarter l'explication suggérée, qui serait cohérente avec l'hypothèse évidentielle principale.

Nous sommes donc passés, jusqu'à présent, du récit d'un récit spontané – où l'imparfait n'est pas accepté – au récit organisé et « officialisé » d'un récit probablement spontané – où les deux variantes sont *grosso modo* équivalentes – pour arriver au récit d'un récit délimité, cadré, construit, comme c'est le cas dans un documentaire. Si on continue dans la même direction, il est possible de s'éloigner progressivement du récit spontané d'un récit spontané en faisant intervenir des événements insérés dans un objet narratif de fiction. Ce cas intéressant est représenté par les récits de films, pour lesquels nous avons imaginé, tout comme pour les documentaires, plusieurs niveaux différents sur l'échelle de la « médiation » : un premier exemple présente un récit de film centré sur des événements faisant partie de la fiction mais relevant de l'histoire réelle, et donc récupérables par une référence à des connaissances encyclopédiques communes, et non seulement *via* le récit. Le deuxième exemple est construit sur le même film que le précédent, mais seuls les événements fictionnels font l'objet du récit. Pour conclure, nous avons proposé un troisième exemple de pure fiction, où tout est filtré par le récit : l'interlocuteur, dans la situation d'énonciation donnée, ne peut accéder à l'objet narratif premier (le film, son titre, les événements qui constituent son intrigue, etc.) qu'à travers le récit du locuteur. Les énoncés soumis et les résultats correspondants pour les trois cas mentionnés sont les suivants :

(22) Ieri sera ho visto un film degli anni '30, Titanic. Era basato sulla storia vera : il **Titanic è partito** da Southampton, quattro giorni dopo **si è scontrato** con un iceberg, e **sono morte** più di 1500 persone. Altre 700 invece **si sono salvate.**

« Hier soir j'ai vu un film des années 30, Titanic. Il était basé sur l'histoire vraie : le Titanic *partir*.PC de Southampton, quatre jours plus tard il *heurter*.PC l'iceberg et plus de 1500 personnes *mourir*.PC. 700 autres *survivre*.PC. »

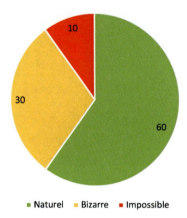

- Naturel - Bizarre - Impossible

(23) Ieri sera ho visto un film degli anni 30, Titanic. Era basato sulla storia vera: il Titanic **partiva** da Southampton, quattro giorni dopo **si scontrava** con un iceberg e **morivano** più di 1500 persone. Altre 700 invece **si salvavano**.
« Hier soir j'ai vu un film des années 30, Titanic. Il était basé sur l'histoire vraie: le Titanic *partir*.IMP de Southampton, quatre jours plus tard il *heurter*.IMP l'iceberg et plus de 1500 personnes *mourir*.IMP. 700 autres *survivre*.IMP. »

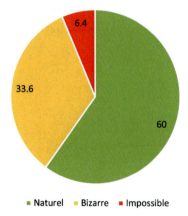

- Naturel - Bizarre - Impossible

(24) Ieri sera ho visto un film degli anni '30. Parlava di una storia d'amore a bordo del Titanic: una passeggera di prima classe **si è innamorata** di un passeggero di terza classe. **Sono sopravvissuti** al naufragio e una volta arrivati a New York **si sono sposati**.
« Hier soir j'ai vu un film des années 30. C'était une histoire d'amour à bord du Titanic: une passagère de première classe *tomber*.PC amoureuse

d'un passager de troisième classe. Ils *survivre*.PC au naufrage et, une fois arrivés à New York, *se marier*.PC. »

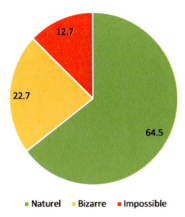

(25) Ieri sera ho visto un film degli anni '30. Parlava di una storia d'amore a bordo del Titanic: una passeggera di prima classe **si innamorava** di un passeggero di terza classe. **Sopravvivevano** al naufragio e una volta arrivati a New York **si sposavano**.
« Hier soir j'ai vu un film des années 30. C'était une histoire d'amour à bord du Titanic: une passagère de première classe *tomber*.IMP amoureuse d'un passager de troisième classe. Ils *survivre*.IMP au naufrage et, une fois arrivés à New York, *se marier*.IMP. »

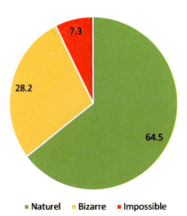

(26) Ieri sera ho visto un film stranissimo... C'era uno psichiatra che **è restato** vedovo e per ritrovare sua moglie **ha deciso** di farla clonare. **Ha** quindi

LE « RÉCIT DE RÉCIT » À L'IMPARFAIT EN ITALIEN

cresciuto questa bambina come se fosse stata sua figlia, ma poi **se ne è innamorato** ed **è impazzito**.

« Hier soir j'ai vu un film vraiment bizarre... Il y avait un psychiatre qui *perdre*.PC sa femme et pour la retrouver il *décider*.PC de la faire cloner. Il *élever*-PC donc cette enfant comme si c'était sa fille, mais pour finir il *tomber*.PC amoureux d'elle et il *devenir*.PC fou. »

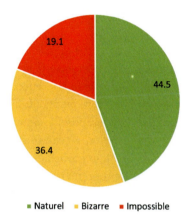

(27) Ieri sera ho visto un film stranissimo... C'era uno psichiatra che **restava** vedovo e per ritrovare sua moglie **decideva** di farla clonare. **Cresceva** quindi questa bambina come se fosse stata sua figlia, ma poi **se ne innamorava** e **impazziva**.

« Hier soir j'ai vu un film vraiment bizarre... Il y avait un psychiatre qui *perdre*.IMP sa femme et pour la retrouver il *décider*.IMP de la faire cloner. Il *élever*.IMP donc cette enfant comme si c'était sa fille, mais pour finir il *tomber*.IMP amoureux d'elle et il *devenir*.IMP fou. »

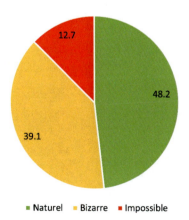

Nous voyons que les résultats obtenus pour les énoncés de récit de film sont homogènes (un peu plus que la moitié des participants à l'enquête considèrent que la suite d'événements est tout aussi acceptable avec l'alternance des temps qu'avec l'imparfait seul). La répartition des réponses n'est pas influencée par les critères de variation proposés, à savoir la nature épistémique des événements constituant l'histoire du film, ou le degré de récupérabilité de la référence du film et de son contenu : nous pouvons dire que le cadre narratif du film permet d'en faire un objet de récit génériquement ouvert aux deux variantes temporelles.

Il est toutefois intéressant de constater qu'en ajoutant à la première paire d'exemples une troisième variante à l'imparfait, où une incise («non me lo ricordavo», *je ne m'en souvenais plus*) rend plus explicite la référence directe à des connaissances encyclopédiques plutôt qu'aux événements du film, des indices émergent sur la manière dont chaque variante temporelle caractérise le statut des événements racontés. Les résultats, dans ce dernier cas, sont en effet significativement différents, et montrent que les locuteurs considèrent le récit avec incise moins naturel que sa variante – toujours entièrement à l'imparfait – sans incise :

(28) Ieri sera ho visto un film degli anni 30, Titanic. Era basato sulla storia vera : il Titanic **partiva** da Southampton, quattro giorni dopo **si scontrava** con un iceberg e **morivano** più di 1500 persone. Ma invece, non me lo ricordavo, altre 700 **si salvavano**.
«Hier soir j'ai vu un film des années 30, Titanic. Il était basé sur l'histoire vraie : le Titanic *partir*.IMP de Southampton, quatre jours plus tard il *heurter*.IMP l'iceberg et plus de 1500 personnes *mourir*.IMP. Par contre, je ne m'en souvenais plus, 700 autres *survivre*.IMP. »

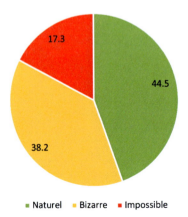

Par souci de complétude, nous avons inséré dans le questionnaire un exemple de récit de roman qui, de façon tout à fait attendue, n'a pas donné lieu à des réponses différentes par rapport aux récits de films déjà présentés ci-dessus: les deux variantes, avec ou sans alternance de temps verbaux, sont acceptées par les locuteurs à un degré comparable, comme nous pouvons le voir dans les schémas suivants.

(29) Esiste un romanzo italiano pubblicato in Urania dal titolo, mi pare, « Al di là del muro » in cui il protagonista era innocente ma **è stato rinchiuso** in un carcere tipo Sing-Sing dove **gliene sono capitate** di tutte e alla fine **ha scoperto** che il carcere era solo una realtà virtuale.
« Il y a un roman italien publié par Urania qui s'intitule, je crois, « Au-delà du mur » dans lequel le protagoniste était innocent mais *être enfermé*.PC dans une prison genre Sing-Sing où il *en voir*.PC de toutes les couleurs et, à la fin, il *découvrir*.PC que la prison n'était qu'une réalité virtuelle. »

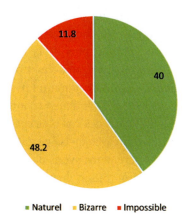

(30) Esiste un romanzo italiano pubblicato in Urania dal titolo, mi pare, « Al di là del muro » in cui il protagonista era innocente ma **veniva rinchiuso** in un carcere tipo Sing-Sing dove **gliene capitavano** di tutte e alla fine **scopriva** che il carcere era solo una realtà virtuale.
« Il y a un roman italien publié par Urania qui s'intitule, je crois, « Au-delà du mur » dans lequel le protagoniste était innocent mais *être enfermé*.IMP dans une prison genre Sing-Sing où il *en voir*.IMP de toutes les couleurs et, à la fin, il *découvrir*.IMP que la prison n'était qu'une réalité virtuelle. »

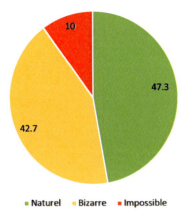

Revenons maintenant aux exemples de récit de film: nous avons vu que pour le récit d'un film, 60 %[26] environ des locuteurs trouvent la variante à l'imparfait naturelle, tout comme celle avec alternance. Or, si les résultats ne représentent pas un contre-exemple à l'hypothèse évidentielle, qui peut les expliquer – comme nous l'avons vu – en termes de possibilité de focalisation de la narration de premier niveau, ils ne permettent pas non plus de la renforcer: l'explication est cohérente mais elle est difficilement falsifiable et peut être vue comme une description *ad hoc* du phénomène. Pour soutenir l'hypothèse nous avons jusqu'ici les cas de récit spontané, où l'une des deux variantes n'est pas acceptée, et des différences d'acceptabilité dans des cas plus spécifiques (nous avons vu, par exemple, le cas du récit de film avec incise portant sur les faits historiques). À côté de ces deux cas de figure, nous avons pu construire un contexte où d'une part la focalisation sur la narration de premier niveau est peu pertinente, et de l'autre où la narration n'est pas aussi cadrée et limitée que dans les cas précédemment considérés: il s'agit d'un échange où le récit porte, non pas sur une narration complète, mais sur une partie d'une narration qui a été partiellement partagée par les interlocuteurs. Dans l'exemple inséré dans le questionnaire, les deux interlocuteurs ont commencé à visionner un film ensemble, mais l'un des deux ne l'a pas vu jusqu'à la fin; il demande de ce fait à l'autre de lui raconter la fin du film. Cette nouvelle caractérisation contextuelle devrait, suivant l'hypothèse évidentielle, faire émerger un

---

26   Seul le cas du film non identifié a donné des résultats inférieurs – moins de 50% – mais la variante au passé composé présente le même taux d'acceptation: il s'agit donc probablement d'une interférence d'une autre nature et inhérente à l'énoncé spécifique choisi pour l'enquête.

conflit entre l'emploi de l'imparfait et la focalisation d'une première narration médiée, puisque cette dernière n'en est pas une pour le locuteur, qui se situe cognitivement au même niveau narratif que son interlocuteur ; de plus, la narration qui fait l'objet du récit second n'est pas un objet narratif délimité et reconnu, elle consiste plutôt en une portion de la narration globale, qui peut être identifiée grâce à l'arrière-plan partagé par les deux interlocuteurs et qui est découpée à partir d'un arrière-plan commun sur initiative du locuteur. Elle s'apparente de ce fait plutôt au cas du récit spontané qu'à celui du récit de film « canonique ». Les participants à l'enquête ont effectivement témoigné de cette différence, étant donné que la variante de cet énoncé à l'imparfait est acceptée par 30 % des participants, alors que pour les récits de film complets le pourcentage variait entre 50 % et – plus souvent – 60-65 %, jusqu'à 70-75 % pour les documentaires :

(31) A : – E allora, il film di ieri sera ? Io sono proprio crollato... B : – Quando la figlia **è cresciuta** lui **se ne è innamorato** e alla fine **è impazzito**.
« A : – Et donc, le film d'hier soir ? Moi, je me suis endormi comme une masse... B : – Lorsque la fille *grandir*.PC il *tomber amoureux*.PC d'elle et pour finir il *devenir fou*.PC. »

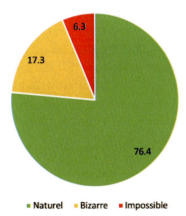

(32) A: – E allora, il film di ieri sera? Io sono proprio crollato... B: – Quando la figlia **cresceva** lui **se ne innamorava** e alla fine **impazziva**.

« A: – Et donc, le film d'hier soir? Moi, je me suis endormi comme une masse... B: – Lorsque la fille *grandir*.IMP il *tomber amoureux*.IMP d'elle et pour finir il *devenir fou*.IMP. »

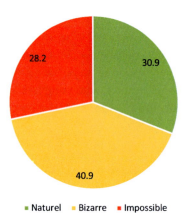

Comme nous pouvons le voir, le pourcentage d'acceptation pour la variante à l'imparfait a nettement baissé, tandis que la variante avec alternance semble naturelle pour plus de locuteurs; les résultats font également ressortir une différence claire entre les deux possibilités, alors que dans les cas précédents la distribution était plutôt homogène.

Les deux derniers cas examinés sont ceux de l'imparfait onirique et de l'imparfait préludique. Pour ce qui concerne les récits de rêve, nous avons obtenu des réponses qui privilégient la narration à l'imparfait, bien que les deux variantes temporelles soient acceptées:

(33) Stanotte ho fatto un sogno stranissimo: **mi sono perso** in un bosco e a un certo punto **ho incontrato** i miei compagni di classe delle elementari che **hanno fatto finta** di non riconoscermi e **non mi hanno aiutato** a ritrovare la strada.

« La nuit dernière j'ai fait un rêve vraiment étrange: je me *égarer*.PC dans un bois et à un moment donné je *rencontrer*.PC mes camarades de classe de l'école primaire qui *faire semblant*.PC de ne pas me reconnaître et ne m'*aider*.PC pas à retrouver le chemin. »

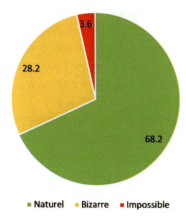

(34) Stanotte ho fatto un sogno stranissimo : **mi perdevo** in un bosco e a un certo punto **incontravo** i miei compagni di classe delle elementari che **facevano** finta di non riconoscermi e non mi **aiutavano** a ritrovare la strada.

« La nuit dernière j'ai fait un rêve vraiment étrange : je me *égarer*.IMP dans un bois et à un moment donné je *rencontrer*.IMP mes camarades de classe de l'école primaire qui *faire semblant*.IMP de ne pas me reconnaître et ne m'*aider*.IMP pas à retrouver le chemin. »

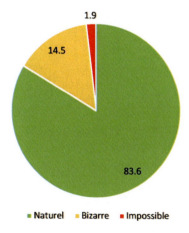

Encore une fois, il n'est pas possible de tirer des conclusions définitives à partir de ces données, mais elles représentent un indice cohérent supplémentaire en faveur de l'hypothèse évidentielle. En effet, parmi tous les cas considérés, nous pouvons voir le récit de rêve comme positionné à l'extrémité de l'axe qui va des événements les plus accessibles cognitivement indépendamment du récit[27] jusqu'au cas du rêve, où il n'existe aucune possibilité d'imaginer un objet-narration de premier niveau si ce n'est par le biais de la narration de second niveau elle-même – les événements constituant le rêve demeurant inaccessibles à l'interlocuteur. L'inclusion dans la narration d'une référence à une première expérience d'exposition à la narration des événements se verrait de ce fait attribuer une pertinence particulière.

Il n'est toutefois pas aisé de maintenir cette lecture des données si nous considérons aussi les réponses données dans les deux énoncés consistant en une proposition de jeu. Il s'avère en effet que ce type de scénario ne s'insère pas facilement dans la vision proposée ci-dessus: tout comme pour le rêve, la possibilité offerte à l'interlocuteur d'accéder aux événements racontés dans une proposition de jeu est quasiment nulle, et l'objet narratif se construit en tant qu'unité pour les besoins de la situation communicative pertinente. Or, les pourcentages d'acceptation sont très proches dans les deux variantes, qui sont acceptées par environ la moitié des participants. Nous n'allons pas proposer ici une explication pour des données ponctuelles peu significatives, mais il s'avère nécessaire, dans une éventuelle enquête d'approfondissement ou dans une étude de corpus, de prêter une attention particulière à ce cas de figure.

(35) Tu eri un cavaliere e io una principessa. Un giorno **è arrivato** un drago e **ha tentato** di rapirmi ma tu lo **hai ucciso** con la tua spada e dopo **ci siamo sposati**.
 « Tu étais un chevalier et moi, une princesse. Un jour un dragon *arriver*.PC et *essayer*.PC de m'enlever mais tu le *tuer*.PC avec ton épée et ensuite nous nous *marier*.PC. »

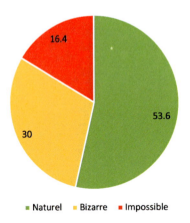

■ Naturel   ■ Bizarre   ■ Impossible

---

27   Nous pensons par exemple aux faits réels concernant une tierce personne, mais également aux événements constituant déjà une « narration historique », etc.

(36) Tu eri un cavaliere e io una principessa. Un giorno **arrivava** un drago e **tentava** di rapirmi ma tu lo **uccidevi** con la tua spada e dopo ci **sposavamo**.

«Tu étais un chevalier et moi, une princesse. Un jour un dragon *arriver*.IMP et *essayer*.IMP de m'enlever mais tu le *tuer*.IMP avec ton épée et ensuite nous nous *marier*.IMP.»

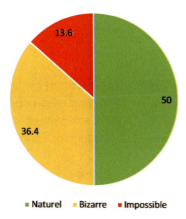

Les deux variantes sont acceptées comme naturelles par la moitié des participants, sans qu'il y ait une différence sensible entre les deux choix textuels. Comme pour le cas précédent, cependant, la focalisation sur la première phase de médiation aurait une pertinence significative par rapport à la variante sans focalisation évidentielle.

5 Conclusions: limites et ouvertures

L'objet de cet article était de mener une réflexion sur les emplois de l'imparfait qui couvrent l'étendue d'une narration complète en italien. Sur la base de l'observation des différentes catégories d'emploi recensées dans la littérature, nous avons proposé de postuler l'existence d'une nouvelle macro-catégorie (Baranzini & Ricci 2015) aspectuo-textuelle, à savoir l'imparfait «de récit de récit». Nous avons fait l'hypothèse que dans les contextes qui en permettent l'émergence, cet emploi de l'imparfait caractérise la narration en tant que narration seconde d'une première narration à laquelle le locuteur aurait déjà assisté. La catégorie considérée se différencie donc de l'imparfait narratif classique par une délimitation de la gestion narrative par l'imparfait et, de façon indépendante, par une caractérisation «évidentielle» différente. La première narration serait présentée comme pertinente et représenterait la source principale des événements constituant la narration seconde.

Cette proposition théorique a été testée au moyen d'un questionnaire soumis à des locuteurs natifs afin d'obtenir des taux d'acceptabilité de plusieurs suites narratives à l'imparfait ou alternant les temps verbaux : les résultats n'ont pas permis d'arriver à des conclusions tranchantes sur la caractérisation de l'emploi et sur les différences systématiques entre les deux modalités proposées. Toutefois, il a été possible d'identifier des contextes ponctuels de restriction – en particulier la narration spontanée et la narration d'une narration partiellement partagée – qui renforcent la description évidentielle proposée.

La limite principale de l'enquête, pour le moment, réside dans l'exiguïté du nombre de répondants (110 personnes environ) et dans leur relative homogénéité géographique et sociale ; les réponses augmentant et se diversifiant progressivement, les nouvelles données pourront éventuellement confirmer les premières tendances observées ici.

Comme nous l'avons anticipé plus haut, les cas qui montrent une opposition claire entre un type de narration acceptable et un type de narration impossible constituent une minorité des réponses au questionnaire : pour la plupart des items, nous assistons à une différence en termes de pourcentage, c'est-à-dire de préférence des locuteurs pour un des deux choix. Ceci demande une prudence de base dans la description des données, d'une part parce que la différence peut ne pas être significative du point de vue statistique et, de l'autre, parce qu'une variation en termes de préférence peut plus facilement être la conséquence de facteurs indépendants qui n'ont pas été considérés dans l'analyse. Nous ajouterons une troisième considération à propos de la coexistence, dans la catégorie, d'emplois plus figés et d'autres qui le sont beaucoup moins, ce qui crée inévitablement une difficulté dans l'expression d'un jugement d'acceptabilité et une différence importante dans la perception du caractère naturel de certains énoncés.

Tout en tenant compte des limites méthodologiques et de celles liées à l'objet d'étude, les conclusions que nous pouvons tirer au stade actuel permettent déjà au moins :

i) de ne pas réduire le phénomène entier de la narration sans alternance aspectuelle à un cas de variation stylistique où le contexte ne joue pas de rôle déterminant et où les effets interprétatifs sont génériquement aspectuels ;

ii) de ne pas exclure l'hypothèse évidentielle, qui n'est jamais contredite par les réponses des locuteurs, et qui – au contraire – fournirait une explication cohérente de l'inacceptabilité de l'imparfait dans la narration de la fin d'un film et de son acceptabilité dans la narration de faits réels à la première personne dans un procès-verbal;

iii) de tracer des lignes d'analyse le long desquelles une éventuelle recherche sur corpus pourrait se développer, en sélectionnant des contextes sensibles et des paramètres qui y sont associés comme le type de médiation, la nature de l'objet narration de premier niveau, la pertinence du premier niveau de médiation, etc.

Références

Baranzini, Laura. 2016. Imparfait et imperfectivité en italien. *Syntaxe et sémantique* 17. 37-56.

Baranzini, Laura & Ricci, Claudia. 2015. Semantic and pragmatic values of the Italian imperfetto: Towards a common interpretive procedure. *Catalan Journal of Linguistics* 14. 33-58.

Bazzanella, Carla. 1990. 'Modal' uses of the Italian 'indicativo imperfetto' in a pragmatic perspective. *Journal of Pragmatics* 14(3). 439-457.

Bertinetto, Pier Marco. 1986. *Tempo, Aspetto e Azione nel verbo italiano. Il sistema dell'Indicativo*. Firenze: Accademia della Crusca.

Bertinetto, Pier Marco. 1991. Il verbo. In Renzi, Lorenzo & Salvi, Giampaolo & Cardinaletti, Anna (éds), *Grande grammatica italiana di consultazione*: vol. 2° («I sintagmi verbale, aggettivale, avverbiale. La subordinazione»), 13-161. Bologna: il Mulino.

Berthonneau, Anne-Marie & Kleiber, Georges. 1999. Pour une réanalyse de l'imparfait de rupture dans le cadre de l'hypothèse anaphorique méronomique. *Cahiers de praxématique* 32. 119-166.

Berthonneau, Anne-Marie & Kleiber, Georges. 2000. L'imparfait de narration dans tous ses états. *Recherche en linguistique et psychologie cognitive* 15. 73-109.

Berthonneau, Anne-Marie & Kleiber, Georges. 2003. Un imparfait de plus... et le train déraillait. *Cahiers Chronos* 11. 1-24.

Berthonneau Anne-Marie & Kleiber, Georges. 2006. Sur l'imparfait contrefactuel. *Travaux de linguistique* 53. 7-65.

Bres, Jacques. 2005a. *L'imparfait dit narratif*. Paris: Éditions du CNRS.

Bres, Jacques. 2005b. L'imparfait: l'un et/ou le multiple? A propos des imparfaits «narratif» et «d'hypothèse». *Cahiers Chronos* 14. 1-32.

Bres, Jacques. 2006. «Encore un peu, et l'imparfait était un mode...»: L'imparfait et la valeur modale de contrefactualité. Cahiers de praxématique 47. 149-176.

Bres, Jacques. 2009. Sans l'imparfait, les vendanges tardives ne rentraient pas dans la jupe rhénane... Sur l'imparfait contrefactuel, pour avancer. *Syntaxe et sémantique* 10. 33-50.

Caudal, Patrick & Vetters, Carl. 2005. Que l'imparfait n'est pas (encore) un prétérit. *Cahiers Chronos* 14. 45-77.

Cornillie, Bert. 2009. Evidentiality and epistemic modality: On the close relationship between two different categories. *Functions of language* 16(1). 44-62.

Lo Duca, Maria Giuseppina (1995). Imperfetto 'ludico' e altri tempi: una prospettiva testuale. In Giacalone Ramat, Anna & Crocco Galèas, Grazia (éds.), *From Pragmatics to Syntax: Modality in Second Language Acquisition*, 173-194. Tubingen: Narr.

Nannoni, Catia. 2004. *L'imperfetto tra linguistica e traduzione*. Trieste: Università degli Studi di Trieste. (thèse)

Patard, Adeline. 2007. *L'un et le multiple. L'imparfait de l'indicatif en français: valeur en langue et usage en discours*. Montpellier: Université Paul-Valéry. (thèse)

Patard, Adeline. 2010. L'emploi préludique de l'imparfait entre temporalité et modalité: Éléments d'analyse à partir d'une étude de cas. *Journal of French Language Studies* 20(2). 189-211.

Ronconi, Alessandro. 1943. L'imperfetto descrittivo. *Lingua Nostra* 5. 90-93.

Ronconi, Alessandro. 1944-1945. L'imperfetto di modestia e l'imperfetto 'irreale'. *Lingua Nostra* 6. 64-66.

de Saussure, Louis & Sthioul, Bertrand. 1999. L'imparfait narratif: point de vue (et images du monde). *Cahiers de praxématique* 32. 167-188.

de Saussure, Louis & Sthioul, Bertrand. 2005. Imparfait et enrichissement pragmatique. *Cahiers Chronos* 14. 103-120.

Roggia, Carlo Enrico. 2010. Imperfetto storico. Enciclopedia dell'italiano Treccani. http://www.treccani.it/enciclopedia/imperfetto-storico_%28Enciclopedia-dell%27Italiano%29/

Squartini, Mario. 2001. The internal structure of evidentiality in Romance. *Studies in Language* 25(2). 297-334.

Squartini, Mario. 2008. Lexical vs. grammatical evidentiality in French and Italian. *Linguistics* 46(5). 917-947.

Vetters, Carl. 1993. Passé simple et imparfait: un couple mal assorti. *Langue française* 100. 14-30.

Vetters, Carl. 2009. L'interaction entre sémantique et pragmatique dans l'interprétation des temps du passé en français. In Verbeken, Dominique (éd.), *Entre sens et signification*, 11-25. Paris: L'Harmattan.

Vetters, Carl & de Mulder, Walter. 2003. Sur la narrativité de l'imparfait. In Vanneste, Alex & De Wilde, Peter & Kindt, Saskia & Vlemings, Joeri (éds.), *Mémoire en temps advenir: Hommage à Theo Venckeleer*, 687-702. Leuven – Paris – Dudley: Peeters.

Wiberg, Eva. 2010. Imperfetto, Enciclopedia Treccani. (http://www.treccani.it/enciclopedia/imperfetto_(Enciclopedia-dell%27Italiano)/)

PART 4

Grammatical Aspect Challenged

∴

CHAPTER 9

Discourse-Pragmatic Functions of Tense-Aspect Verb Forms in Wakhi

Jaroslava Obrtelova

1 Introduction

Wakhi belongs to the Pamir group of Eastern-Iranian languages. It is spoken in the remote high mountain valleys of the Pamir mountains bordering with the Hindu-Kush, Himalayas and Karakoram. Wakhi speakers live in Tajikistan, Afghanistan, Pakistan and China. Wakhi has been classified as an endangered and, until very recently, unwritten language; therefore most of the data collected and analyzed is of oral provenance. Being a minority language and a neighbor of several other minority languages in each of these four countries, Wakhi is more or less influenced by contact with these languages and with the official languages, which are different in each of the four countries. The present study is based on language data I have collected and recorded during several research trips in Tajikistan and in the Wakhan valley since 2011. The claims presented in this paper are thus valid for the Wakhi language as it is spoken in Tajikistan. The Wakhan valley, located on both sides of the border between Tajikistan and Afghanistan, is considered the original homeland of the Wakhi speakers.

The Wakhi grammar has been described by several linguists who more or less agreed on the definition of the tense-aspect-mood (TAM) verb system, which was described as mainly tense-based with aspectual morphemes attached to the tense-based stems (past, non-past, and perfect stems). However, recent discourse analysis of a corpus of oral narratives (Obrtelova 2017) has raised a number of questions about the functions and use of the verb forms which the traditional tense-based approach does not seem to answer.

In Wakhi, there is no clear-cut distinction between the grammatical categories of aspect, tense, mood and evidentiality; rather their functions overlap. Therefore, the exploration of a specific category, such as grammatical aspect, cannot be done without simultaneously addressing the whole verbal complex and without defining the relations between these categories. The complexity of the Wakhi language is not in the rich inventory of forms; rather it lies in the different functions that can be attributed to one form depending on the larger context.

© KONINKLIJKE BRILL NV, LEIDEN, 2019 | DOI:10.1163/9789004401006_010

The aim of this paper is (i) to point out the problems and even contradictions that appear in the existing classification when it is applied to more complex sets of data analyzed on the discourse rather than syntactic level, and (ii) to propose a new classification that is determined by the relation to a deictic center rather than by location on the time axis. After the introduction, the second part of the paper gives an overview of the Wakhi verb morphology as it has been known and presented until now. The third part discusses the problems with the existing classification of the TAM verb forms and reassesses the system of verb forms in Wakhi with regard to the complexity of the language as it is used in various contexts. The fourth part addresses some issues with the Wakhi verb forms, and finally the fifth part proposes a new classification and model for Wakhi verb forms.

The corpus for this study consists of 235 oral narratives of various genres (such as folk-tales, legends, anecdotes, traditional stories, autobiographic stories, true stories, ancestors' histories) with embedded conversations (direct speech), as well as the non-narrative original data collected during several research trips to Tajikistan since 2011. Reference is also made to recent publications in the Wakhi language (Shaidoev 2012; Obrtelova et al. 2016) and to the collections of Wakhi oral language data published earlier by Pakhalina (1975), Gryunberg & Steblin-Kamensky (1976), and Bashir (2009).

2 Overview of Wakhi Verb Morphology and Classification as Described So Far

The complexities of Wakhi morphology have been addressed in several studies. Morgenstierne (1938: 496–508), Pakhalina (1975: 62), and Bashir (2009: 834) identify three verb stems in Wakhi: present, past, and perfect. Lorimer (1958: 141) and Gryunberg & Steblin-Kamensky (1976: 592) give two verb stems: present and past. Lashkarbekov (1982: 100; 1985: 107), in his extensive diachronic study of Wakhi verbs, claims that in fact the present stem is the base from which new stems are derived. Aspectual clitics (also called particles by Lorimer 1958: 152; Gryunberg & Steblin-Kamensky 1976: 624, 654; Pakhalina 1975: 81) can be attached to the stems. The clitic =aš/š/šə expresses imperfectivity, immediacy, specificity, continuity, and iterativity, and the clitic =(ə)p "specifies non-past situations as non-immediate, i.e. as future or as tenseless/generic" (Bashir 2009: 836).

In Wakhi, we encounter regular and irregular verbs but, as Lashkarbekov claims (1985: 107), the present-day Wakhi language shows a tendency to unify the verb stem forms and to replace the old irregular forms with new regular forms. Thus, according to Lashkarbekov's model (ibid.), the system of the regular verb forms can be described and derived as follows:

Present tense stem	(NPST)	*pitic-* 'thread, tie'

Derived forms:

Past tense stem *-t/-d (i/əy)*	(PST)	*pitic-**t***
Perfect stem *-ətk*	(PRF)	*pitic-**ətk***
Pluperfect stem *-ətu/ьɩw*	(PPRF)	*pitic-**ətu/ьɩw***
Past participle *-ətk + in*		*pitic-**ətk-in***
Infinitive / action noun (activity focused) *-n*		*pitic-**n***
Infinitive / verbal noun (agent focused) *-ak*		*pitic-**ak***
Present participle *-ak + ьɩzg*		*pitic-**ak-ьɩzg***

In the above-mentioned studies on the Wakhi language, the following have been identified as **finite forms** in Wakhi:

2.1 *Non-past / Present-Future Tense* (NPST)[1]

The NPST is formed by the non-past (present) stem with the attached personal endings indicating person and number. It can occur with the clitic *=əṣ̌* attached to the NPST form. According to Bashir (2009: 837), it is an aspectual clitic which marks the NPST for "specificity or immediacy, either present relevance or immediate future". Lorimer (1958: 152) claims that this clitic has present force, and according to Gryunberg & Steblin-Kamensky (1976: 624), it occurs with any verb in NPST except in the future. Pakhalina (1975: 81) claims that there is no category of aspect in Wakhi, and that *=əṣ̌* expresses the "nuances" of continuity and repetition. With regard to the properties of this clitic occurring in various combinations with verbs, throughout this study it will be labeled as imperfective aspect (IPFV).

1 There is no unified terminology for this form. While Lorimer uses the term Present indicative (1958), Pakhalina (1975) and Gryunberg & Steblin-Kamensky (1976) use the term Present-future tense, and Bashir (2009: 837) uses both Non-past and Present-future tense. For the purpose of this study, I will use the term Non-past (NPST) when referring to the studies using this term and in my own argumentation, and Present-future tense only when quoting the previous studies that use this term. Further, in this study, I will propose a new classification in which the terms Present-future tense and Non-past tense will not be used.

Bashir (2009: 837–838) lists another clitic (particle) =əp that can be attached to the NPST form and marks it for future, tenseless/generic value. Pakhalina (1975: 75) calls it a particle of the categoricity/indispensability of the completion of the action in future. For Lorimer, it is the particle that "conveys the sense of the Future" (1958: 169). However, Gryunberg & Steblin-Kamensky claim that there is no occurrence in their data of this clitic/particle conveying a future meaning (1976: 655). In my corpus of data collected in the Tajik Wakhan in recent years, this particle does not occur at all; therefore it will not be treated in this study.

2.1.1 Use of the Non-past (Present-Future) Tense

1 Actions in the present moment (Pakhalina 1975: 82; Gryunberg & Steblin-Kamensky 1976: 624): Examples (1–3).

2 Habitual, repeated actions (Pakhalina 1975: 82; Gryunberg & Steblin-Kamensky 1976: 624): Example (4).

3 Future (Pakhalina 1975: 82; Gryunberg & Steblin-Kamensky 1976: 624): Example (5). Bashir (2009: 837) combines the above definitions by claiming that the NPST is used for all non-past events.

4 Historical present (Lorimer 1958: 174; Gryunberg & Steblin-Kamensky 1976: 624; Bashir 2009: 837).

5 "Various subjunctive meanings involving potential action, including suggestion, hortation, and a positive or negative wish" (Bashir 2009: 837), and imperative (ibid.). These subjunctive and imperative meanings are distinguished only in the negative form by the use of a prohibitive particle *mə-/məy*, while the indicative meanings use the negative particle *nə-/nəy*. In the non-negative, the forms of indicative and subjunctive/imperative are identical except for the verb 'be', which has distinct forms for both indicative and subjunctive/imperative mood (Gryunberg & Steblin-Kamensky 1976: 633).

(1) *Tu   kumǰay=əš   rəč̣-i?*[2]
     you where=IPFV go[3]-2SG
     'Where are you going?' (Pakhalina 1975: 82)

---

2 The morpheme segmentation in the original Wakhi data, the interlinear glosses and the free translation in all examples cited from Pakhalina (1975) and Gryunberg & Steblin-Kamensky (1976) are added by the author.

3 Verb stem in NPST is not given any label.

OBRTELOVA 255

(2) *Wuz tə xun rəč̣-əm, tu tə xun rəč̣-a?*
I to house go-1SG you to house go-Q
'I am going home. Are you going home (too)?' (Gryunberg & Steblin-Kamensky: 1976: 624)

(3) *Yəm kəbit-əy win=əš̌?*
this pigeon-ACC see=IPFV
'Do (you) see this pigeon?' (Gryunberg & Steblin-Kamensky 1976: 624)

(4) *Də baor wьlr ya rəš̌-t.*
in spring rain much go-3SG
'In spring it rains a lot.' (Gryunberg & Steblin-Kamensky 1976: 624)

(5) *Yan yəm-i yaw-əm.*
then this-ACC eat-1SG
'Then, I will eat it. / I will eat it later.' (Pakhalina 1975: 82)

2.2 *Past Tense (PST)*

PST is formed by a past tense stem. The pronominal subject agreement clitics (person and number) and optional aspectual clitic =əš̌ attach to the PST stem or to a constituent prior to it, usually to the first constituent in the clause (second position clitic). The aspectual clitic =əš̌ marks the form for imperfectivity (IPFV) and "expresses various imperfective meanings including progressive, durative, and habitual, as well as unrealized actions, and functions in irrealis[4] conditional clauses" (Bashir 2009: 838). Optionally, when the pronominal or aspectual clitics attach to a constituent other than the verb, the past tense stem ends with *-i/-əy*. The function of this suffix has not yet been sufficiently described.

2.2.1 Use of the Past Tense

1: PST refers to "events occurring prior to the time of the speech act" (Bashir 2009: 838), or simply to actions in the past (Gryunberg & Steblin-Kamensky 1976: 624; Pakhalina 1975: 82). The aspectual clitic =əš̌ (IPFV) adds imperfective value, such as progressive, durative, habitual (Bashir 2009: 838): Examples (6–7).

---

4 From now on, in this study I will be using the term "counterfactual condition" for referring to the "irrealis condition", the latter term used by Bashir (2009).

256   DISCOURSE-PRAGMATIC FUNCTIONS OF TENSE-ASPECT VERB FORMS

2:   PST is used with perfective (completive) meaning in sequential tempo-
ral clauses expressing future and in realis conditional clauses (Bashir
2009: 838, 851, 854). According to Gryunberg & Steblin-Kamensky (1976:
639) it is used to express real condition with future or generic meaning.
Pakhalina (1975: 83) states that it is used with future meaning in subordinate clauses (usually temporal/conditional clauses): Examples (8–9).

3:   PST.IPFV also refers to unrealized actions and counterfactual conditions
(Bashir 2009: 838; Pakhalina 1975: 83): Example (10).

(6)   *Yi   xalg   safar   rəy̌dəy, də yi   dəryo lav   y̌atəy.*
      one person journey go.PST in one river bank arrive.PST
      'One person set off on a journey; he arrived at a river bank.' (Gryunberg &
      Steblin-Kamensky 1976: 624)

(7)   *De x̌ʊ   diyor   ki   tu,   ar   ruz=əṣ̌   tə ku=š̌*
      in own village that be.PST every day=IPFV to mountain=IPFV
      rəy̌dəy.
      go.PST
      'When he was in his village, he used to go to the mountain every day.'
      (Gryunberg & Steblin-Kamensky 1976: 625)

(8)   *Yan   da xun=ət   ki   y̌at=ət,   yan   tər x̌ʊ   cəbas   didiy̌.*
      then in house=2SG that arrive.PST=2SG then to own behind look
      'When you arrive home, look behind you.' (Pakhalina 1975: 83)

(9)   *De baor   wʊr ki   dəytəy dašt=ət   biyobon səvza-savz wost.*
      in spring rain that hit.PST steppe=and desert green become
      'If it rains in spring, the steppes and the desert become green.' (Gryunberg
      & Steblin-Kamensky 1976: 639)

(10) *Saarī̄   marək nə-x̌at=ət-a   ki   wuz=əš̌ višovd=əm.*
      in the morning to me NEG-say.PST=2SG-Q that 1=IPFV sweep.PST=1SG
      'You didn't tell me in the morning. I would have swept.' (Pakhalina 1975:
      83)

2.3   *Perfect* (*PRF*)

As with PST, pronominal subject agreement clitics (person and number) attach
to the perfect stem or to a constituent prior to it, usually the first constituent of
the clause. The occurrence of the aspectual clitic =əš̌ in the perfect construction is not described by the linguists cited.

OBRTELOVA

2.3.1 Use of the Perfect

 # 1: Perfect expresses resultative-stative (Bashir 2009: 839) and "indicates not tense but resultativity, stativity" (ibid.: 837). Pakhalina (1975: 83) also calls it "past-present tense" which describes the result of the past action. For Gryunberg & Steblin-Kamensky (1976: 625), perfect expresses a state as a result of the past action: Example (11).

 # 2: Perfect is used to express inferential and mirative meanings (Bashir 2009: 839). Pakhalina mentions inferentiality (1975: 83) and Gryunberg & Steblin-Kamensky mirative meanings (1976: 625): Example (12).

 # 3: Perfect is used in narrations, stories and fairy-tales (Pakhalina 1975: 83).

(11) *Yaw tat   ɣa   xiyar vitk.*
his father very old   become.PRF
'His father has become very old.' (Gryunberg & Steblin-Kamensky 1976: 625)

(12) *Yəm a   ẓ̌ɨ kənd tuwətk.*
this EMP my wife be.PRF
'Apparently it was my wife.' (Pakhalina 1975: 83)

2.4 *Pluperfect / Distant Past Tense (PPRF)*

As in PST and in PRF, the pronominal subject agreement clitics (person and number) attach to the pluperfect stem or to a constituent prior to it, usually the first constituent of the clause. Attachment of the aspectual clitic =əš̌ is only described for counterfactual conditions, unrealized actions, and past inferences.

2.4.1 Use of the Pluperfect

 # 1: PPRF expresses a past event prior to another past event or an event in a relatively distant past (Bashir 2009: 839). The same definition is given by Pakhalina (1975: 84) and Gryunberg & Steblin-Kamensky (1976: 625–626): Example (13).

 # 2: In combination with the clitic =əš̌, it expresses unrealized actions and counterfactual conditions (Bashir 2009: 839; Pakhalina 1975: 84): Example (14).

(13) *Yəz   yi ǰuwon yaš ẓ̌ɨn-ən   mərtu,   wuz az   ruyi*
yesterday one young horse mine-ABL die.PPRF I   because of
x̌ɨ yaš ɣa xafa=m   vitəy.
own horse very upset=1SG become.PST
'Yesterday a young horse of mine had died. I became very upset because of my horse.' (Gryunberg & Steblin-Kamensky 1976: 625)

(14) *Wuz=əm=šə tuwətəıw, tar=əm=šə*   *yordam kərtəıw.*
     I=1SG=IPFV be.PPRF to you=1SG=IPFV help   make.PPRF
     'If I had been (there), I would have helped you.' (Pakhalina 1975: 84)

2.5   *Distant Perfect*

The distant perfect (or double perfect) is described by Bashir (2009: 840) and Pakhalina (1975: 79, 83); however, according to Gryunberg & Steblin-Kamensky (1976: 632), such construction is not found in their data collected in the Afghan and Soviet (now Tajik) Wakhan. Neither is it attested in my data collected in Tajikistan in recent years.

3   Wakhi Tense-Aspect Forms Revisited: Problems and Discussion

In this section, the use of the tense-aspect forms of Wakhi as spoken in Tajikistan will be discussed in more detail, and the claims made above will be evaluated. It will be argued that the classification presented above is not adequate when it is applied to the data corpus beyond the sentence level, i.e. to various texts and discourse units.

3.1   *Non-past / Present-Future Tense*

 # 1 revisited: Action in the present moment.

It is important to note that all examples for the NPST (Present-future) tense expressing actions in the present moment given in Pakhalina (1975: 82) are forms with the aspectual clitic =əš (NPST.IPFV), as in (15), repeated from (1). The only example (16) repeated from (2), given by Gryunberg & Steblin-Kamensky (1976: 624) for an action in the present moment, is without the aspectual clitic =əš and can very well be interpreted as a near future, not necessarily the moment when the action is happening. The examples of NPST.IPFV (with the aspectual clitic =əš) listed by Gryunberg & Steblin-Kamensky (1976: 624) are actually instances of the action in the present moment (17), repeated from (3), or are found in the narratives where the NPST.IPFV is a marked form (highlighted action).

The data recorded in the Tajik Wakhan from 2011 onwards shows that whenever the action in the present moment is emphasized, it is expressed by using the NPST.IPFV, i.e. with the aspectual clitic =əš (examples 18, 19, 20, 21, 29, 30).

Thus, we can conclude that what determines the action in the present moment is the aspectual clitic =əš marking the NPST form for the "presentness" (specificity, immediacy) rather than the form of the NPST itself.

(15) *Tu kumǰay=əṣ̌ rəč̌-i?*
you where=IPFV go-2SG
'Where are you going?' (Pakhalina 1975: 82)

(16) *Wuz tə xun rəč̌-əm, tu tə xun rəč̌-a?*
I to house go-1SG you to house go-Q
'I am going home. Are you going home (too)?' (Gryunberg & Steblin-Kamensky 1976: 624)

(17) *Yəm kəbit-əy win=əṣ̌?*
this pigeon-ACC see=IPFV
'Do (you) see this pigeon?' (Gryunberg & Steblin-Kamensky 1976: 624)

(18) *Wɨır=əṣ̌ dəy-t.*[5]
rain=IPFV hit-3SG
'It is raining'

(19) *Yupk niv pəṣ̌-t=əṣ̌.*
water now boil-3SG=IPFV
'Water is now boiling'

(20) *Žɨı dɨındɨık=əṣ̌ riž-d.*
My tooth=IPFV ache-3SG
'I have a toothache (right now).'

(21) *Wuz tav-i vin-əm=əṣ̌.*
I you.OBL-ACC see-1SG=IPFV
'I can see you (right now).'

 # 2 revisited: Habitual, repeated action, example (22), repeated from (4).

This type of action is never expressed by NPST.IPFV. Thus, we can conclude that the aspectual clitic =əṣ̌ in combination with the NPST does not express iterativity. Rather, it only relates to a specific moment 'here and now', i.e. to the DEICTIC CENTER (DC). This type of action, as in (22), may be called general truth, and as such stands outside the timeline. In other words, it has no relation to the deictic center.

---

5 When the source of the language data is not specified, all examples used in this study are original oral data recorded by the author from 2011 onward during several field trips to Tajikistan (Wakhan Valley and Dushanbe).

(22) *Də baor wъɪr ya rəš-t.*
in spring rain much go-3SG
'In spring it rains a lot.' (Gryunberg & Steblin-Kamensky 1976: 624)

 # 3 revisited: Future.

The example given by Pakhalina (23), repeated from (5), as well as those from my field data (24, 25, 26) show that the future meaning is typically expressed by temporal adverbs. The NPST in itself does not imply the future meaning.

(23) **Yan** *yəm-i yaw-əm.*
Then this-ACC eat-1SG
'Then, I will eat it. / I will eat it later.' (Pakhalina 1975: 82)

(24) **Saar** *yan wuz tav-i vin-əm.*
tomorrow then I you.OBL-ACC see-1SSG
'I will see you tomorrow.'

(25) *Kamək nəzd-əm,* **yan** *rəč-əm.*
little sit-1SG **then** go-1SG
'I (will) sit a little; then I (will) go.'

(26) **Saarək,** *wuz ya kitob-i dъɪrz-əm.*
tomorrow I that book-ACC get-1SG
'Tomorrow I will get that book.'

Examples (27) and (28) are negative statements that are not compatible with the present moment; therefore they do not occur in the form of NPST.IPFV, i.e. with the aspectual clitic =əš. Examples (29) and (30) show the immediate action directly related to the deictic center, which is indicated by the use of the aspectual clitic =əš. In (31) the absence of the aspectual clitic =əš indicates a more generic meaning.

(27) *Nə-kəcr-əm.*
NEG-can-1SG
'I can't.'

(28) *Nə-diš-əm.*
NEG-know-1SG
'I don't know.'

(29) *Tu=š   kumǰay rəč̣?*
    you=IPFV where go
    'Where are you going?'

(30) *Tu kumǰay rəč̣=əṣ̌?*
    you where go=IPFV
    'Where are you going?'

(31) *Tu kumǰay rəč̣-i?*
    you where go-2SG
    'Where are you going? Where do you go?'

 # 4 revisited: Historical present.

Discourse analysis of the Wakhi data collected in Tajikistan disproves the claim that the NPST serves as historical present, as will be shown in the following argumentation. The study of the narrative structure of Wakhi oral stories (Obrtelova 2017) has revealed that there are two distinct sets of narrative styles in the Wakhi language in Tajikistan. The first set consists of the stories told in the past tense, i.e. narratives whose foreground (event-line) is always in the past tense. This is the case for all eye-witness accounts (autobiographic stories and all true stories witnessed by the narrator). The second set is the stories told in the non-past, occasionally also in the perfect. All of the narratives whose foreground (event-line) is in the non-past or perfect are non-eye-witness stories, such as reported true stories, historical accounts, anecdotes, legends, folk tales, and traditional tales. These two sets of narratives are not interchangeable. Never is an eye-witness story told in other than PST. The non-eye-witness stories are typically told in the NPST, or more precisely, the foreground of these stories is in NPST (32c–d), while the background is usually in the perfect (32a–b) and the witnessed form is used with direct speech, as expected (32e). Only rarely is past tense used in parts of the non-eye-witness stories, and this can be explained by the influence of the literary languages (Tajik and Russian).

Thus, NPST cannot serve as a historical present because:

a)   it is expected in one set of stories (non-eye-witness) and avoided (in the foreground) in another set of stories (eye-witness);

b)   there is no alteration of tenses in the sequence of the event-line verbs;

c)   the function of NPST in the stories is not to highlight or mark a certain action. It is an unmarked form for all the non-eye-witness stories.

The basic parameter for the choice of the narrative verb form is whether or not the story is told as an eye-witness account. The truth or falsity of the story is irrelevant. Even true stories are told in NPST when the speaker did not witness them personally. Here again we notice that it is the relation to the deictic center that determines the use of the verb form. Past tense is used only for referring to events that are within the lifespan and immediate personal experience of the speaker, i.e. directly related to the deictic center. All other events are referred to with the non-past.

(32) Background

a. *Tuətk   nə-tuətk   i   δay   tuətk.*
be.PRF NEG-be.PRF one man be.PRF
'Once upon a time there was a man.'

b. *Yaw-ən tuətk   i   δəy̆d=ət   i   pətr.*
he-ABL be.PRF one daughter=and one son
'He had one daughter and one son.'

Foreground

c. *I   rwor ya   kənd **miri-t**,   yaw woz   **yun-d**   kənd.*
one day   that wife **die-3SG** he   again **take-3SG** wife
'One day the wife dies; he gets married again.'

d. *Ya   kənd i   rwor **xan-d:***
that wife one day   **say-3SG**
'One day the wife says:'

Direct speech

e. *"Mar=əš   gušt ford."*
I.OBL=IPFV meat fancy
'"I want meat."' (Obrtelova et al. 2016: 26)

In light of the above discussion it is possible to draw the following conclusions:

1) Although Bashir (2009: 837) states that the Non-past (Present-future) tense "refers to all non-past events", our data shows that even historical events, ancestors' histories, legends or true past events are referred to in the NPST if they were not witnessed by the narrator. The NPST is used for events in the time range from past to future with the exception of past events witnessed by the speaker. Thus, it cannot be called non-past or present-future.

2) NPST may not even be a tense because it: (a) does not primarily mark the expected temporal properties of the verbs, i.e. does not place the verb

on the timeline; (b) does not primarily mark the temporal opposition between past and non-past; and (c) does not play the role of a historical present.

3) The form previously identified as a Non-past or Present-future tense refers to non-past as well as past non-witnessed events, to unrealized events, and to events with subjunctive and imperative meanings. Thus, it appears to be a **default tense- and aspect-neutral verb** form which in the following will be labeled v (verb). In the interlinear glossed text, it is not given any label. Lashkarbekov's (1985: 107) model claiming that, for the regular verbs, the present stem serves as a base from which other stems (PST, PRF, PPRF) and non-finite verb forms are derived[6] also provides support for this conclusion. The "presentness", or "present force" in Lorimer's terminology (1958: 152), is added by attaching the aspectual clitic = əš (IPFV) to the v to mark it for "specificity or immediacy, either present relevance or immediate future" (Bashir 2009: 837), as in examples (15, 17, 18, 19, 20, 21, 29, 30). Future in the Wakhi of Tajikistan is expressed only lexically with temporal adverbs (23, 24, 25, 26).

3.2 Past Tense

 # 1 revisited: events occurring in the past.

In the data from the Tajik Wakhan, this claim is valid with the restriction that PST refers to those past events that were witnessed by the speaker. PST is not used in the foreground of historical or reported true stories when they have not been witnessed by the speaker. Thus, we conclude that PST is not used freely for every past event. The use of PST is determined by the relation to the deictic center. As mentioned above, PST may occasionally occur in parts of non-eye-witness stories. This is, however, not an original Wakhi feature.[7]

PST.IPFV, i.e. past tense accompanied by the aspectual clitic =əš, refers to the habitual, iterative, durative or progressive nature of a past action which is related to the deictic center (Examples 33–35).

---

6 See discussion at the beginning of § 2 in this study.

7 The use of PST in non-eye-witness stories is rather a feature borrowed through the written traditions of other languages. Since Wakhi has not had any written tradition, many stories were acquired by reading them in other accessible languages, such as Tajik or Russian. It is interesting to note that, if the past tense occurs in non-eye-witness stories, it is usually in genres that have not originated in Wakhan, such as folk-tales or religious legends. It also occurs in the stories told by people with higher education and access to the literature in other languages. In the originally local Wakhi genres, such as local legends about a place, PST does not occur.

264 DISCOURSE-PRAGMATIC FUNCTIONS OF TENSE-ASPECT VERB FORMS

(33) *Qribi pišin   didiy̌d=əm   ki   cə   ku-ən   čiz-ki-cəy*
near afternoon see.PST=1SG that from mountain-ABL something
xamd=əš.
descend.PST=IPFV
'Around afternoon, I saw that something was descending from the mountain.' (Shaidoev 2012: 14)

(34) *Wuz te xun=əm   cə   wəzdi,   yaw kitob ǰoydi=əš.*
I   in house=1SG REL come.PST he   book read.PST=IPFV
'When I arrived home, he was reading a book.'

(35) *Sak=əš   də   cəqlayī   nay̌din   cə   xšokdun-ən   pə dam*
We=IPFV in childhood morning from straw place-ABL on back
xšok=əš   xašt=ən.
straw=IPFV pull=1PL
'In childhood, in the morning, we used to carry straw from the straw place on our backs.' (Shaidoev 2012: 23)

 # 2 revisited: perfective/completive in sequential temporal subordinate clauses in the future and in realis conditional subordinate clauses (Bashir 2009: 838, 851, 854; Gryunberg & Steblin-Kamensky 1976: 639; Pakhalina 1975: 83).

The examples (36–38) from the Tajik Wakhan language data show how the PST is used in future temporal clauses. An explanation for the use of the PST as a form restricted to the witnessed events in these sentences could be that a condition has to be fulfilled (witnessed) before another event can take place. The deictic center is shifted to the moment just before the event that is to take place.

(36) *Sak awыl awqot goxti,   yan   mimonī rəč̣-ən.*
we   first meal **make.PST** then visit   go-1PL
'First we cook [lit. 'cooked'] the meal; then we will go for a visit.'

(37) *Yaw ki   wəzdi,   yan wuz rəč̣-əm.*
(s)he that **come.PST** then I   go-1SG
'I will go when (s)he comes [lit. 'came']. / I will go after (s)he comes [lit. 'came']. / As soon as (s)he comes [lit. 'came'], I will go.'

(38) *Awo   ki   viti,   saiš   bə   rəwz-əv.*
weather that become.PST you.PL too fly-2PL
'When the weather is [lit. 'became'] (nice), you (will) fly too.'

OBRTELOVA

 # 3 revisited: PST.IPFV in unrealized actions and counterfactual conditions (Bashir 2009: 838; Pakhalina 1975: 83).

My field data confirms this claim, as seen in the following examples (39–40).

(39) *Pъll=əš   cə   tuətu,   žъı nan   x̌at=əš   magazin wəzdi.*
money=IPFV REL be.PPRF my mother self=IPFV shop   come.PST
'If there had been money, my mother would have come to the shop herself.' (Shaidoev 2012: 35)

(40) *Koški   mərt=əm=əš,   yəm ruz-vi   mə-vind=əm=əš.*
if only die=1SG=IPFV this day-PL.OBL PROH-see.PST=1SG=IPFV
'If only I had died, so that I didn't see these days.'

We can conclude that PST is a form that is anchored in the deictic center and appears to be the only 'true' tense in Wakhi. PST is used for events within the lifespan of the speaker, and refers to those events that have been witnessed by the speaker. It is also used in future temporal clauses that indicate the condition that must be witnessed before another event in the future can take place. The deictic center moves to the point in the future where the speaker expects the event to happen (36–38). Interestingly, while the clitic =əš anchors the tense- and aspect-neutral **v** form in the deictic center (see § 3.1), the same clitic in combination with an anchored form PST adds aspectual (durative, progressive, habitual, iterative) and even modal (counterfactual) value.

3.3   *Perfect*
 # 1 revisited: My data supports the claim made by Bashir (2009: 839) that the perfect "indicates not tense but resultativity, stativity". In my study, the perfect is classified as a resultative-stative aspect-based form. In the data collected in the Tajik Wakhan, it occurs in the following patterns:

– state as a direct result of past action (41–43) and present state (44–45);
– anteriority in direct relation to another event in the past (46–47);
– anterior independent habitual/iterative (48–49).

(41) *Yaw pъid škəng.*
his leg **break.PRF**
'He has broken his leg.'

(42) *Tu=t   kənd yutk-o?*
you.SG=2SG wife **take.PRF**-Q
'Have you gotten married?'

266 DISCOURSE-PRAGMATIC FUNCTIONS OF TENSE-ASPECT VERB FORMS

(43) *To   ti   xaš   nə-**mərtk**   wuz pə ti   xun*
until your mother-in-law NEG-**die.PRF** I   to your house
nə-rəč-əm.
NEG-go-1SG
'As long as your mother-in-law is alive [lit. 'hasn't died'] I will not come to your house.'

(44) *Tu=t   škafk,   nəy-a?*
you.SG **be cold.PRF** not-Q
'You are cold, aren't you?'

(45) *Wuz də Dьšəmbi   alətk=əm.*
I   in Dushanbe **stay.PRF=1SG**
'I have been staying in Dushanbe.'

(46) *Wuz nə-dišt=əm   ki   tu=ət   wəzg.*
I   NEG-know.PST=1SG that you.SG=2SG **come.PRF**
'I didn't know that you had arrived.'

(47) *Wuz amsoya   žarž cə   wьzmətk, a   yaw-i   pit=əm.*
I   neighbor milk REL **bring.PRF** EMP that-ACC drink.PST=1SG
'I drank the milk that the neighbor had brought.'

(48) *Misьng   xalgiš   xnətk=əv   ki ...*
foregone people **say.PRF=3PL** that
'The ancestors used to say that ...'

(49) *Mis   dəwra xur   kryar   tuətk ki,   xь   ẟart-i   də*
bygone period donkey mutual help **be.PRF** that own dung-ACC with
*xur-v-ən   ar wundr-vi   **nixvətk=əv** ...*
donkey-PL.OBL-ABL to field-PL.OBL **takeout.PRF=3PL**
'In earlier times people used to help each other with donkeys when they would take the dung out to the fields with the donkeys ....' (Shaidoev 2012: 10)

 # 2 revisited: inferential and mirative meanings (Bashir 2009: 839, Pakhalina 1975: 83; and Gryunberg & Steblin-Kamensky 1976: 625).

In the data collected in Tajik Wakhan we find examples of inferential (50 and 51), as well as mirative meaning (52). In (50 and 51), the inferred (non-witnessed) event in PRF appears in relation to another event that is witnessed

OBRTELOVA

by the speaker and expressed by the form anchored in the deictic center. Sometimes, the resultative-stative and inferential meanings of PRF seem to overlap, as in (51) with the modal adverb ('perhaps') being the supporting indicator of the inferential meaning.

(50) Yaw *ẓ̌ьι zman na-tuatk,*   *tu*   *mar*   *sdьιyd ki*   *xto=aṣ̌*
he   my child   NEG-be.PRF you.SG me.DAT seem that mistake=IPFV
car.
make
'Apparently, he is not my child; it seems to me that you are making a mistake.' (Shaidoev 2012: 10)

(51) Yaw *da idora nast, alba*   *xun-ar*   **raẋk.**
he   in office is not perhaps home-DAT go.PRF
'He is not in the office; he must have gone home.'

(52) *E*   *padari qiyomat,*   *wuz=am ti*   *ṣ̌aẋn gьιnagor. Amo tu=at*
VOC only and true father I=1SG   your side guilty   but you=2SG
ɣa   *soda*   **tuatk.**
very simple-minded be.PRF
'My only and true father, I am guilty in front of you. But you are apparently very simple-minded.' (Obrtelova et al. 2016: 81)

3 revisited: perfect used in narrations, stories and fairy-tales (Pakhalina 1975: 83).

This observation needs more attention and description. As has been claimed earlier, two distinct sets of narratives must be distinguished in the Wakhi of Tajikistan. In eye-witness stories (in PST), the perfect occurs in subordinate clauses to express anteriority to the main clause, and in the background to express resultative-stative meaning. It does not occur in the foreground (main or independent clauses of the event-line) of eye-witness stories. In the non-eye-witness stories (that are told in v / formerly NPST) the perfect is most typically used to set up the background of the story (Example 53a–b, repeated from 27). It can also be used in the foreground of a non-eye-witness story. While the unmarked form for the foreground of non-eye-witness stories is v (NPST), the perfect in the foreground is a marked form. In this case it usually expresses anteriority to another event in the foreground or a preliminary/secondary foreground, i.e. in a narrative sequence before the actual story or within the story. It has a backgrounding effect, which involves a change of perspective.

268 DISCOURSE-PRAGMATIC FUNCTIONS OF TENSE-ASPECT VERB FORMS

(53) **Background**

    a. *Tuətk nə-tuətk   i   δay tuətk.*
       be.PRF NEG-be.PRF one man **be.PRF**
       'Once upon a time there was a man.'

    b. *Yaw-ən tuətk   i   δəy̌d=ət   i   pətr.*
       he-ABL be.PRF one daughter=and one son
       'He had one daughter and one son.'

    Foreground

    c. *I   rwor ya   kənd miri-t,   yaw woz yun-d   kənd.*
       one day that wife die-3SG he again take-3SG wife
       'One day the wife dies; he gets married again.'

    d. *Ya   kənd i   rwor šan-d:*
       that wife one day say-3SG
       'One day the wife says:' (Obrtelova et al. 2016: 26)

The following extract from a narrative (54), which uses the above mentioned three narrative verb forms, sheds light on the use and functions of these forms (see discussion below).

(54) a. *Ẓ̌ы mum   biyomыrzda sak-ər   naql kərti   ki...*
       my grandmother deceased   we-DAT story **do.PST** that
       'My late grandmother told us that ...'
          (....)

    b. *A   sol ya   tqi   wыr dyətk*
       EMP year very much rain **hit.PRF**
       'That year it rained a lot.'
          (....)

    c. *Yan aʒi tqi   yupk wizi-t   ki, yəm y̌ar=ət   yəm*
       then such much water **come-3SG** that this stone=and this
       šax=ət   čiz-vi,   kы də   x̌at-ən   wыzыm-d.
       rock=and thing-PL.OBL all with self-ABL **bring-3SG**
       'Then so much water comes that it takes everything, the stones and the rocks and the things.'
          (...)

d. *Woz i soli dgar bə (...)* **wəzdi** *sil,* **wəzdi** *i loy*
again one year other also   **come.PST** flood **come.PST** at once
tqi yupk.
much water
'Yet another year again (...) a flood came, at once a lot of water came.'

e. *Xədoy tər sak* **didiẙdi** *nə=ən zrar* **windi** *əči nəy*
God on we **watch.PST** NEG=1PL harm **see.PST** nothing at all
'God watched over us, we didn't see any harm, nothing at all.'

f. *nivi woz a dra x̌at-ər* **x̌ətk** *šəẙd xun ...*
now again EMP there self-DAT **make.PRF** new house
'now he has again made a new house for himself.' [From the story:
Flood, recorded 2013]

The above story about a flood starts with the verb in PST, as the event was witnessed by the narrator (54a). Sentence (54b) and several following sentences in
the story provide an introduction/background to the actual incident not witnessed by the narrator herself, and are expressed with PRF. Sentence (54c) is
the beginning of the foreground of the story, relating the actual incident, and
is expressed with v (NPST) because the incident was not witnessed by the narrator. The narration continues in the v form. Near the end of the story (54d–e),
the narrator switches into PST as she tells about another incident (told in PST),
a more recent flood that she witnessed herself. The PRF in (54f) may express
the inferential meaning.

We can thus conclude that the PRF in the Wakhi of Tajikistan is used to
express:
- resultative-stative, i.e. state as a direct result of past action;
- backgrounding, i.e. switching the focus from the action itself to the state /
  consequence of the action;
- habitual, iterative meaning in the remote past;
- inference, mirativity.
It is not anchored directly in the deictic center.

3.4 Pluperfect / Distant Past
The occurrence of the pluperfect in the Wakhi of Tajikistan is rather rare.

1 revisited: past event prior to another past event or an event in the rela-
tively distant past (Bashir 2009: 839; Pakhalina 1975: 84; Gryunberg & Steblin-
Kamensky 1976: 625–626).

In the field data collected in the Tajik Wakhan, the pluperfect expresses
the remote resultative-stative, and thus is an aspect-based form, not a tense,

270 DISCOURSE-PRAGMATIC FUNCTIONS OF TENSE-ASPECT VERB FORMS

functioning as a more remote (past) form of perfect. However, in the Wakhi of Tajikistan this form is used only very rarely. It seems that it is gradually being replaced by the perfect for expressing anteriority.

(55) *Osta osta ruxn=əṣ̌ wos-t=ət də osmon faqat i stor*
slowly slowly light=IPFV become-3SG=and on sky only one star
wərəxtu ki ɣa ǰaltas=əṣ̌ car-t.
remain.PPRF that very glittering=IPFV make-3SG
'Gradually it was [lit. 'is'] becoming day; on the sky only one star remained [lit. 'had remained'] that was [lit. 'is'] glittering.' (Shaidoev 2012: 26)

(56) *Cumo sol xdorg-iš qrib ki bikor=əv tu, bazi-vi*
many year mill-PL almost that defunct=3PL be.PST some-PL.OBL
sof bʉɪnətu=əv.
completely abandon.PPRF=3PL
'For many years the mills were almost defunct, some had been completely abandoned.' (Shaidoev 2012: 30)

(57) *Yaw dast waxt ṣ̌kəngtu.*
his hand earlier break.PPRF
'He had broken his hand earlier.'

 # 2 revisited: In combination with the clitic =əṣ̌, the pluperfect expresses unrealized actions and counterfactual conditions (Bashir 2009: 839; Pakhalina 1975: 84).

In my data, when combined with the aspectual clitic =əṣ̌, the pluperfect refers to unrealized actions or counterfactual condition as in (58), repeated from (39), and (59). It also refers to past inferences as in (60).

(58) *Pʉɪl=əṣ̌ cə tuətu, žʉɪ nan xat=əṣ̌ magazin wəzdi.*
money=IPFV REL be.PPRF my mother self=IPFV shop come.PST
'If there had been money, my mother would have come to the shop herself.' (Shaidoev 2012: 35)

(59) *Yaw=əṣ̌ agar a ya rang nə-tuətu cəy, yaw=əṣ̌ yaw*
it=IPFV if EMP that way NEG-be.PPRF REL she=IPFV it
nə-xnətu.
NEG-say.PPRF
'If it hadn't been that way, she wouldn't had said that.'

OBRTELOVA 271

(60) *Yawiš šoyad*   *tər kitobxona=əš rəx̌tu=v=əš.*
they   perhaps   to   library=IPFV   **go.PPRF=3PL=IPFV**
'Perhaps they had gone to the library.'

As with perfect, the pluperfect is not anchored to the deictic center.

4   Some Issues with the Verb Forms in Wakhi

This section considers a couple of questions that arise from how different verb forms are used in the Wakhi of Tajikistan. The first part will address the question of how a single verb form can be used in various perspectives. The second part will attempt to answer the question of to what extent two different verb forms can be interchangeable when they occur in a single context.

4.1   *One Form Used in Different Perspectives*

I first discuss how a single verb form can relate to various times and moods depending on the context. The following example (61) shows how the v form reflects different cognitive worlds in a non-witnessed story. The example is from the story about a certain Pir Abdulxoni Mardi Vali, who did not have children.

61   a. *X̌an-d*   *ki:*
say-3SG   that
'He says/said that:'

     b. *"I*   *čut-i*   **yaw** *tu, i*   *čut-i*   *yaw ti*   *bačkač **i-t**".*
    one half-ACC   eat   you   one   half-ACC   that   your wife   eat-3SG
'"one half you eat; one half your wife (will/should) eat."'

     c. *X̌an-d*   *ki*
say-3SG   that
'He says/said that:'

     d. *"xay badi nɯ*   *mo=ət*   *nɯ*   *ruz sav-ən*   *tawalɯd*
    well   after   nine   month=and   nine   day   you.OBL-ABL   born
    wos-t   *i*   *čiz".*
become-3SG   one   thing
'"Well, after nine months and nine days something will be born to you."'

e. *Aqiqatan badi nъɪ mo=ət   nъɪ ruz a   yət A.M.V.*
   truly   after nine month=and nine day EMP that A.M.V.
   *bačkač-ən **wos-t**   i   nъɪtfa.*
   wife-ABL   become-3SG   one new-born
   'Truly, after nine months and nine days, a baby is/was born to A.M.V.'s wife.'

f. *Tər odamizod yaw monand   **nast.***
   to human   it   resembling is not
   'It is/was not resembling a human.' [from the story: Oston Shoqembari Oftob, recorded 2013]

The **v** form in this short passage expresses:
– narrative non-witnessed foreground (present/past), as in (61a, c, e, f);
– imperative in direct speech (61b—first verb);
– subjunctive in direct speech (61b—second verb);
– future (indicated lexically) in direct speech (61d).

We can see that although the same **v** form is used throughout the whole passage, it relates to various times and moods, present or past, future, imperative, subjunctive. To explain this phenomenon, we can say that different cognitive worlds are involved in the story: a world outside the deictic center (DC), i.e. the story itself, and a world anchored in the deictic center, i.e. the passages of direct speech within the story. In the world outside the DC (61a, c, e, f), the **v** form does not indicate any reference to when the story might have been occurring or what relation it has to the speech time/narrator (DC). The time reference made within the foreground of the story in (61e) "after nine months and nine days" is just a part of the temporal sequence of narrated events (logically following 61c, while 61d as a direct speech is not part of the temporal sequence). As for the passages of direct speech, "he" in "he says/said" (61a, c) determines the DC of the speech that follows (61b, d). The direct speech sentence (61d) gives time reference with regard to the DC "after nine months and nine days" and locates the event in the future. The direct speech in (61b) is imperative, subjunctive, and as such stands outside the DC.

The difference between (61d) and (61e), though they use almost identical wording, lies in the cognitive world they relate to. The **v** form accompanied by the temporal adverb in (61d) expresses future meaning, because it occurs in the cognitive world anchored in the DC in relation to which the time reference is made and understood as future. However, in (61e) the **v** form accompanied by the temporal adverb does not express future meaning. In this cognitive world, which is outside of the DC, it is simply part of the temporal sequence of the

OBRTELOVA
273

narrative, and the temporal expression "after nine months and nine days" only describes the time separating it from the previous event in the sequence. The next event in the sequence will be expressed again by the v form.

If this story was told in a witnessed form, all of the foreground verbs would be in PST. Thus, both the story and the direct speech would be anchored in a DC. The DC of the story itself would be defined by the speech time of the narrator, and from this perspective PST would be used in (61e). The DC in the direct speech within the story would be defined by the speaker in the story; therefore (61d) would be in the v form and would express future meaning.

4.2 Interchangeable Use of Two Different Verb Forms

In connection with the following examples, I now discuss the extent to which two different verb forms can be interchangeable in a single context.

4.2.1 PRF and PST

62 a. *Tu δay yut=ət-o?*
   you husband **take.PST=2SG-Q**
   'Did you get married?'

   b. *Tu=t δay youtk-o?*
   you=2SG husband **take.PRF-Q**
   'Have you gotten married?'

63 a. *Yaw yəz čiz dəždi?*
   (s)he yesterday what **get.PST**
   'What did (s)he buy yesterday?'

   b. *Yaw yəz čiz dəžg?*
   (s)he yesterday what **get.PRF**
   'What did (s)he buy yesterday?'[8]

In both examples (62) and (63), the speaker asks the same question but with a different reference point. In the examples with the PST (62a) and (63a) the question refers to the past action without necessarily being interested in the present consequences (Did you get married?—not relevant whether you are

---

8   In English the perfect cannot be used when a past temporal expression such as 'yesterday' is used. Therefore the sentence is translated by a simple past.

still married now). The question in the PRF (62b) and (63b) refers to the present consequences of such past action (Have you gotten married and are you still married?). Thus, while it may seem that both forms are interchangeable, in fact the perspective of the utterance is not the same.

Moreover, PST, being a tense, locates the event on the timeline as past in relation to the speech time. As an aspect-based form, PRF is not located on the timeline on its own, but relates to another event or point on the timeline towards which it expresses the resultative meaning. Examples (62b) and (63b) have a reference time that is identical with the DC (speech time). However, PRF may also relate to an event in the past or even outside of the DC, and therefore it can be used in both witnessed and non-witnessed contexts. Below is an example (64) of the use of PRF to express resultative meaning towards another event in the past in the witnessed form.

(64) (...) *ti   pətr šikwor-i   rъımšətk,   wuz=ət yaw sə rusī*
     your son Wakhi-ACC **forget.PRF** I=and   he   in Russian
     gap=ən di.
     talk=1PL **hit.PST**
     'your son had forgotten Wakhi; he and I spoke together in Russian.' (Shaidoev 2012: 10)

Another example of how PST and PRF are used is shown in the following sentence (65). The PRF here has inferential meaning, while PST expresses the fact.

(65) *A   tum   tuətk* (...) *broi ki   sak=ən to   a   tum   də S*
     EMP extent **be.PRF**   because we=1PL until EMP extent in S
     zindagī kərti.
     living **do.PST**
     'It must have been like that (...) because we lived in S until then.' (Obrtelova 2017: 151)

4.2.2   PST and V in Narratives

I claimed above that a story can be narrated as a witnessed account or as a non-witnessed account. This distinction determines whether the foreground of the story is told in the **v** form (non-witnessed) or in the PST (witnessed).[9] Sometimes, PST and **v** occur in the same story, in which case the choice of verb form

---

9   The use of PST and v (Non-past) in Wakhi narratives is described in more detail in Obrtelova (2017).

indicates the perspective of the speaker in relation to the narrated event, or in other words, the relation of the narrated event to the deictic center. We have seen an example of a story (54) in the #3 in § 3.3, where the perspective of the speaker changes from non-witnessed to witnessed, and this is indicated by the change of the verb form. Wakhi speakers are so committed to this strict distinction of witnessed versus non-witnessed narrative forms that when they retell a story told by someone else in a witnessed form they switch the narration into 1st person so that formally it looks like an eye-witness account, as seen in (66). This type of narration is not uncommon in Wakhan. In the collection of stories for children in Wakhi (Shaidoev 2012) from a total of 11 stories told in the witnessed form, three are stories witnessed by someone else and re-told by the narrator in the 1st person.

(66) a. *Yəm naql-i   mar-ək   i   škorī   δay   kərti:*
       this story-ACC to me-DAT one hunter man do.PST
       'This story was told to me by a hunter:'

   b. *Tə ku   škor   cərak rəẏd=əm.   Də maž-ən   šač*
      to mountain hunting do.INF go.PST=1SG with me.OBL-ABL dog
      tu.
      be.PST
      'I went to the mountain to hunt. I had a dog with me.' (Shaidoev 2012: 14)

4.2.3   PRF and V in Narratives

As mentioned earlier in this study, the unmarked (default) verb form used in the foreground (event-line) of the non-witnessed stories is V, a tense- and aspect-neutral form. The PRF most often occurs in the background of the non-witnessed stories. However, the PRF sometimes occurs in the foreground instead of V. It can occur in the foreground of a narrative just before the actual story/incident. In this case, it provides some background information as a kind of narrative sequence necessary for understanding the actual story. Sometimes, though, I find almost the full narrative—or a large part of it—being told in the PRF. This occurs most often in legends, less often in historical accounts, and hardly ever in folk-tales.[10] In light of the observations and claims we have made about the PRF, we can now explain why some legends (especially local legends

---

10   If PRF occurs in the foreground of folk-tales it is probably a feature borrowed from Tajik, where it is the main narrative form.

about a provenance of a place or local phenomenon) prefer the PRF rather than the v form. Rather than being told as a narrative, their purpose is to provide **explanations** of some phenomenon in the form of a story. A narrative that is told primarily as a story (focusing primarily on the actions) prefers the v form.

5 Proposed Solution for the Wakhi Verb Classification

This study has demonstrated that models based on the linear concept of time are not sufficient to present a classification that does not suppress the qualities of the Wakhi verb forms in one way or another.

The model that has been used until now for the classification of the Wakhi verbs is linear, where the events expressed by the verb forms should allow location on the timeline. Thus, Wakhi has been presented as having present/present-future/non-past located to the right of the deictic center (or the speech time) and the past tenses PST, PRF and PPRF to the left of the deictic center. However, as has been argued in this study, the Wakhi verb functions often fall outside the borders of the areas where they should be located according to such a linear time model.

An approach that deals with both the temporal and non-temporal use of the verb forms has been developed by Botne & Kerschner (2008). They introduced the concept of cognitively dissociated temporal worlds/domains. For Botne & Kerschner,

> tense [...] denotes that relation that holds between S (the locus of the speech event) and a cognitive temporal domain [...], a relation that is best construed in terms of clusivity: inclusivity—i.e., the deictic center (anchored at S) occurs within the time span of the cognitive world—versus exclusivity, or dissociation—i.e., the deictic center at S is external to, or dissociated from, the cognitive world. (2008: 152)

In terms of clusivity, Botne & Kerschner present two domains: the P domain that is anchored in the deictic center and denotes "a primary, prevailing experiential past and future perspective" (ibid.: 153), and the D domain that is a cognitive world dissociated from the deictic center. This model was originally developed for Bantu languages with extensive morphological tense marking. However, in Wakhi and some other Iranian languages, morphological tense marking is not as complex. Rather, the verb forms express different perspectives depending on the relation to the DC. Therefore, the model presented in this study will reflect the properties of the Wakhi verb system.

Like Botne & Kerschner (2008), I distinguish two cognitive domains for the Wakhi verbs based on their relation to the deictic center.

5.1 *Domain Anchored in the Deictic Center*

In Wakhi, the domain anchored in the deictic center covers the area determined by the speaker's lifespan, i.e. by the speaker's own experience. It is marked for time and has an internal **linear temporal** dynamic. Only this domain accommodates the sole 'true' tense in Wakhi, namely PST.

The verb forms occurring in this domain are:

- PAST TENSE—marked for tense, aspect-neutral form. The use of the PST is limited by the speaker's own experience;
- PAST TENSE IMPERFECTIVE—the aspectual clitic =əš adds imperfective meanings (habitual, iterative, durative or progressive) to the PST;
- PERFECT in this domain functions not as a tense but as an aspect-based form. It has a resultative-stative meaning, and on the timeline it is always located in relation to another event or to the deictic center (present);
- PLUPERFECT serves as a remote perfect and has a resultative-stative meaning in relation to another event in the past;
- PRESENT—Wakhi does not have present TENSE. The present value is added to the tense- and aspect-neutral v form by attaching the aspectual clitic =əš. This clitic is what anchors the neutral v form in relation to the deictic center;
- FUTURE—Wakhi does not have future TENSE, either. The future value is added by temporal adverbials.

5.2 *Domain Dissociated from the Deictic Center*

It is characteristic for the domain dissociated from the deictic center either that the location on the timeline is not relevant (generic statements, narrative genres such as folk-tales, fictional stories), or that the event is not directly experienced by the speaker (historical accounts, non-eye-witness true stories). In fact, every event that is outside the speaker's own experience falls into this domain. The verb forms occurring in this domain are:

- v form—default unmarked for tense and aspect and unmarked for anchoring in the DC;
- v with the aspectual clitic =əš—marked for continuity, specificity or present relevance with the narrated event (it occurs in the non-witnessed stories);
- PERFECT—an aspect-based form that has a resultative-stative meaning or expresses anteriority in relation to another event. It can have a background-ing effect. In addition, in this domain the PRF can also express inferential and mirative meaning;

- PLUPERFECT serves as a remote perfect, i.e. remote resultative-stative, anteriority and past inferential;
- PLUPERFECT with the clitic =*əš* expresses counterfactual conditions, unrealized actions and past inference;
- PST with the clitic =*əš* serves to express counterfactual conditions and unrealized actions.

We can notice that the PST never occurs in the domain dissociated from the
DC. However, with the clitic =*əš*, it can occur in this domain. Similarly, the
unmarked **v** does not occur in the domain anchored in the DC unless it is
marked for "present value" by the aspectual clitic =*əš* or by temporal expression
for future. Other forms are used in both domains. They reflect different perspectives that do not fully overlap across the domains. Some uses are specific
for such and such a domain. For instance, PRF and PPRF express resultative-
stative meaning and anteriority in both cognitive domains. In the domain dissociated from DC, in addition, they also express inferential and mirative meanings.

We should also note the use of the aspectual clitic =*əš*. In the domain
anchored in the DC it occurs only with **v** (thus forming PRESENT) and with
PST (adding imperfective value). In the domain dissociated from DC, the clitic
=*əš* occurs in combination with PST for counterfactual conditions and unrealized actions, and with PPRF for counterfactual conditions, unrealized actions
and past inference. In this domain, it may also occur with **v**, in which case it
does not refer to PRESENT, but marks the action outside of the timeline for
specificity, continuity, or present relevance to another action.

It is interesting to note that when attached to **v** (default/unmarked form
of the domain dissociated from the DC), the clitic =*əš* anchors the verb in the
domain of the DC. On the other hand, when this clitic is attached to PST (default
form in the domain anchored in the DC), it may dissociate it from the DC.

6 Conclusion

The Wakhi verb system is not based on a linear concept of time. Each form carries much more than just temporal information, adding aspectual, modal, and
evidential values. The Wakhi verb forms indicate:
- the speaker's relation to the narrated event or utterance, whether he or she
  was/is a witness of the event or not;
- information for the listener about the credibility of the narrated event or
  utterance (eye-witness as highly credible versus inferred, i.e. second-hand
  evidence);

- the speaker's perspective and evaluation of the narrated event or utterance—whether the focus is on the action or on the outcome/result/consequence;
- the speaker's evaluation of the narrated event or utterance—whether a backgrounding form or a foregrounding form is used.

The use of verb forms in Wakhi depends greatly on the speaker's assessment of the situation, as opposed to the objective location on the timeline. This is the conclusion that Lorimer also reaches, writing that the use of Wakhi verb forms "varies according to the exact mental point of view of the speaker. This again may vary in accordance with different habits of thought of peoples or possibly even of individuals" (Lorimer 1958: 173).

The introduction of two cognitive domains, each with its own set of verb forms, provides an explanation of the complexity of the Wakhi verb system. It has been argued in this study that it is the relation to the deictic center that determines the roles of the verb forms within the given context. In this model, one cognitive domain has a linear temporal perspective and is based on the direct relation to the deictic center. The relations between the events in this cognitive domain are expressed in tense-aspectual terms. The other domain presents the perspective that is dissociated from the deictic center and does not have linear temporal properties. In the cognitive domain dissociated from the deictic center, relations between events are expressed in aspectual-modal terms (that is, not with tense).

Abbreviations

1	1st person
2	2nd person
3	3rd person
ABL	ablative case
ACC	accusative case
DC	deictic center
EMP	emphatic particle
INF	infinitive
IPFV	imperfective
NEG	negation, negative
NPST	non-past (tense)
OBL	oblique case
PL	plural
PRF	perfect

PPRF	pluperfect
PROH	prohibitive
PST	past tense
Q	question particle
REL	relative particle
SG	singular
TAM	tense–aspect–mood
V	unmarked/default form of verb
VOC	vocative

References

Bashir, Elena. 2009. Wakhi. In Windfuhr, Gernot (ed.), *The Iranian Languages*, 825–862. London: Routledge.

Botne, Robert & Kerschner, Tiffany L. 2008. Tense and cognitive space: On the organization of tense/aspect systems in Bantu languages and beyond. *Cognitive Linguistics* 19(2). 145–218.

Gryunberg, Alexander L. & Steblin-Kamensky, Ivan M. (Грюнберг, Александер Л. & Стеблин-Каменский, Иван М.) 1976. *Vakhanskij jazyk (Ваханский язык)* [Wakhi language]. Moscow: Nauka.

Lashkarbekov, Boghsho V. (Лашкарбеков, Боғшо Б.) 1982. Javlenia jazykovoi perestroiki v vakhanskom jazyke: na materiale glagolnykh osnov. (Явления языковой перестройки в ваханском языке: на материале глаголных основ) [Phenomena of language reconstruction in the Wakhi language: based on the verb stems]. *Iranskoe jazykoznanie* (Иранское языкознание) [Iranian Linguistics], 99–103. Moscow: Nauka.

Lashkarbekov, Boghsho V. (Лашкарбеков, Боғшо Б.) 1985. Stanovlenie sistemy vakhanskogo glagola na trekh stadiakh jazykovogo razvitia (Становление системы ваханского глагола на трех стадиях языкового развития) [The emergence of the Wakhi verb system in three stages of language development]. *Voprosy jazykoznania* 1 (Вопросы языкознания 1) [Issues of linguistics 1], 97–108. Moscow: Nauka.

Lorimer, D.L.R. 1958. *The Wakhi language.* 2 vols. London: SOAS, University of London

Morgenstierne, Georg. 1938. Iranian Pamir Languages. *Indo-Iranian Frontier Languages, Vol. II.* Oslo. 431–558.

Obrtelova, Jaroslava. 2017. *Narrative Structure of Wakhi Oral Stories.* Uppsala: Acta Universitatis Upsaliensis.

Obrtelova, Jaroslava & Sohibnazarbekova, Raihon & Nematova, Bibijon. 2016. *Xikwor žindaiš. Afsonaho ba zaboni vaxonī (Хиквор җиндаищ. Афсонахо ба забони вахонӣ)* [Wakhi folktales in the Wakhi language]. Dushanbe: Er-graph.

Pakhalina, Tatiana N. (Пахалина, Татьяна Н.) 1975. *Vakhanskij jazyk* (*Ваханский язык*) [Wakhi language]. Moscow: Akademia Nauk SSSR.

Shaidoev, Saifiddin. 2012, 2016. *X̌ikwor naqliš zavər* (*Х̌икв̌ор нақлищ зав̌əр*) [Wakhi stories for children]. Dushanbe: Er-graph.

Printed in the United States
By Bookmasters